船舶工匠系列教材
国家级重点技工学校推荐教材

船舶电气维修

主编　朱维娜

HEUP 哈爾濱工程大學出版社

内容简介

全书共分6个学习项目，具体包括：船舶电气维修常用仪表使用、船用电器维修、船用电机维修、船舶辅机电气系统维修、船舶电站维修和船舶常用报警系统维修。每个项目分解为若干个任务，每项任务都基本按照："先介绍系统组成功能，再分析系统工作原理和系统调试维修方法，最后进行系统的典型故障维修技能训练"的顺序来加以介绍。

本书可作为中等职业院校船舶类专业教材，也可供船舶企业管理人员、操作人员、船舶安全人员与研究人员使用。

图书在版编目(CIP)数据

船舶电气维修/朱维娜主编. —哈尔滨：哈尔滨工程大学出版社，2017.12

ISBN 978-7-5661-1764-9

Ⅰ.①船… Ⅱ.①朱… Ⅲ.①船用电气设备-维修 Ⅳ.①U672.3

中国版本图书馆 CIP 数据核字(2017)第306588号

选题策划 史大伟
责任编辑 史大伟
封面设计 博鑫设计

出版发行 哈尔滨工程大学出版社
社　　址 哈尔滨市南岗区东大直街124号
邮政编码 150001
发行电话 0451-82519328
传　　真 0451-82519699
经　　销 新华书店
印　　刷 哈尔滨市石桥印务有限公司
开　　本 787 mm×1 092 mm 1/16
印　　张 11.5
字　　数 288千字
版　　次 2017年12月第1版
印　　次 2017年12月第1次印刷
定　　价 32.00元

http://www.hrbeupress.com
E-mail:heupress@hrbeu.edu.cn

教材编写委员会

总　主　编　殷先海

副总主编　郑永佳

编委会成员　殷先海　冉凯峰　李康宁　吴周杰
郑永佳　赵汝荣　丁训康　朱继东
张　铭　李　斌

教材审定行业专家委员会

刘新华　龚利华　王力争　陈昌友　陈凤双
李骁峯　陈景毅　杜逸明　赵汝荣　丁巧银
董三国　朱伯华　刘汉军　朱明华

前　　言

为深入贯彻《国务院关于大力发展职业教育的决定》,积极推进课程改革和教材建设,为职业教育教学和培训提供更加丰富、多样和实用的教材,更好地满足我国造船工业快速发展的需要,江南造船集团职业技术学校联合江南造船(集团)有限责任公司,与国内其他开办有船舶技术类专业的职业院校及其骨干教师,编写了中等职业教育建设项目船舶制造专业改革发展特色示范校建设规划教材。

本系列教材注重以就业为导向,以能力为本位,面向市场,面向社会,体现了职业教育的特色,满足了高素质的实用型、技能型船舶制造类专业中等职业技能人才培养的需要。本系列教材在组织编写过程中,形成了如下特色:

1. 认真总结了全国开办有船舶技术类专业的职业学校多年来的专业教学经验,并采纳了部分企业专家的意见,代表性强,适用性广。

2. 以职业岗位的需求为出发点,适当精简了教学内容,减少了理论描述,具有较强的针对性。

3. 本系列教材是针对三年制中等职业教育编写的,二年制的也可参考使用。同时,本系列教材还适用于船厂职工的自学以及其他形式的职业教育。

《船舶电气维修技术》是中等职业教育船舶工程技术类专业教材之一,按照“船舶电气维修技术”教学大纲的要求而编写。全书共6个学习项目,具体包括:船舶电气维修常用仪表使用、船用电器维修、船用电机维修、船舶辅机电气系统维修、船舶电站维修和船舶常用报警系统维修。每个项目分解为若干个任务,每项任务都基本按照“先介绍系统组成功能,再分析系统工作原理和系统调试维修方法,最后进行系统的典型故障维修技能训练”的顺序来加以介绍。

本书可用作中等职业院校船舶类专业教材,也可供船舶企业管理人员、操作人员、船舶安全人员与研究人员使用。

本书由江南造船集团职业技术学校改革发展特色示范校建设教材编写组以及江南造船(集团)有限责任公司等企业共同完成,在此表示感谢!

限于编者经历和水平,教材内容难以覆盖全国各地的实际情况,希望各教学单位在积极选用和推广本系列教材的同时,注重总结经验,及时提出修改意见和建议,以便再版修订时改正。

江南造船集团职业技术学校专业建设指导委员会

2017年1月

前言

目　　录

项目一　船舶电气维修常用仪表使用

【项目描述】

船舶电气设备的安装、调试及检修过程中，要借助各种电工仪器仪表，常用仪表有万用表、钳形电流表、兆欧表等。在电气测量中除了要了解电工仪表的分类、性能特点，以便合理选择和使用仪表外，还必须采用正确的测量方法和掌握电气测量的操作技术。

【项目目标】

1. 掌握万用表、钳形电流表的使用方法；
2. 掌握绝缘电阻表（兆欧表）的使用方法；
3. 能够熟练使用万用表、钳形电流表和绝缘电阻表（兆欧表）对电气设备进行检修。

任务一　万用表、钳形电流表使用

万用表又叫多用表、复用电表，它是一种可测量多种电量的多量程便携式仪表。由于它具有测量种类多，测量范围宽，使用和携带方便，价格低等优点，因而常用来检验电源或仪器的好坏，检查线路的故障，判别元器件的好坏及数值等，应用十分广泛。

一、指针式万用表

1. 指针式万用表的外形结构

下面以电工测量中常用的500型万用表为例，介绍其使用方法。500型万用表的表头灵敏度为40 μA，表头内阻为3 000 Ω，其外形如图1－1所示，主要性能见表1－1。

表1－1　500－B型万用表的性能

测量功能	测量范围	压降或内阻	基本误差
直流电流	0～50 μA～1 mA～10 mA～100 mA～500 mA～5 A	≤0.75 V	±2.5%
直流电压	0～2.5 V～10 V～50 V～250 V～500 V～2 500 V	20 kΩ/V	±2.5%
交流电流	0～5 A	≤1.0 V	±4.0%
交流电压	0～10 V～50 V～100 V～250 V～500 V～2 500 V	4 kΩ/V	±4.0%
直流电阻	$R\times10\ \Omega$，$R\times10\ \Omega$，$R\times100\ \Omega$，$R\times1\ k\Omega$，$R\times10\ k\Omega$		±2.5%
音频电平	－10 dB～0～＋20 dB		

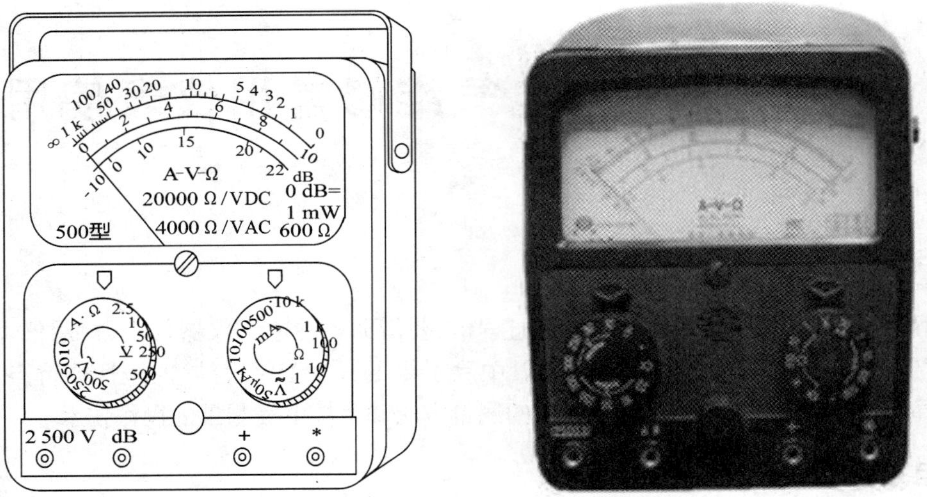

图 1－1　500 型万用表外形

2. 指针式万用表使用前的准备

如图 1－2 所示为万用表刻度盘，指针式万用表使用前的准备有如下几项：

(1)测量用插孔。模拟式万用表有两支表笔，分别为红色和黑色，测量时将红表笔插至“＋”端，黑表笔插至“－”端。

(2)表头校正。指针式万用表的表笔开路时，表的指针应指在“0”的位置(可用螺钉旋具调整指针，使指针处于“0”位)。这种表头校正的方式也称为机械调零。

(3)测量前，应根据被测电量的项目和大小，将转换开关拨到合适的位置。

(4)测量完毕，应将转换开关拨到最高交流电压挡，有的万用表(如 500 型)应将转换开关拨到标有“.”的空挡位置。

图 1－2　万用表刻度盘

3. 指针式万用表的使用方法

(1)直流电压的测量

如图 1－3 所示为直流电压的测量实例。

①测量方法与交流电压基本相同,但要注意以下两点:

测量前要将转换开关拨到直流电压的挡位上,在事先不清楚被测电压高低的情况下,量程宜大不宜小;测量时,表笔要与被测电路并联,测量中不允许拨动转换开关。

②测量时,必须注意表笔的正负极性。红表笔接被测电路的高电位端,黑表笔接低电位端。若表笔接反了,表头指针会反打,容易打弯指针。如果不知道被测点电位高低,可将表笔轻轻地试触一下被测点。若指针反偏,说明表笔极性反了,交换表笔即可,如图1-3所示。

(2)直流电流的测量

如图1-4所示为直流电流的测量实例(测干电池的直流电流时,要注意量程的选择)。

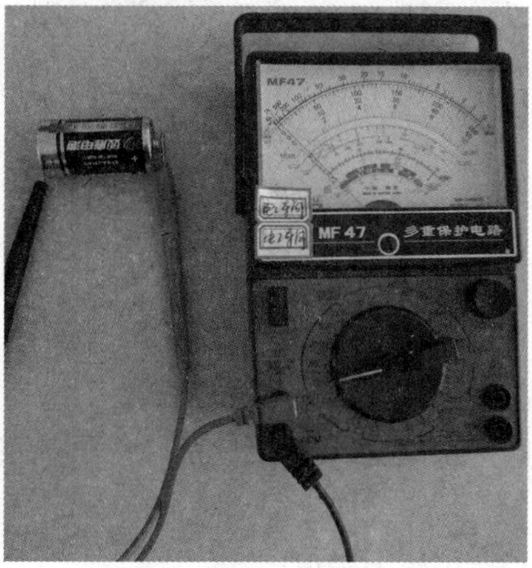

图1-3　直流电压的测量实例

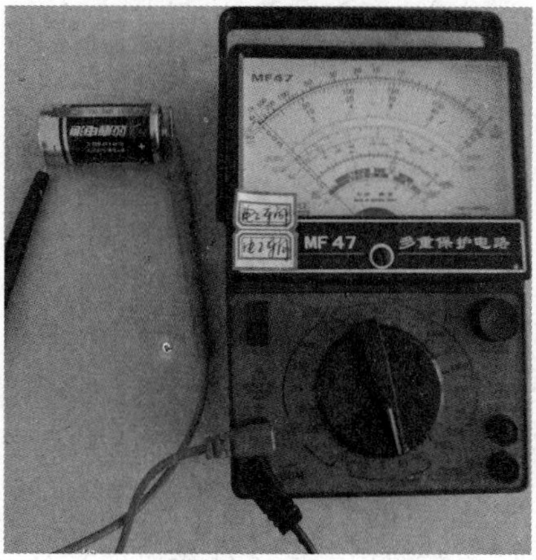

图1-4　直流电流的测量实例

①测量时,万用表必须串入被测电路,不能并联。

②必须注意表笔的正、负极性。测量时,红表笔接电路断口高电位端,黑表笔接低电位端。

③在不清楚被测电流大小的情况下,量程宜大不宜小。严禁在测量中拨动转换开关选择量程。

(3)交流电压的测量

如图1-5所示为交流电压测量实例。

①测量前,将转换开关拨到对应的交流电压量程挡。如果事先不知道被测电压大小,量程宜放在最高挡,以免损坏表头。

②测量时,将表笔并联在被测电路或被测元器件两端。严禁在测量中拨动转换开关选择量程。

③测电压时,要养成单手操作习惯,且注意力要高度集中。

④由于表盘上交流电压刻度是按正弦交流电标定的,如果被测电量不是正弦量,误差会较大。

⑤可测交流电压的频率范围一般为45~1 000 Hz,如果超过范围,误差会增大。

(4)直流电阻挡

如图1-6所示为电阻测量实例。

①正确选择电阻倍率挡,使指针尽可能接近标度尺的几何中心,可提高测量数据的准

确性。

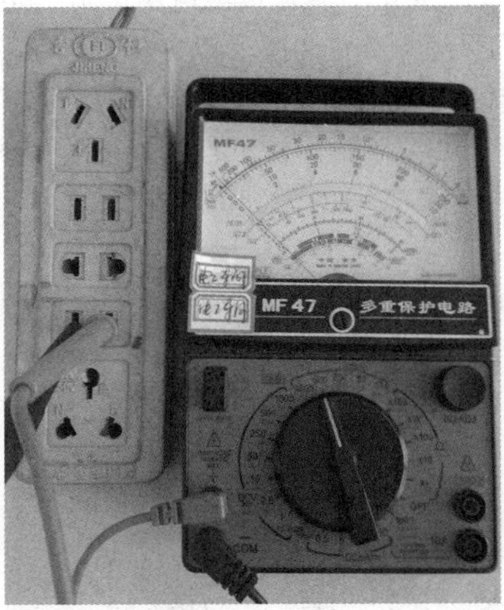

图 1－5　交流电压的测量实例

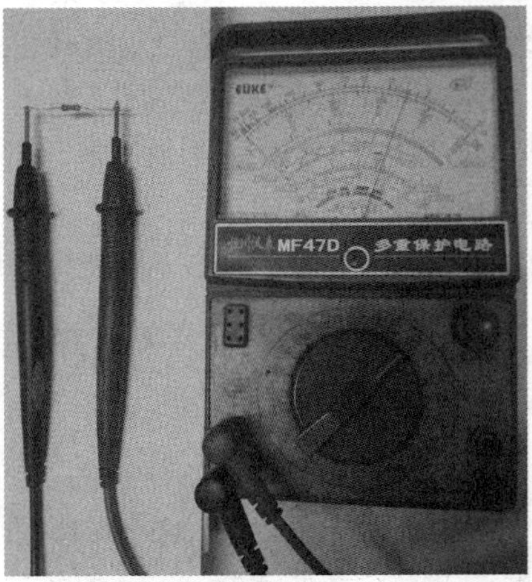

图 1－6　电阻的测量实例

②严禁在被测电路带电的情况下测量电阻。

③测量时，直接将表笔跨接在被测电阻或电路的两端，注意不能用手同时触及电阻两端，以避免人体电阻对读数的影响。

④测量热敏电阻时应注意电流热效应会改变热敏电阻的阻值。

4. 指针式万用表的使用注意事项

（1）量程转换开关必须正确选择被测量，电量的挡位不能放错；禁止带电转换量程开关；切忌用电流挡或电阻挡测量电压。

（2）在测量电流或电压时，如果对于被测电流、电压的大小估计不准时，则应先选最大量程，然后再换到合适的量程上测量。

（3）测量直流电压或直流电流时，必须注意极性。

（4）测量电流时，应特别注意必须把电路断开，将表串接于电路之中。

（5）测量电阻时不可带电测量，必须将被测电阻与电路断开；使用欧姆挡时换挡后要重新调零。

（6）每次使用完后，应将转换开关拨到空挡或交流电压最高挡，以免造成仪表损坏；长期不使用时，应将万用表中的电池取出。

二、数字式万用表

1. 数字式万用表的结构

下面以 DT840 型数字式万用表为例进行介绍。DT840 型数字式万用表属中低挡普及型万用表，其面板如图 1－7 所示，由液晶显示屏、量程转换开关、表笔插孔等组成。液晶显示屏直接以数字形式显示测量结果，并且还能自动显示被测数值的单位和符号（如 Ω，kΩ，MΩ，mV，A，μF 等），最大显示数字范围为 －1999 ~ 1999。

2. 数字式万用表的使用

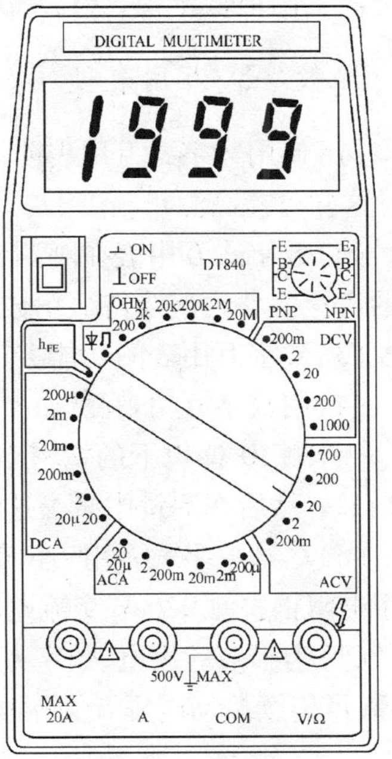

图 1－7　DT840 型数字式万用表的面板结构

(1)直流电压、交流电压的测量

先将黑表笔插入 COM 插孔,红表笔插入 V/Ω 插孔,然后将功能开关置于 DCV(直流)或 ACV(交流)量程,并将测试表笔连接到被测源两端,显示器将显示被测电压值。

如果显示器只显示“1”,表示超量程,应将功能开关置于更高的量程(下同)。

(2)直流电流、交流电流的测量

先将黑表笔插入 COM 插孔,红表笔需视被测电流的大小而定。如果被测电流最大为 2 A,应将红表笔插入 A 孔;如果被测电流最大为 20 A,应将红表笔插入 20A 插孔。再将功能开关置于 DCA 或 ACA 量程,将测试表笔串联接入被测电路,显示器即显示被测电流值。

(3)电阻的测量

先将黑表笔插入 COM 插孔,红表笔插入 V/Ω 插孔(注意:红表笔极性此时为“ + ”,与指针式万用表相反),然后将功能开关置于 OHM 量程,将两表笔连接到被测电路上,显示器将显示出被测电阻值。

(4)二极管的测试

先将黑表笔插入 COM 孔,红表笔插入 V/Ω 插孔,然后将功能开关置于二极管挡,将两表笔连接到被测二极管两端,显示器将显示二极管正向压降的 mV 值。当二极管反向时则过载。

根据万用表的显示,可检查二极管的质量及鉴别所测量的管子是硅管还是锗管。

①测量结果若在 1 V 以下,红表笔所接为二极管正极,黑表笔为负极。

②测量显示若为 550 ~ 700 mV 者为硅管;150 ~ 300 mV 者为锗管。

③如果两个方向均显示超量程,则二极管开路;若两个方向均显示“0”V,则二极管击穿、短路。

(5)晶体管放大系数 h_{FE} 的测试

将功能开关置于 h_{FE} 挡,然后确定晶体管是 NPN 型还是 PNP 型,并将发射极、基极、集电极分别插入相应的插孔。此时,显示器将显示出晶体管的放大系数 h_{FE} 值 。

①基极判别　将红表笔接某极,黑表笔分别接其他两极,若都出现超量程或电压都小,则红表笔所接为基极;若一个超量程,一个电压小,则红表笔所接不是基极,应换脚重测。

②管型判别　在上面测量中,若显示都超量程,为 PNP 管;若电压都小于 0.5 ~ 0.7 V,则为 NPN 管。

③集电极、发射极判别　用 h_{FE} 挡判别。在已知管子类型的情况下(此处设为 NPN 管),将基极插入 B 孔,其他两极分别插入 C,E 孔。若结果为 h_{FE} = 1 ~ 10(或十几),则三极管接反了;若 h_{FE} = 10 ~ 100(或更大),则接法正确。

④带声响的通断测试　先将黑表笔插入 COM 插孔,红表笔插入 V/Ω 插孔,然后将功能开关置于通断测试挡(与二极管测试量程相同),将测试表笔连接到被测导体两端。如果表

笔之间的阻值低于约 30 Ω,蜂鸣器会发出声音。

3. 数字式万用表使用的注意事项

(1)使用数字式万用表前,应先估计一下被测量值的范围,尽可能选用接近满刻度的量程, 这样可提高测量精度。

(2)数字式万用表在刚测量时,显示屏的数值会有跳数现象,这是正常的(类似指针式表的表针摆动),应当待显示数值稳定后(不超过 1 ~2 s),才能读数。

(3)数字万用表的功能多,量程挡位也多。

(4)用数字万用表测试一些连续变化的电量和过程,不如用指针式万用表方便直观。

(5)测 10 Ω 以下的精密小电阻时(200 Ω 挡), 先将两表笔短接, 测出表笔线电阻(约 0. 2 Ω), 然后在测量中减去这一数值。

(6)尽管数字式万用表内部有比较完善的各种保护电路,使用时仍应力求避免误操作,如用电阻挡去测 220 V 交流电压等,以免带来不必要的损失。

(7)为了节省用电,数字万用表设置了 15 min 自动断电电路,自动断电后若要重新开启电源,可连续按动电源开关两次。

三、钳形电流表

1. 钳形电流表工作原理

钳形电流表也是一种便携式电表,主要用在要求电路不断电的情况下,测量正在运行的电气电路中具有安培级的电流。测量时只要将被测导线夹于钳口中,便可读出电流数。钳形表的原理结构如图 1 -8 所示。

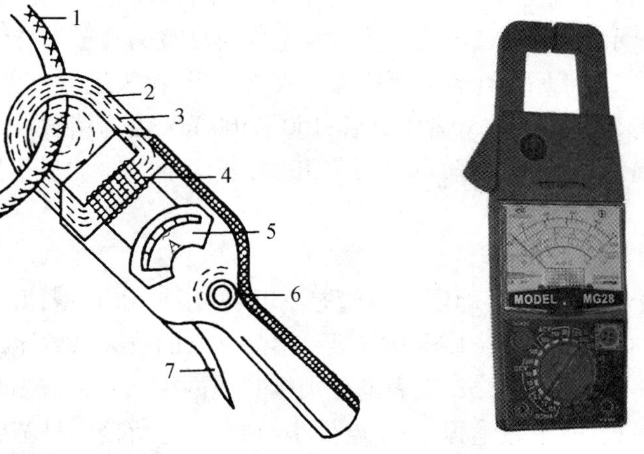

(a)　　　　(b)

图 1 -8　钳形表原理结构图与外形图

(a)结构图;(b)外形图

1—载流导线;2—铁芯;3—磁通;4—线圈;5—电流表;6—改变量程的旋钮;7—扳手

测量交流电流的钳形表实质上是由一个电流互感器和一个整流式仪表所组成的。被测载流导线相当于电流互感器的一次绕组,绕在钳形表铁芯上的线圈相当于电流互感器的二次绕组。当被测载流导线夹于钳口中时，二次绕组便感应出电流，使指针偏转，指示出被测电流值。

测量交、直流电流的是一个电磁式仪表，放置在钳口中的被载流导线作为励磁线圈，磁通在铁芯中形成回路，电磁式测量机构位于铁芯的缺口中间，受磁场的作用而偏转，获得读数。因其偏转不受测量电流种类的影响，所以可测量交、直流电流。

2. 钳形电流表的使用方法

(1)测量前要机械调零。

(2)选择合适的量程，先选大量程，后选小量程或看铭牌值估算。

(3)当使用最小量程测量，其读数还不明显时，可将被测导线绕几匝，匝数要以钳口中央的匝数为准，则读数 = 指示值 × 量程/满偏 × 匝数。

(4)测量时，应使被测导线处在钳口的中央，并使钳口闭合紧密，以减少误差。

(5)测量完毕，要将转换开关放在电流量程的最大挡位处。

3. 钳形电流表的使用注意事项

(1)在使用钳形电流表前应仔细阅读说明书，弄清是交流还是交直流两用钳形表。

(2)测量前，应先检查钳形铁芯的橡胶绝缘是否完好无损。钳口应清洁、无锈，闭合后无明显的缝隙。

(3)测量时，应先估计被测电流大小，选择适当量程。若无法估计，可先选较大量程，然后逐挡减少，转换到合适的挡位。转换量程挡位时，必须在不带电情况下或者在钳口张开情况下进行，以免损坏仪表。

(4)测量时，被测导线应尽量放在钳口中部，钳口的结合面如有杂声，应重新开合一次，仍有杂声，应处理结合面，以使读数准确。另外，不可同时钳住两根及以上导线。

(5)测量 5 A 以下电流时，为得到较为准确的读数，在条件许可时，可将导线多绕几圈，放进钳口测量，其实际电流值应为仪表读数除以放进钳口内的导线根数。

(6)每次测量前后，要把调节电流量程的切换开关放在最高挡位，以免下次使用时，因未经选择量程就进行测量而损坏仪表。

4. 钳形电流表的选型

可根据被测电流的种类，正确选择不同类型的钳形电流表，如测量 50 Hz 交流电流时，可选择交流钳形电流表或数字式钳形电流表，如 T－301 型；测量低频交流或直流电流，如绕线转子电动机转子电流，应选择交流、直流两用的钳形电流表，如 MG20，MG24 型等。

5. 钳形电流表具体测量实例

(1)用钳形电流表测量交、直流电流，方法如图 1－9 所示。

①将旋转功能开关转至适当的电流设置 A。

②按住钳口开关张开夹钳并将待测导线插入夹钳中。

③闭合夹钳并用钳口上的对准标记将导线居中。

④查看主显示屏上的电流读数。

⑤若为 Fluke 钳形电流表，在测量交流(AC)或交流合并直流(AC + DC)电流时，按 G

查看频率显示屏上的频率读数。

注意:为了避免触电或人身伤害,如果电流流向相反,则一次只能在夹钳中放入一根导线;如果电流流向相同,则可以将多根导线放入夹钳中。

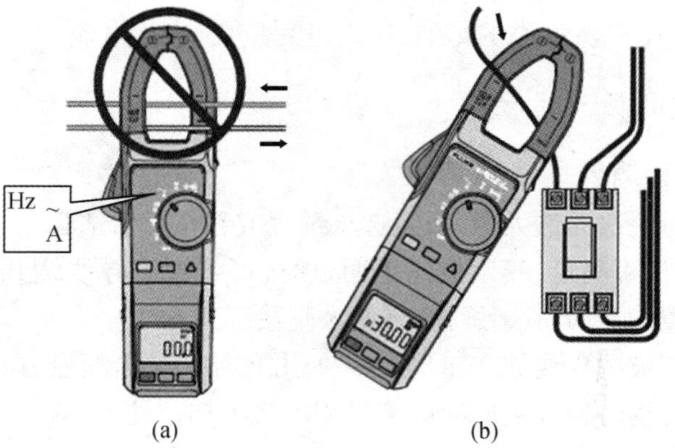

图1－9　用钳形电流表测量交、直流电流

(a)错误操作;(b)正确操作

(2)用钳形电流表测量交流电压,方法如图1－10所示。

①将旋转功能开关转至V。

②将黑色测试导线插入COM端子,并将红色测试导线插入V端子(若带夹子的,在将探针连接到测量点前,给探针添上夹子)。

③使探针接触电路测试点,测量电压。

④查看显示屏上的读数(若为Fluke钳形电流表,按G查看频率显示屏上的频率读数)。

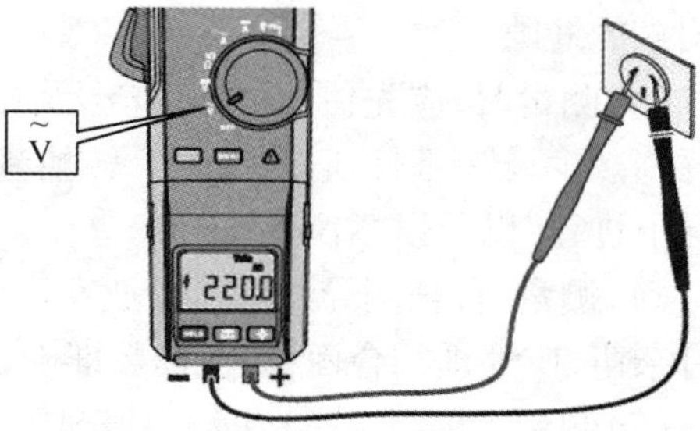

图1－10　用钳形电流表测量交流电压

(3)用钳形电流表测量浪涌电流,方法如图1－11所示。

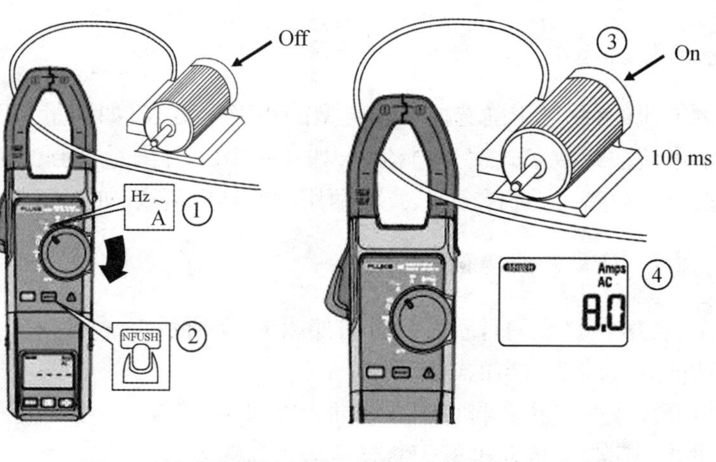

图1－11　用钳形电流表测量浪涌电流的四个步骤

浪涌电流是电气设备首次通电时产生的冲击电流。一旦设备达到其正常工作条件时，电流就稳定。要捕获浪涌电流读数：

①当被测系统断电时，将电源线放入仪表钳口中。

②将旋钮转至 A 位置。

③按仪表上的 E 按钮。

④给被测系统通电。浪涌电流读数显示在仪表显示屏中。

注意：为了避免触电或人身伤害，在测量电流时，要将导线在钳表中居中；在进行电流测量时，要将测试导线与仪表断开；将手指放在触摸挡板之后。

任务二　兆欧表的使用

一、兆欧表的结构及选用原则

兆欧表也叫绝缘电阻表，其实物如图 1－12 所示。它由一个手摇发电机、表头和三个接线柱（即 L，线路端；E，接地端；G，屏蔽端，也叫保护环）组成。

1. 额定电压等级的选择

高压电气设备绝缘电阻要求高，须选用电压高的兆欧表进行测试；低压电气设备内部绝缘材料所能承受的电压不高，为保证设备安全，应选择电压低的兆欧表。一般情况下，额定电压在 500 V 以下的设备，应应选用 500 V 或 1 000 V 的兆欧表；额定电压在 500 V 以上的设备，选用 1 000～2 500 V 的兆欧表。兆欧表量程的选择见表 1－2。

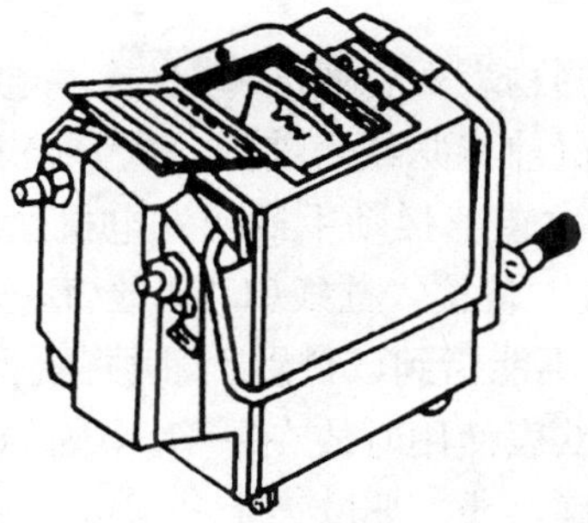

图 1－12　ZC25B－3 指针式兆欧表

表 1－2　兆欧表量程的选择

测量对象	被测对象的额定电压/V	所选兆欧表的额定电压/V
线圈	<500	500
	≥500	1 000
电力变压器和电动机绕组	≥500	1 000～2 000
发电机绕组	≤380	1 000
电气设备	<500	500～1 000
	≥500	2 500
绝缘子	—	2 500～5 000

2. 电阻量程范围的选择

选择兆欧表的原则是不使测量范围过多地超出被测绝缘电阻的数值，以免因刻度较粗而产生较大的读数误差。另外还要注意有些兆欧表的起始刻度不是零，而是 1 MΩ 或 2 MΩ。这种兆欧表不宜测量处于潮湿环境中的低压电气设备的绝缘电阻，因为在这种环境中的设备绝缘电阻较小，有可能小于 1 MΩ，在仪表上读不到读数，容易误认为绝缘电阻为 1 MΩ 或为零。兆欧表的表盘刻度线上有两个小黑点，小黑点之间的区域为准确测量区域。所以在选表时应使被测设备的绝缘电阻值在准确测量区域内。

二、兆欧表的使用

(1)测量前将被测设备电源切断，并对地短路放电。绝不能让设备带电进行测量，以保证人身和设备的安全。对可能感应出高压电的设备，必须消除这种可能性后，才能进行测量。

(2)被测物表面要清洁，减少接触电阻，确保测量结果的正确性。

(3)测量前将兆欧表进行一次开路和短路试验，检查兆欧表是否良好。即在兆欧表未接上被测物之前。摇动手柄使发电机达到额定转速（120 r/min），观察指针是否指在标尺的“∞”位置。将接线柱线(L)和地(E)短接，缓慢摇动手柄，观察指针是否指在标尺的“0”位。如指针不能指到该位置，表明兆欧表有故障，应检修后再用。

(4)兆欧表使用时放在平稳、牢固的地方，且远离大的外电流导体和外磁场。

(5)正确接线。兆欧表上一般有三个接线柱，其中 L 接在被测物和大地绝缘的导体部分，E 接被测物的外壳或大地。G 接在被测物的屏蔽上或不需要测量的部分。测量电动机等设备绝缘电阻时，一般只用“L”和“E”端，如图 1－13(b)所示。但在测量电缆对地的绝缘电阻或被测设备的漏电流较严重时，就要使用“G”端，并将“G”端接屏蔽层或外壳，如图 1－13(a)(c)所示。

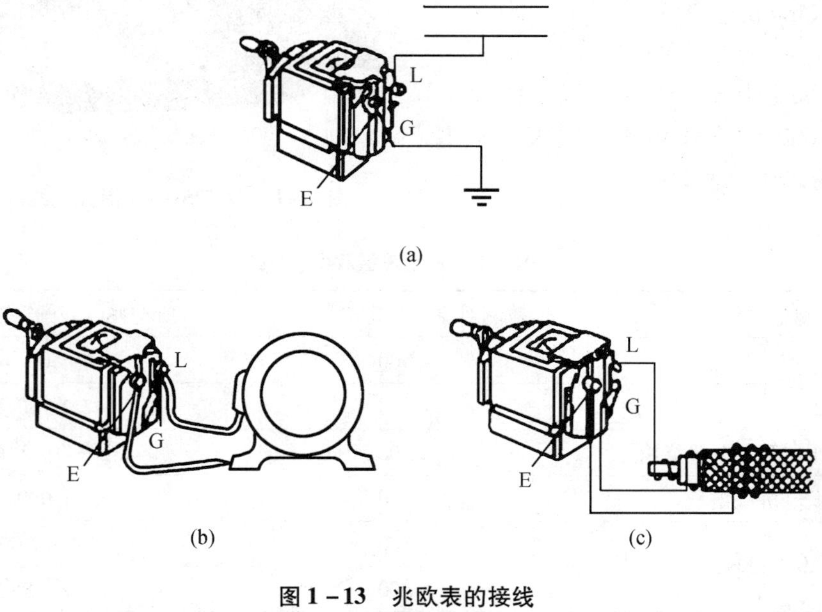

图 1－13　兆欧表的接线

(a)测量导线对地电阻；(b)测量电动机绝缘；(c)测量电缆缆芯对地绝缘

(6)测量。线路接好后,将兆欧表置于水平位置,按顺时针方向转动摇把。摇动的速度应由慢而快。摇把转动时其端钮间不许短路,若发现指针指零说明被测绝缘物可能发生了短路,这时就不能继续摇动手柄。以防表内线圈发热损坏。当转速达到 120 r/min 左右时(ZC25 型),保持匀速转动,1 min 后读数,并且要边摇边读数,不能停下来读数。

(7)读数完毕,将被测设备放电。放电方法是将测量时使用的地线从兆欧表上取下来与被测设备短接一下即可(不是兆欧表放电)。

三、兆欧表的使用注意事项

(1)禁止在雷电时或高压设备附近测绝缘电阻,只能在设备不带电,也没有感应电的情况下测量。

(2)摇测过程中被测设备上不能有人工作。

(3)接线柱与被测物之间连接导线不能用绞线,应分开单独连接,不致因绞线绝缘不良而影响读数。

(4)兆欧表未停止转动之前或被测设备未放电之前严禁用手触及。拆线时,也不要触及引线的金属部分。

(5)测量结束时对于大电容设备要放电。

(6)兆欧表接线柱引出的测量软线绝缘应良好,两根导线之间和导线与地之间应保持适当距离,以免影响测量精度。

(7)为了防止被测设备表面泄漏电阻,使用兆欧表时应将被测设备的中间层(如电缆壳芯之间的内层绝缘物)接于保护环。

技能训练　钳形电流表、兆欧表的使用

一、实训目的

(1)掌握用钳形电流表测量三相异步电动机定子绕组的电流(通电状态)。

(2)掌握用兆欧表分别测量线路间的绝缘电阻、线路对地间的绝缘电阻、电动机定子绕组与机壳间的绝缘电阻、电缆缆芯对缆壳间的绝缘电阻以及变压器的绝缘电阻。

二、实训设备

验电器、钢丝钳、尖嘴钳、螺钉刀、剥线钳、电工刀、活扳手等电工工具;电源变压器(BK－150,380 V/127 V,36 V,24 V 双二次侧绕组);Y112M－4 三相电动机 1 台、钳形电流表 1 只、兆欧表 1 只、接地电阻测定仪 1 台、接地线若干、铜芯绝缘软线若干。

三、实训内容

(1)用钳形电流表测定三相异步电动机的电流并判断三相电流是否平衡。

分别测量三相电动机和电源变压器一次侧电流,将所测量的电流数据填入表 1－3 中。

表 1 - 3　电流测量数据

测量项目	量程	所测量的数值/A
电动机的 U 相		
电动机的 V 相		
电动机的 W 相		
变压器的一次侧		

①将钳形电流表旋转功能开关转至适当的电流设置 A,按住钳口开关张开夹钳并将待测导线插入夹钳中,闭合夹钳并用钳口上的对准标记将导线居中,查看主显示屏上的电流读数。

②分别用钳形电流表测量电动机的 U 相、V 相、W 相和变压器的一次侧电流。

(2)用兆欧表测定线路间的绝缘电阻、线路对地间的绝缘电阻、电动机定子绕组与机壳间的绝缘电阻、电缆缆芯对缆壳间的绝缘电阻及变压器的绝缘电阻。

①使用 500 V 兆欧表分别测量三相电动机,将绝缘电阻测量数据填入表 1 - 4 和表 1 - 5 中。

表 1 - 4　三相电动机绝缘电阻测量数据

测量电动机	U 对 V	U 对 W	V 对 W	U 对外壳	V 对外壳	W 对外壳
读数值/Y - △						

表 1 - 5　变压器测量数据

测量变压器	一次侧对二次侧 a	一次侧对二次侧 b	一次侧对铁芯	二次侧 a 对铁芯	二次侧 b 对铁芯
读数值/MΩ					

a. 用兆欧表测定三相电动机 U 相对 V 相、U 相对 W 相、V 对 W 相线路间的绝缘电阻。

b. 用兆欧表测定三相电动机 U 对外壳、V 对外壳、W 对外壳。

兆欧表的三个接线柱接线如下:L 接在被测物和大地绝缘的导体部分,E 接被测物的外壳或大地。G 接在被测物的屏蔽上或不需要测量的部分。测量电动机等设备绝缘电阻时,一般只用“L”和“E”端;但在测量电缆对地的绝缘电阻或被测设备的漏电流较严重时,就要使用“G”端,并将“G”端接屏蔽层或外壳。按照图 1 - 13 对应接线。

②测定变压器的绝缘电阻,具体操作步骤如下:

a. 用兆欧表测定一次侧、二次侧线圈之间的绝缘电阻值。

b. 用兆欧表测定一次侧线圈与铁芯间的绝缘电阻值。

c. 用兆欧表测定一次侧线圈与铁芯间的绝缘电阻值。

(3)注意事项:

①使用钳形电流表时,不要在测量过程中切换量程。不可用钳形电流表去测量高压电路,否则会引起触电,造成事故。

②根据待测量的对象的不同，选用不同型号的钳形电流表。

③为消除铁芯中剩磁的影响，应将钳口开合数次。

④使用兆欧表时，在进行测量前应先切断被测线路或设备的电源，并进行充分放电（需2~3 min），以保证设备及人身安全。

⑤在进行测量前应将与被测线路或设备相连的所有仪表和其他设备退出（如电压表、功率表、电能表及电压互感器等），以免这些仪表及其他设备的电阻影响测量结果。

⑥兆欧表接线柱与被测设备间的连接导线不能用双股绝缘线或绞线，应用单股线分开单独连接，避免因绞线的绝缘不良而引起测量误差。

⑦测量前应将兆欧表进行一次开路和短路试验，检查兆欧表是否良好。将 L，E 开路，摇动手柄，指针应立即指在“0”处；将 L，E 短接，轻轻摇动手柄，指针应立即指在“0”处。则说明兆欧表是良好的，否则兆欧表不能用。

⑧兆欧表测量完毕后，在手柄未完全停止转动及被测对象没有放电之前，切不可用手触及被测对象的测量部分及被拆线路，以免触电。

四、实训总结

1. 如何用钳形电流表测定三相异步电动机的电流并判断三相电流是否平衡？

2. 如何用兆欧表测定测量三相电动机的绝缘电阻线（路间的绝缘电阻、线路对地间的绝缘电阻、电动机定子绕组与机壳间的绝缘电阻、电缆缆芯对缆壳间的绝缘电阻）？

3. 如何用兆欧表测定测量源变压器的绝缘电阻？

4. 钳形电流表的使用注意事项有哪些？

5. 兆欧表使用注意事项有哪些？

项目二　船用电器维修

【项目描述】

船舶的电力系统一般都是低压系统，船用电器一般都是低压电器，低压电器是指在交流 1 200 V 以下和直流 1 500 V 以下电路中起保护、控制、调节、转换等作用的电器设备。船用低压电器主要有熔断器、继电器、接触器和断路器等，本项目重点介绍这些电器的结构、使用及常见故障维修。

【项目目标】

1. 掌握船用熔断器、继电器、接触器和断路器的结构及使用方法。
2. 掌握船用熔断器、继电器、接触器和断路器的常见故障维修。

任务一　熔断器、继电器维修

一、熔断器的维修

（一）熔断器的功能及组成

熔断器是一种最常用、最简单的保护电器，主要用作短路保护和严重过载保护，如图 2－1、图 2－2 和图 2－3 所示。其主要组成部分为熔体（保险丝）和安装熔体的熔管（熔座），熔管兼起灭弧作用。熔体是核心部件，常做成丝状或片状串联在被保护电路或设备的前面，当电路或设备发生短路或严重过载时，所产生的电流将使熔体熔化而分断电路从而起到保护作用。熔体的材料有两类：一类为低熔点材料，如铅锡合金、锌等；另一类为高熔点材料，如银、铜、铝等。

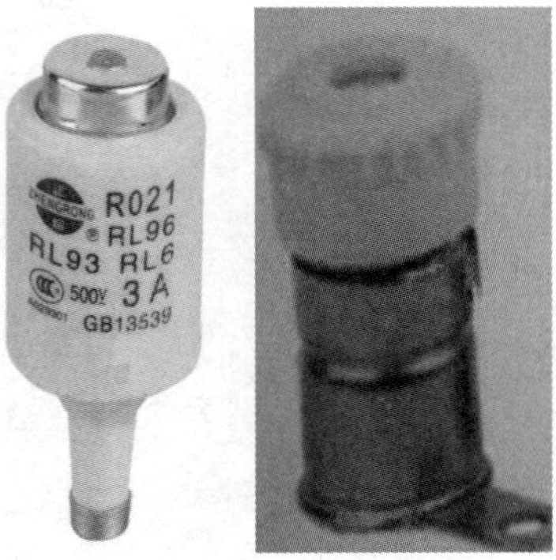

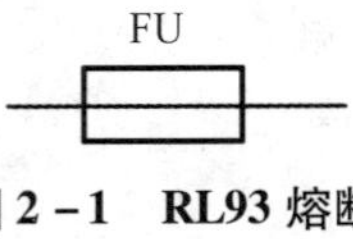

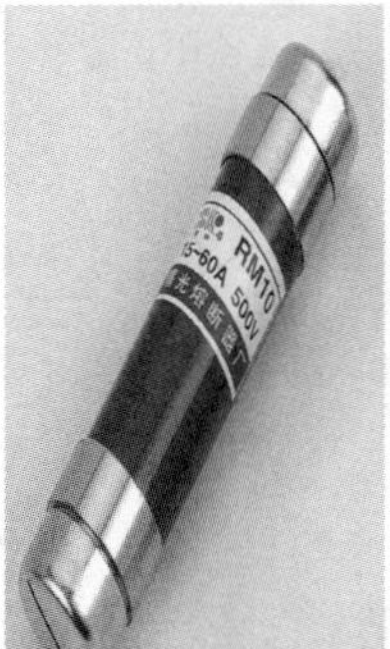

图 2－1　RL93 熔断器熔断体和熔断座　　图 2－2　RS0，RM10 熔断器　　图 2－3　熔断器符号

2. 熔断丝、熔管的选用

(1)保护无启动过程的平稳负载(如照明电热等电路中),熔断丝额定电流大于等于负载的额定电流。

(2)电动机的熔断丝选用:

为防止电动机启动时电流较大将熔断丝烧断,熔断丝不能按电动机额定电流来选择。

$$\text{一般熔断丝额定电流} \geqslant \frac{\text{电动机启动电流}}{2\sim5}$$

若电动机启动频繁则

$$\text{熔断丝额定电流} \geqslant \frac{\text{电动机启动电流}}{1.6\sim2}$$

(3)多台电动机合用的总熔断丝,一般可粗略计算:熔断丝额定电流 = (1.5 ~ 2.5) × 容量最大电动机的额定电流 + 其余电动机的额定电流之和。

熔体选定后,即可选择熔断器(熔管)。其原则如下:

①熔座额定电压≥线路工作电压;

②熔座额定电流≥熔体额定电流。

3. 熔断器的维修

(1)日常巡视检查

①检查负荷情况是否与熔体的额定值相配合。

②检查熔体管外观有无破损、变形现象,瓷绝缘部分有无破损或闪络放电痕迹。

③熔体发生氧化、腐蚀或损伤时,应及时更换。

④检查熔体管接触处有无过热现象。

⑤有熔断信号指示器的熔断器,其指示是否保持正常状态。

⑥熔断器环境温度应与被保护对象的环境温度基本一致。若相差过大可能使保护动作产生误差。

(2)熔断器的常见故障及检修方法

熔断器的常见故障、要能原因及检修方法见表 2 - 1。

表 2 - 1　熔断器的常见故障、可能原因及检修方法

故障现象	可能原因	处理方法
熔断丝换上后立即熔断	①电源负载线路短路或线路接线错误; ②更换的熔丝容量过小或负载太大; ③电动机负载过重,启动熔丝熔断,使电动机卡死	①检查线路查出短路点,修复后再供电; ②重新计算保险丝的容量; ③检修电动机机械部分,使其恢复正常
熔丝在压紧螺钉附近慢慢熔断	①接线桩头或压熔丝的螺钉锈死压不紧熔丝或导线; ②导线过细或负载过重; ③铜铝接连时间过长引起接触不良; ④瓷插保险插头与插座间接触不良; ⑤熔丝规格过小,负载过重	①更换同型号的螺钉及垫片并重新压紧熔丝; ②根据负载大小更换合适导线; ③去掉铜、铝接头处氧化层; ④使瓷插头与插座接触紧密并且用砂布打磨瓷插保险金属的所有接触面; ⑤根据负载情况可更换合适熔丝

（3）更换熔断器时的注意事项

①一般应在不带电的情况下取出熔断器管进行更换，有些熔断器是允许在带电情况下取下的，但应将负载切断，以免发生危险。

②在熔体熔断后，特别是在分断极限电流后，往往有熔体渣熔化在上面，所以在换装新熔体前，必须仔细擦净管内表面和接触面上的熔渣、烟灰和尘埃等。

熔断器是在一般的过载电流下熔断还是在分断极限电流时熔断，通常不易区分，而只能凭经验判断，凡熔断器熔断时，响声不大，熔体只在一两处熔断，管子的内壁没有烧焦现象，也没有大量的熔体蒸气附着在管壁，这是在一般的过载电流下熔断的。凡熔断器熔断时响声特别大，有时看见两端有火光，管内熔体断成许多小段，管子的内壁有大量的熔体蒸气附着，有时管壁有烧焦现象，这样就可能是在分断极限电流时熔断的，说明线路有短路故障，应排除故障后，再更换熔断件。

③在换装熔断体时，必须注意熔体的电流值和熔件的片数，并要使熔件和原熔件相同，不应随意更换凑合使用。快速熔断件不能用普通的熔断器的熔体代替。应保证接触良好，如接触不良会使接触部位过热，热量传至熔体，而熔体温度过高则会造成误动作，有事因接触不良产生火花会干扰弱电装置。

④更换熔体时，不能使熔体受到机械损伤。否则，相当于熔体截面变小，电阻增加，可能出现电气设备正常运行时熔体熔断，造成停电，影响设备正常运行。

⑤对于封闭管式熔断器，管子不能用其他绝缘管代替，否则易于炸裂管子，发生人身伤害事故。也不可以在熔断管上钻孔，因为钻孔会造成灭弧困难，可能会喷出高温金属和气体，这对人体和周围设备是十分危险的。

二、继电器的维修

继电器为一种根据某种特定信号的变化来控制小电流电路（控制电路）的通断状态以实现对电力拖动设备和系统的自动控制与保护的电器。继电器一般由输入感测机构和输出执行机构两部分组成。前者用于反映输入量的高低；后者用于接通或分断电路。其输入信号可以是电信号（如电流、电压等），亦可以是非电信号（如时间、温度、速度、压力等）。船舶电气系统中常用的继电器有电磁式继电器、时间继电器、热继电器及速度继电器等。

1. 电磁式继电器的检修

对于电磁式（电压、电流、中间）继电器，其感测机构即为电磁系统，如图2－4、图2－5、图2－6所示。电磁系统的故障主要集中在线圈及动、静铁芯部分。一般遇到的故障和检修方法如下。

（1）线圈故障检修

线圈故障通常有线圈绝缘损坏；受机械伤形成匝间短路或接地；由于电源电压过低，动、静铁芯接触不严密，使通过线圈电流过大，线圈发热以致烧毁。其修理时，应重绕线圈。如果线圈通电后衔铁不吸合，可能是线圈引出线连接处脱落，使线圈断路。检查出脱落处后焊接上即可。

（2）铁芯故障检修

铁芯故障主要有通电后衔铁吸不上。这可能是由于线圈断线动、静铁芯之间有异物，电源电压过低等造成的，应区别情况修理。通电后，若衔铁噪声大，这可能是由于动、静铁芯接触面不平整，或有油污染造成的。修理时，应取下线圈，锉平或磨平其接触面；如有油污应进行清洗。

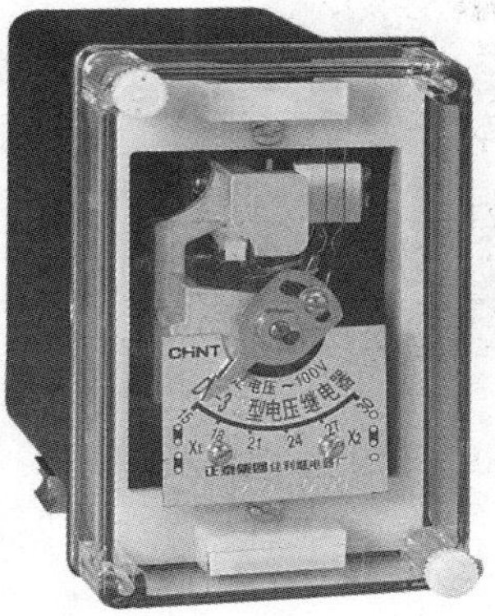

图 2－4　DY3 型电压继电器

图 2－5　JL12 过电流延时继电器

图 2－6　中间继电器

(3)执行机构的检修

触点系统的故障一般有触点过热、磨损、熔焊等。引起触点过热的主要原因是容量不够，触点压力不够，表面氧化或不清洁等；引起磨损加剧的主要原因是触点容量太小，电弧温度过高使触点金属氧化等；引起触点熔焊的主要原因是电弧温度过高，或触点严重跳动等。触点的检修顺序如下：

①打开外盖，检查触点表面情况。

②如果触点表面氧化，对银触点可不做修理，对铜触点可用油光锉锉平或用小刀轻轻刮去其表面的氧化层。

③如果触点表面不清洁，可用汽油或四氯化碳清洗。

④如果触点表面有灼伤烧毛痕迹，对银触点可不必整修，对铜触点可用油光锉或小刀整修。不允许用砂布或砂纸来整修，以免残留砂粒，造成接触不良。

⑤触点如果熔焊，应更换触点。如果是因触点容量太小造成的，则应更换容量大一级的继电器。

⑥如果触点压力不够，应调整弹簧或更换弹簧来增大压力。若压力仍不够，则应更换触点。

2. 热继电器的维修

热继电器是一种电气保护元件。它是利用电流的热效应来推动动作机构使触点闭合或断开的保护电器，广泛用于电动机的过载保护、断相保护、电流不平衡保护以及其他电气设备的过载保护，如图 2－7、图 2－8 为热过载继电器。

(1)热继电器的选用

①热元件额定电流应大于电动机额定电流，一般按电动机额定电流的 1.1～1.25 倍选用。

②热元件的电流调节范围为热元件额定电流的 60%～100%，可根据需要调节。

③热继电器的整定值应为被保护电动机额定电流的 1.0 倍。

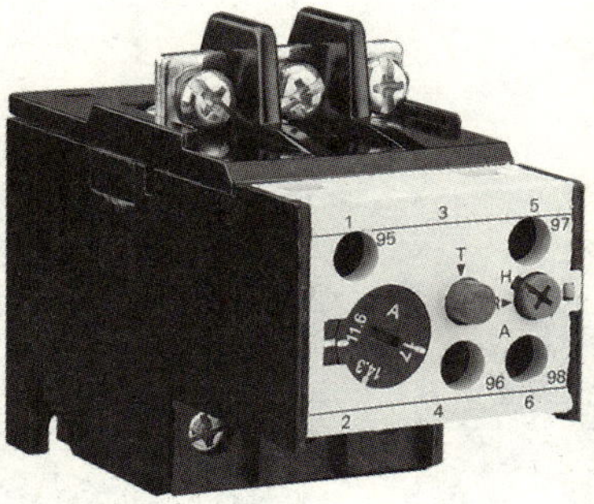

图 2－7　JR20 系列热过载继电器

图 2－8　JRS1 系列热过载继电器

(2)运行中热继电器的检查

①检查负荷电流是否和热元件的额定值相配合。

②检查热继电器与外部的连接点处有无过热现象。

③检查与热继电器连接的导线截面是否满足载流要求，有无因发热而影响热元件正常工作的现象。

④检查热继电器的运行环境温度有无变化，温度有否超出允许范围(－30～40 ℃)。

⑤检查热继电器动作情况是否正确。

⑥检查热继电器周围环境温度与被保护设备周围环境温度，如前者较后者高出 15～25 ℃时，应调换大一号等级热元件，如低 15～25 ℃时应调换小一号等级的热元件。

(3)热继电器的故障及维修

热继电器常见故障与检修方法见表 2－2。

表 2－2　热继电器常见故障与检修方法

故障现象	可能原因	处理方法
热继电器误动作	①整定值偏小，以至未出现过载就动作； ②电动机启动时间过长，引起热继电器在启动过程中动作，切断了电路； ③设备操作频率过高，使热继电器经常受启动电流的冲击而动作； ④环境温度过高、过低，使热继电器出现未过载而误动作，切断电路，影响设备正常工作；出现过载而不动作，造成设备损坏； ⑤使用场合有强烈的冲击及振动，使热继电器动作机构松动而使动断触点断开； ⑥双金属片变形	①旋转电流调节旋钮，调整整定电流为电动机额定电流值，决不可弯折双金属片； ②减少电动机启动时间； ③限制并减少操作频率； ④改善使用环境，使环境温度不高于＋40 ℃及不低于－30 ℃； ⑤紧固松动部分； ⑥更换热继电器
热继电器不动作	①整定值偏大； ②热元件烧毁或脱焊； ③动作机构卡阻； ④灰尘堆积或生锈传动机构磨损变形； ⑤可调整部件损坏或未对准刻度； ⑥额定电流值选用不合适	①合理调整整定值； ②更换热继电器； ③打开热继电器盖板，排除故障，并手动试验，动作应灵活； ④清除灰尘铁锈或更换热继电器； ⑤更换热继电器； ⑥按保护容量合理选用

表 2-2(续)

故障现象	可能原因	处理方法
热元件烧断	①负荷侧出现短路或电流过大; ②操作频率过高	①先切断电源检查电路,排除电路故障,重新选用合适的热继电器,更换后应重新调整整定电流值; ②更换合适参数的热继电器
热继电器接入后控制电路不通	①热继电器动作后未复位; ②触头烧毁或动触片弹性消失,造成动、静触头接触不良或不能接触; ③刻度盘或调整螺钉转到不合适位置将触头顶开	①复拉; ②更换动触片及烧毁触头; ③调整刻度盘或调整螺钉
热继电器不能复位	①再扣与脱扣时间间隔太短; ②复位片簧折断	① 5 mm 左右进行手动复位再扣; ②更换热继电器

3. 时间继电器的维修

时间继电器是一种利用电磁原理或机械动作原理来延迟触点闭合或分断的自动控制电器。它的种类很多,有电磁式、电动式、空气阻尼式和晶体管式等。在交流电路中应用较广泛的是空气阻尼式时间继电器。下面以 JS-7 系列空气阻尼式时间继电器为例,介绍时间继电器常见的故障及处理方法,见表 2-3。

表 2-3　JS-7 系列空气阻尼式时间继电器的常见故障及处理方法

故障现象	可能原因	处理方法
延时触头不动作	①电磁线圈断线; ②电源电压过低; ③传动机构卡阻或损坏	①更换线圈; ②调高电源电压; ③排除卡阻故障
延时时间缩短	①气室装配不严,漏气; ②橡皮膜损坏	①修理或更换气室; ②更换橡皮膜
延时时间变长	气室内有灰尘,使气道阻塞	清除气室内灰尘,使气道畅通

任务二　接触器维修

一、接触器功能及组成

接触器为一种利用电磁吸力的作用远距离频繁通断大电流电路(即主电路)的开关电器。它广泛应用于低压电路中,是自动控制系统中的重要元件之一。接触器按触头控制的电流种类可分为交流接触器(电压 AC)和直流接触器(电压 DC)。图 2-9 为接触器外形图及结构图。

接触器主要由触头系统、灭弧装置、电磁机构及其他辅助部件组成。电磁系统包括吸引线圈、动铁芯和静铁芯；触头系统包括三组主触头和一至两组常开、常闭辅助触头，它和动铁芯是连在一起互相联动的；灭弧装置，一般容量较大的接触器都设有灭弧装置，以便迅速切断电弧，免于烧坏主触头。

交流接触器的工作原理是：当接触器线圈通电后，它产生的电磁吸力克服弹簧的反作用力，将衔铁吸合并带动支架使动、静触点接触闭合，从而接通主电路。当线圈断电或电压显著下降时，由于电磁吸力消失或过小，衔铁与动触点在弹簧反作用力作用下跳开，触点打开时产生电弧，但电弧在灭弧措施作用下迅速熄灭，最后切断主电路。图 2－10 为交流接触器在电路中的符号。

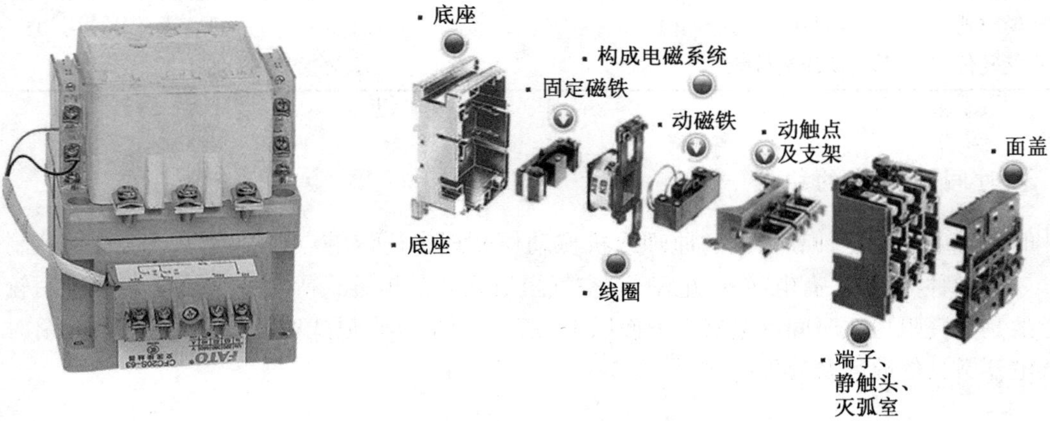

图 2－9　接触器外形图及结构图

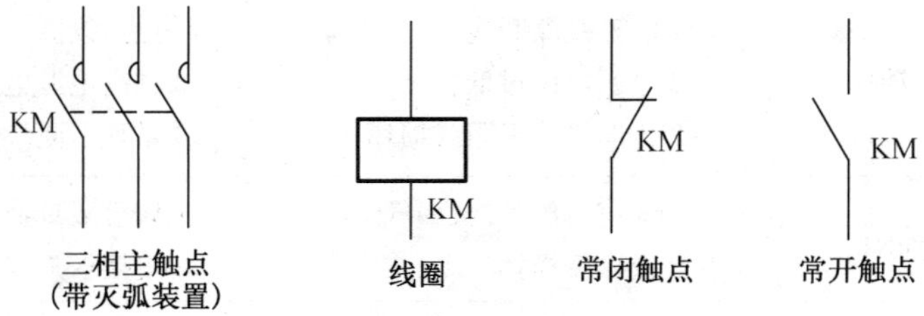

图 2－10　交流接触器在电路中的符号

二、接触器的运行维护与检修

1. 日常维护

接触器的工作可靠性和使用寿命在很大程度上取决于对接触器的维护保养。日常维护工作主要有下列几点：

(1)定期检查接触器线圈的电源电压，并调整其在一定范围内。

(2)定期以干燥的压缩空气(压力约为 0.2 MPa)吹净接触器上的积尘。

(3)定期检查各紧固件是否松动,特别当接触器的安装面承受振动时更应注意。若导电零件上有氧化膜,应用细锉锉去,不宜用砂纸或砂布擦拭。

(4)通电运行前,应用手检查运动件是否运动灵活,定期向轴中注入润滑油。

(5)定期检查触头压力、开距、超行程,使之符合规定。对带有银或银合金触头的直动式接触器,由于形成的氧化银在触头发热后能分解成金属银,接触电阻比较稳定,切忌锉擦。

(6)定期检查线圈温升是否超值,用摇表检查线圈绝缘电阻,若小于 0.5 MΩ 应立刻处理。

(7)定期检查灭弧室以防短路。陶土灭弧室性脆易碎,应避免碰撞,如有碎裂应及时调换。

2. 检查与维修

经常或定期检查接触器的运行情况,进行必要的维修是保证其运行可靠、延长使用寿命的重要措施。对接触器的维护、检修应有次序、有重点地进行。检查时应先断开电源,然后按下列步骤进行。

(1)外观检查

①清除灰尘,可用棉布沾少量汽油擦去油污,然后用布擦干。

②拧紧所有压接导线的螺钉,防止松动脱落引起连接部分发热。

③对金属外壳或条架要检查接地螺钉是否紧固完好。

(2)灭弧罩检修

取下灭弧罩,用毛刷清除罩内脱落物及金属颗粒。如发现灭弧罩有裂损或严重炭化,应更换新品。对于栅片灭弧罩,应注意栅片是否完整或烧损变形、严重松脱位置变化等,若不易修复则应更换。

(3)触点系统检修

①检查动、静触点是否对准,三相是否同时闭合,并调节触点弹簧使三相一致。

②遥测相间绝缘电阻值。使用500 V 兆欧表进行测量,其绝缘电阻值不应低于10 MΩ。

③触点磨损厚度超过1 mm(可与新品比较)或严重烧损、开焊脱落时应更换新件。银基合金触点有轻微烧损或接触面发毛、变黑一般不影响使用,可不予清理。若影响接触时,可用小锉磨平打光,不能使用砂纸。

④经维修或更换触点后应注意触点开距、超行程,触点超行程影响触点终压力。

⑤检查辅助触点动作是否灵活,静触点是否有松动或脱落现象;触点开距及行程要符合要求数值。可用万用表电阻挡测量接触情况,发现接触不良且不易修复时,应更换新触点。

(4)铁芯的检修

①用棉纱沾汽油擦拭端面,除去油垢、灰尘等。

②检查各缓冲件是否齐全,位置是否正确。

③铆钉有否断裂,导致铁芯端面松散的情况。

④短路环有无脱落或断裂,特别要注意隐裂。如有断裂会造成严重噪声,应更换短路环或铁芯。

⑤检查电磁铁吸合是否良好,有无错位现象。

(5)电磁线圈的检修

①交流接触器的吸引线圈在电源电压为线圈额定电压值的85% ~105%时,应能可靠工作,当电源电压低于线圈额定电压值的40%时应能可靠释放。

②检查电磁线圈有无过热,线圈过热反映在外表层老化、变色,用半导体点温计测表面温度,若高于65 ℃,说明线圈过热。线圈过热一般是由于出现匝间短路造成的。此时,可测其直流电阻与同类线圈进行比较。不易修复时可更换新品。

③引线与插接件有否开焊或将断开的情况。

④线圈骨架有无裂纹、磨损或固定不正常(如缺少缓冲件等)情况。如发现应及早处理或更换。

三、接触器常见故障分析及处理

接触器常见的各种故障现象,产生故障的可能原因及处理方法见表2-4。

表2-4　接触器常见的故障分析及处理方法

故障现象	故障原因	处理方法
按下启动按钮,接触器吸不上或吸力不足,伴有嗡鸣声	①电源电压过低或波动大; ②操作电源容量不足; ③线圈内部有短路; ④运动部分卡阻,弹簧反力过大,转轴锈蚀或歪斜; ⑤线圈的额定电压高于线路额定电压; ⑥触头开距太大(即衔铁气隙太大)	①用万用表测量线圈两端电压,是否低于产品规定85%额定电压; ②更换操作电源; ③更换线圈; ④卸下灭弧罩后,按动衔铁,看是否能灵活带动触头,如不灵活,排除相应故障,拆下有关零件去锈加油,紧固校正或更换变形或损坏零件; ⑤更换与线路额定电压一样的线圈; ⑥调整衔铁气隙
接触器吸不上	①电源断线; ②线圈断路; ③运动部分卡死	①用万用表测线圈两端是否有电压,没有电压,说明电源断线,此时查找线路,若有电压,说明线圈断路; ②断电后,用万用表测线圈电阻,判断是否开路后,决定是否更换线圈; ③同第一种故障中④方法处理
按下停止按钮,接触器不释放或释放缓慢	①衔铁的反力弹簧失效或缺损; ②触头熔焊; ③运动部件被卡住,转轴锈蚀或歪斜; ④铁芯极面有油泥黏着; ⑤E形铁芯中柱去磁气隙消失,剩磁增大	①调整触头弹簧压力或者更换反作用弹簧,但注意不要过大; ②排除熔焊故障,打开触头,用细锉修整毛刺或更换触头,若经常发生熔焊,则应调换大一级电流的接触器; ③排除卡阻物,按第一种故障中④方法处理; ④清除铁芯极面油泥; ⑤更换铁芯

表2-4(续)

故障现象	故障原因	处理方法
线圈过热或烧损	①电源电压过高(> $1.1U_N$)或过低(< $0.85U_N$); ②线圈技术参数(如额定电压、频率、通电率等)与实际使用条件不符合; ③线圈匝数间短路; ④操作频率过高; ⑤使用环境特殊,如空气潮湿,含有腐蚀性气体或环境温度过高; ⑥运动部件卡体,长时间通电; ⑦铁芯极面不平或剩磁气隙过大	①调整电源电压; ②选择与实际工作条件相应的线圈或接触器; ③更换线圈(用电阻比较法判定是否内部短路); ④选择大一级电流的接触器更换之; ⑤采用适应于特殊条件的接触器; ⑥按第一种故障中④方法处理; ⑦清理极面或调换铁芯
铁芯(交流)噪声大	①电源电压低; ②触头弹簧压力过大或超行程过大; ③衔铁歪斜或机械卡阻,使铁芯不能吸平吸牢; ④铁芯极面有异物(如油垢、尘泥)或接触不良; ⑤短路环断裂或脱落	①检查线路并调整电源电压,至$(0.85 \sim 1.10)U_N$ ②调整触头弹簧及超行程; ③排除机械卡阻故障,校正衔铁位置; ④清理极面,调整铁芯使其接触良好或更换铁芯; ⑤用铜焊接好或更换短路环
触头熔焊	①触头容量过小; ②负载侧短路; ③吸力不足; ④触头表面严重烧损造成接触不良或有毛刺、金属颗粒等; ⑤触头弹簧压力过小; ⑥操作频率过高或过负载使用; ⑦机械卡阻	①选择合适的接触器; ②排除负载短路故障后,更换触头; ③检查电源电压是否低于85% U_N; ④修理触头表面或更新更换或修复触头弹簧; ⑤调整触点弹簧压力,使之符合标准; ⑥调换合适的接触器; ⑦排除卡阻物
触头过热或灼伤	①触头弹簧压力不足或超行程过小; ②触头接触不良,触点上有油污或者表面高低不平,有金属颗粒突起; ③触头严重磨损及开焊; ④操作过于频繁或电流过大,触头容量不足; ⑤环境温度过高或使用在密闭的控制箱内	①调整弹簧压力及超行程到规定值; ②清理触头表面,整修表面,紧固触头与导电板; ③触头磨损到原厚度的1/3或脱焊,更换新触头; ④选大容量的接触器; ⑤接触器应降容使用
触头过度磨损	①反接制动,操作过于频繁或有较多密接操作,容量不足,工作电流过大; ②三相触头不同步; ③负载侧短路	①接触器应降容使用或选用适用于频繁操作的工作电流相应的接触器; ②调整触头使之同步; ③排除短路故障后,更换触头

表 2－4(续)

故障现象	故障原因	处理方法
相间短路	①可逆转换的接触器联锁不可靠，由于误动作，致使两台接触器同时投入运行而造成相间短路，或因接触器动作过快，转换时间短，在转换过程中发生电弧短路； ②尘埃堆积或沾有水汽、油垢，使绝缘变坏； ③产品零部件损坏(如灭弧室碎裂)	①检查电气联锁与机械联锁；在控制线路上加中间环节或调换动作时间长的接触器，延长可逆转换时间； ②经常清理，保持清洁； ③更换损坏零部件

任务三　断路器维修

一、低压断路器功能及组成

低压断路器又称自动开关，是一种既可以接通、分断电路，又能对负荷电路进行自动保护的电器，图 2－11 为 DW98 船用万能式断路器，图 2－12 为断路器图形符号及文字符号。当负荷电路中发生短路、过载、欠压等故障时，能自动切断电路。

断路器的结构主要由触头系统、操作机构、各种脱扣器和灭弧装置等部分组成。触头系统是断路器的执行元件，主要用来接通和分断电路；操作机构是实现断路器的闭合和断开动作的执行机构。脱扣器是断路器的感测元件，也是断路器的保护装置，当接到操作人员的指令或继电保护信号后，可通过传递元件使断路器跳闸而切断电路；灭弧装置主要用于熄灭触头在切断电路时所产生的电弧。

目前，使用的自动开关有万能式(即框架式(DW 型))和塑料外壳式(即装置式(DZ型))自动开关。万能式断路器一般都有一个钢制的框架，小容量的也可以用塑料底板加金属支架构成，所有零部件均安装在框架内，主要零部件都是裸露的，导电部分需先进行绝缘再安装在底座上，而且部分大多可以拆卸，便于装配和调整。装置式断路器所有零部件安装在一个塑料外壳中，没有裸露的带电部分，使用比较安全。

图 2－11　DW98 船用万能式断路器

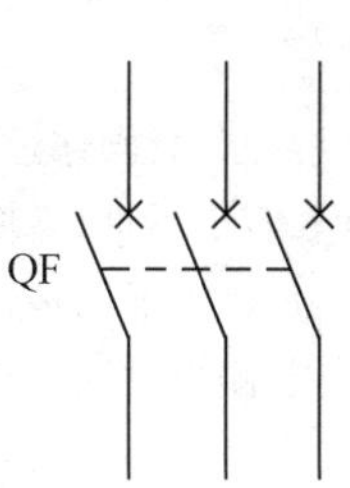

图 2－12　断路器图形符号及文字符号

二、低压断路器维护与检修

1. 日常维护

日常维护应根据设备运行情况，在设备停机期间进行。主要进行的项目有：摩擦、移动部件按期做润滑、紧固检查断路器与母线连接处螺栓、紧固二次回路端子、清扫断路器本体及抽屉座绝缘件的积灰。

2. 定期维护和检修

断路器在电力系统中占有重要位置，对断路器进行维护和检修是非常必要的，内容如下：

(1)取下灭弧罩，检查灭弧栅片的完整性及清除表面的烟痕和金属细末，外壳应完整无损。

(2)检查触点表面，清擦烟痕，用细锉或细砂布打平接触面，并需保持触点原有形状。如果触点的银钨合金表面烧伤，超过1 mm时应更换新触点。

(3)检查触点的压力，有无因过热而失效，调节三相触点的位置和压力，使其保持三相同时闭合，并保证接触面积完整，接触压力一致。

(4)用手动缓慢分、合闸，检查辅助触点的动断、动合工作状态是否合乎要求，并检查辅助触点的表面，如有损坏应更换。

(5)检查脱扣器的衔铁和拉簧活动是否正常，动作应无卡阻，磁铁工作极面应清洁平滑，无锈蚀、毛刺和污垢。热元件的各部位有无损坏，其间隙是否正常。

(6)机构各个摩擦部位应定期涂注润滑油。

(7)全部检修完毕后，应做几次传动试验，检查是否正常，特别对于电气联锁系统，要确保动作准确无误(指两个电源低压断路器之间联锁控制接线等)。

三、空气断路器常见故障分析与处理

空气断路器常见故障及处理方法见表2-5。

表2-5　空气断路器常见故障及处理方法

序号	故障现象	可能原因	处理方法
1	手动操作断路器不能闭合	①失电压脱扣器无电压或线圈损坏； ②储能弹簧变形，导致闭合力减小； ③反作用弹簧力过大； ④机构不能复位再扣	①检查线路，施加电压或更换线圈； ②更换储能弹簧； ③重新调整弹簧力； ④调整再扣面至规定值
2	电动操作断路器不能闭合	①操作电源电压不符； ②电源容量不够； ③电磁铁拉杆行程不够； ④电动机操作定位开关变位； ⑤控制器中整流管或电容器损坏	①调换电源； ②增大操作电源容量； ③重新调整或更换拉杆； ④重新调整； ⑤更换损坏元件

表 2－5(续)

序号	故障现象	可能原因	处理方法
3	有一组触头不能闭合	①一般型断路器的一相连杆断裂； ②限流断路器脱开机构的可拆连杆之间的角度变大	①更换连杆； ②调整至原技术条件规定值
4	分励脱扣器不能使断路器分断	①线圈短路； ②电源电压太低； ③再扣接触面太大； ④螺钉松动	①更换线圈； ②调换电源电压； ③重新调整； ④ 拧紧螺钉
5	欠电压脱扣器不能使断路器分断	①反力弹簧变小； ②储能弹簧变小或断裂； ③机构卡死	①调整弹簧； ②调整或更换储能弹簧； ③消除卡死原因(如生锈)
6	启动电动机时断路器立即分断	①过电流脱扣器瞬动整定值太小； ②脱扣器某些零部件损坏，如半导体器件、橡皮膜等损坏； ③脱扣器反力弹簧断裂或落下	①调整瞬动整定值； ②更换脱扣器或更换损坏的零部件； ③更换弹簧或重新装上
7	断路器闭合后经一定时间自行分断	①过电流脱扣器长延时整定值不对； ②热元件或半导体延时电路元件变质	①重新调整； ②更换元件
8	断路器温升过高	①触头压力过分低； ②触头表面过分磨损或接触不良； ③两个导电零件连接螺钉松动； ④触头表面污染	①调整触头压力或更换弹簧； ②更换触头或清理接触面，不能更换者，只好更换整台断路器； ③拧紧螺钉； ④消除油污或氧化层
9	欠电压脱扣器噪声	①反力弹簧太大； ②铁芯工作面有油污； ③短路环断裂	①重新调整； ②消除油污； ③更换衔铁或铁芯
10	辅助开关不通	①辅助开关的动触桥卡死或脱落； ②辅助开关传动杆断裂或滚轮脱落； ③触头不接触或氧化	①拨正或重新装好触桥； ②更换传动杆或更换辅助开关； ③调整触头，清理氧化膜
11	带半导体脱扣器误动作	①半导体脱扣器元件损坏； ②外界电磁干扰	①更换损坏元件； ②清除外界干扰，例如邻近的大型电磁铁的操作、接触器的分断、电焊等，予以隔离或更换线路

技能训练　船舶照明系统故障检修

一、实训目的

(1)掌握交流接触器的拆装与故障检修。
(2)掌握船舶照明系统故障检修。

二、实训设备

交流接触器(图2－13)、兆欧表、万用表、基本电工工具一套、导线若干。

三、实训内容

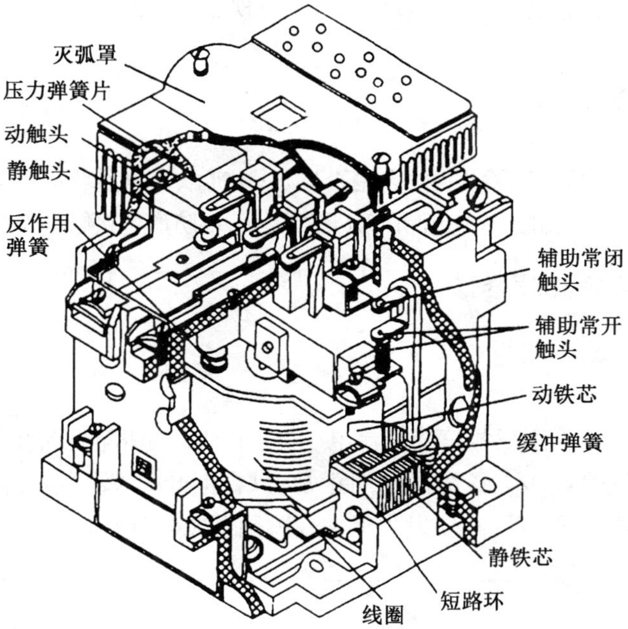

图2－13　交流接触器结构图

1.交流接触器的拆装与故障检修

(1)拆卸步骤

①卸下灭弧罩紧固螺钉,取下灭弧罩。

②拉紧主触点定位弹簧夹,取下主触点及主触点压力弹簧片。拆卸主触点时必须将主触点侧转45°后取下。

③松开辅助常开静触点的紧固螺钉,取下常开静触点。

④松开接触器底部的盖板螺钉,取下盖板。在松盖板螺钉时,要用手按住螺钉并慢慢放松。

⑤取下静铁芯缓冲绝缘纸片及静铁芯。

⑥取下静铁芯支架及缓冲弹簧。

⑦拔出线圈接线端的弹簧夹片，取下线圈。

⑧取下反作用弹簧。

⑨取下衔铁和支架。

⑩从支架上取下动铁芯定位销。

⑪取下动铁芯及缓冲绝缘纸片。

（2）检修步骤

①检查灭弧罩有无破裂或烧损，清除灭弧罩内的金属飞溅物和颗粒。

②检查触点的磨损程度，磨损严重时应更换触点。若不需更换，则清除触点表面上烧毛的颗粒。

③清除铁芯端面的油垢，检查铁芯有无变形及端面接触是否平整。

④检查触点压力弹簧及反作用弹簧是否变形或弹力不足，如有需要则更换弹簧。

⑤检查电磁线圈是否有短路、断路及发热变色现象。

（3）装配步骤

按拆卸的逆顺序进行装配。

（4）自检方法

用万用表欧姆挡来检查线圈及各触点是否良好；用兆欧表测量各触点间及主触点对地电阻是否符合要求；用手按动主触点检查运动部分是否灵活，以防产生接触不良、振动和噪声。

2. 船舶照明系统故障检修

（1）保护性跳闸故障检修

①故障现象

某船的照明分电箱采用三相三线交流电制，使用 $DZ_5 \sim DZ_{20}$空气开关作分路保护，如图 2－14 所示。只合上开关 DZ_1，该分路照明正常；只合上开关 DZ_n，该分路照明也正常，但当 DZ_1 和 DZ_n 同时合闸时，总有一路要发生保护性跳闸现象。

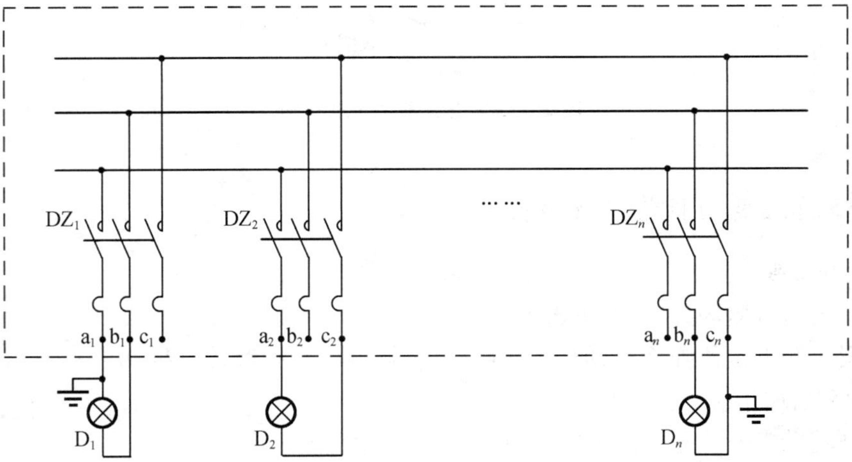

图 2－14　某船照明线路图

②原因分析

根据现象进行分析，可以断定引起分路间牵连跳闸的原因是两个分路间有短路存在。若是电缆芯线接错引起的短路，则单独供电时也应不正常。若非如此，可以排除。这时就得考虑是否存在“接地”了。

③故障排查与解决

用电压表对电路电压进行测量，结果如下：

当 DZ_1 分路供电，测得：b_1 对地 220 V，c_1 对地 220 V，a_1 对地 0 V，说明 a_1 接地了。

当 DZ_n 分路供电，测得：a_n，b_n 对地都是 220 V，而 c_n 对地 0 V，说明 c_n 接地了。

当两只开关都合闸的瞬时，a，c 均通过 a_n，c_n 接地，即 a，c 线电压经“地”短路。从而两只开关总有一路跳闸了。

断电并排除这两个接地的故障，供电就正常了。

目前，装熔断器的分电箱在船上应用得比较广泛。“爆保险丝”就相当于上述的“开关跳闸”。对于直流船电，若一个分路正极接地，另一个分路负极接地，则这两个分路也会发生牵连爆保险丝的现象，都可如上述一样分别送电测量对地电压而作出判断，排除故障。

(2) 日光灯灯管不发光故障检修

①故障现象

打开日光灯开关，日光灯灯管不发光。

②原因分析

导致日光灯灯管不发光可能是下面几个原因：无电源；灯座触点接触不良或电路线头松散；启辉器损坏或与基座触点接触不良；镇流绕组或管内灯丝断裂或脱落。

故障排查与解决：针对上述各原因，逐个进行排查、解决故障。验明是否停电或熔丝烧断，电源进线无电压，检查是否停电，若停电或熔断丝烧断，查找系统线路停电或熔断丝烧断的原因，并加以处理；重新安装灯管，或重新连接已松散线头；旋动启辉器，试看是否发光，再检查线头是否脱落，排除后仍不发光，应更换启辉器；用万用表低电阻挡测量镇流器线圈和灯丝是否通路，如果不通，说明有故障，需要更换镇流器或日光灯。

(3) 日光灯启辉困难故障检修

①故障现象

日光灯启辉困难，灯管两端不断闪烁，中间不亮。

②原因分析

导致该故障现象主要有下面几个原因：启辉器配用不成套；电源电压太低或电源线路较长造成电压降过大；环境气温太低；镇流器配用不成套，启辉电流过小；灯管衰老。

③故障排查与解决

针对上述各原因，逐个进行排查、解决故障。如发现启辉器配用不成套，则应更换配套；调整电源电压，线路较长时应加粗导线，使电压保持在额定值；进行灯管加热、加罩或换用低温灯管；换上配套的镇流器；更换灯管。

四、实训总结

(1)简述交流接触器的拆卸步骤。

(2)船舶照明分电箱保护性跳闸故障检修方法。

(3)引起船用照明系统中日光灯灯管不发光的常见原因有哪些,该如何维修?

(4)引起船用照明系统中日光灯启辉困难的常见原因有哪些,该如何维修?

项目三　船用电机维修

【项目描述】

船用电机包括船用直流电机、同步电机、异步电机、中频发电机等。船用发电机和原动机(柴油机、汽轮机、燃气轮机)配套,构成船舶的主电站和应急电站,为船舶动力设备、照明设备、电热炊具等生活设施提供电源。船用电动机与风机、泵机、压缩机、起货机、锚机、系缆机及其他电动辅机设备配套,用于船上通风、给排水、消防、期货、起锚、系缆等,为船上工作人员和乘客提供必需的生活条件。

船用电机的维修主要介绍船用变压器的维修、船用电动机的维护、船用异步电机和船用同步电机的检修等内容。

【项目目标】

1. 掌握船用变压器的维护、故障检查和维修。
2. 掌握船用电动机的维护与保养。
3. 掌握异步电动机常见故障及维修方法。
4. 掌握船用直流电机拆卸步骤及常见故障维修方法。

任务一　船用变压器维修

一、变压器的功能与结构

变压器是一种常见的静止电器,应用极为广泛,是电力系统中不可缺少的设备之一,如图3－1所示。在交流电制的船舶上,各种不同用电设备需要通过变压器获得大小不同等级的电压。船舶上变压器虽然种类繁多,用途各异,如有电力变压器、照明变压器、仪用互感器、整流变压器、电焊变压器以及一些特殊用途专用变压器等,但它们的基本构造和工作原理是相同的,都是依据电磁感应原理而工作的。

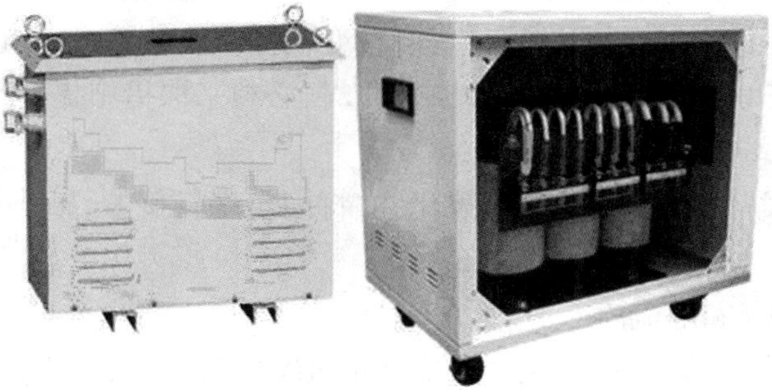

图3－1　船用变压器

变压器主要由铁芯和绕组组成，绕组一般有两套绕组，接电源的绕组称为原绕组或一次绕组（又叫原边或初级），接负载的绕组称为副绕组或二次绕组（又叫副边或次级）。

船用变压器为干式变压器，一般为空气自冷型，容量较大（≥500 kV·A）时，可采用强迫风冷。船用变压器有浸渍型和树脂浇注型两种。浸渍型船用变压器的绕组采用浸渍绝缘漆工艺，其绝缘等级可为 B 级、F 级、H 级，如图 3－2、图 3－3 所示。树脂浇注型船用变压器绕组采用带填料环氧树脂浇注而成。其绝缘等级为 F 级。

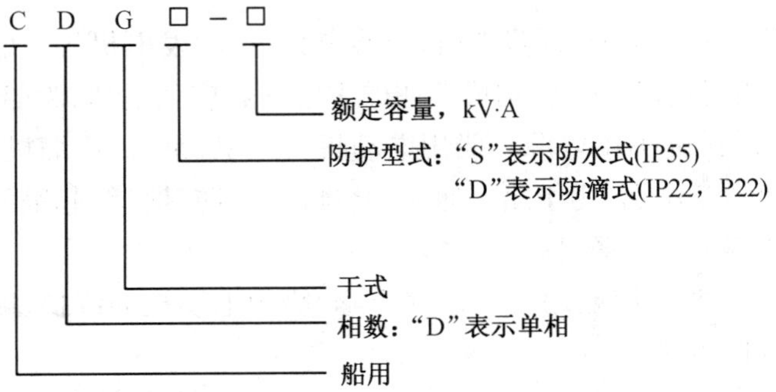

图 3－2　浸渍型单相船用变压器型号说明

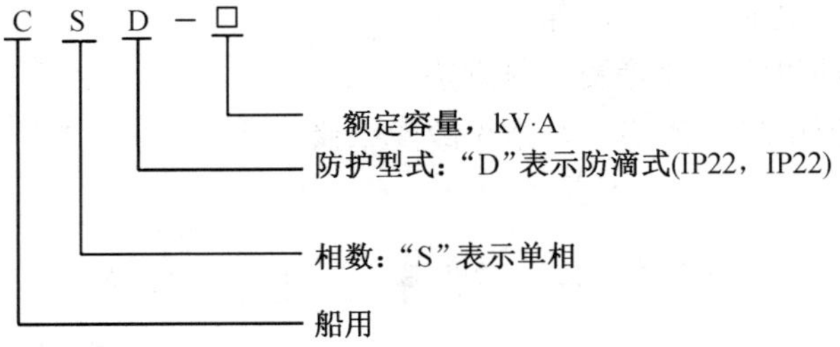

图 3－3　浸渍型三相船用变压器型号说明

二、船用变压器的维护和检修

1. 船用变压器的管理与日常维护保养

（1）防潮

变压器绕组受潮会使绝缘电阻下降。在日常维护中应定期检查变压器的密封是否良好，螺钉是否松动。可用 500 V 兆欧表经常测量变压器绕组的绝缘电阻，其绕组相间及绕组对地电阻值应不少于 0.5 MΩ。在低于 0.2 MΩ 时，必须采取措施提高绝缘电阻。

（2）要保持引线端子的清洁

若发现端子有发热痕迹，应当除去氧化物，将固定螺钉旋紧，减小接触电阻，防止短路或接地。

（3）监视发热情况和电流

变压器在工作时，其温升不得超过绝缘允许的最高温升，见表 3－1。三相变压器中电流要尽量保持电流平衡，通常要求不平衡程度不得超过电流的 ±5%，单相电流的最大值不得超过额定电流。

表 3－1　船用变压器温升限值

部位	绝缘等级			测量方法
	B 级	F 级	H 级	
线圈	75 ℃	95 ℃	120 ℃	电阻法
铁芯及其结构零件表面	表面温升不得超过与其接触的绝缘材料的允许温升			温度计法

（4）正确接线

在使用小型变压器时，应注意电源的接线，绝不可把副边绕组接向电源，以免烧坏变压器。

2. 船用变压器运行检查

（1）检查外观

检查线圈引线有无断线、脱焊，绝缘材料有无烧焦，有无机械损伤，再通电检查有无焦臭味或冒烟，如有，排除故障后再进行其他检查。

（2）检查线圈通断和直流电阻

一般可用万用表测量变压器直流电阻。对于直流电阻较小的，最好用电桥测量直流电阻，也可用下面简易方法粗略判断：在变压器一次线圈中串联一只白炽灯泡，其电压和瓦数可根据电源电压和变压器的容量来确定，当变压器容量在 100 V·A 以下时，可用 25～40 W 灯泡，二次侧开路，接通电源，如灯泡微红或不亮，表示变压器未有短路；若灯泡很亮，说明一次侧线圈有短路故障，应拆开线圈，查找短路点。

（3）测量绝缘电阻

可用兆欧表测量绝缘电阻，变压器初、次级绕组之间，以及初、次级绕组对地之间的绝缘电阻应不小于 50 MΩ，在相当于额定负载条件下，热态绝缘电阻应不低于 5 MΩ。

三、船用变压器常见故障与处理

1. 绕组故障

（1）变压器绕组接地

在变压器原边绕组或副边绕组对地绝缘电阻为零或接近零时，即视为发生接地故障。其主要原因有：绕组严重受潮，使其失去绝缘能力；绕组绝缘材料老化，使绝缘电阻下降；因机械原因使绕组绝缘层受到损坏；变压器引线碰壳；引出端子处积有污垢和水分等。

绕组接地检查可用校验灯或者 500 V 绝缘电阻表测量绕组绝缘电阻，若仅因为受潮使绕组绝缘电阻降低，可进行烘干。

（2）变压器绕组断路

由于变压器绕组导线较粗，绕组导线部分不易出现断路。通常断路点会发生在接线处，即接线螺钉可能松动或焊接处发热开焊等。

(3)变压器绕组短路

即变压器匝间短路。产生的原因多为导线局部受力使绝缘强度减弱,在电磁力和发热作用下逐步发展而成。此外,在维护保养中,发生机械碰伤使绕组绝缘层损坏而产生短路现象。变压器发生绕组匝间短路,将直接影响变压器正常工作,并且变压器严重发热,有焦味或冒烟,这时必须停止运行,进行检查修理。

(4)绝缘性能检查

变压器绝缘性能的好坏,可用万用表的 $R \times 10\ \mathrm{k\Omega}$ 欧挡测量。将万用表的一只表笔搭在铁芯上,另一只表笔分别接触初、次级线圈的每一个引脚,如果表针不动,说明阻值无穷大,绝缘性良好;若表针向右偏转,说明绝缘性能下降。

2. 变压器运行中故障及处理

变压器运行中故障及处理,见表 3-2。

表 3-2　变压器运行中常见故障及处理方法

常见故障	可能原因	处理方法
接通电源无电压输出	①一次绕组开路或引线脱焊; ②二次绕组开路或引线脱焊; ③电源插头或馈线开路	①更换或修理,并焊牢引出线接头; ②更换或修理,并焊牢引出线接头; ③检查并换修理插头或馈线
温升过高甚至冒烟	①匝间短路或一、二次侧绕组间短路; ②铁芯片间绝缘太差,产生较大涡流; ③铁芯叠厚不够或硅钢片型号不符; ④负载过重或输出电路局部短路; ⑤层间或匝间绝缘老化	①更换绕组或检修短路部分; ②重新对硅钢片进行绝缘处理; ③加厚铁芯或更换符合要求的硅钢片; ④减轻负载或找出短路处并排除故障; ⑤进行浸漆处理,严重时重新更换绕组
空载电流偏大	①一次绕组匝数不足; ②铁芯叠厚不够,应增加铁芯厚度; ③一次或二次绕组局部匝间短路; ④铁芯质量太差	①增加一次绕组匝数; ②增加铁芯厚度,若无法增加时可重做骨架,重新更换绕组; ③查找短路处并排除故障; ④更换符合要求的硅铁片
运行中有响声	①硅钢片没有插紧; ②电源电压过高; ③负载过重或短路引起振动	①插紧或做夹紧处理; ②检查电源电压并进行降压处理; ③减轻负载或找出短路处并排除故障
铁芯或底板带电	①绕组对地短路或一、二次匝间短路; ②绕组对地绝缘老化; ③引出线头碰触铁芯或底板; ④绕组受潮或环境湿度过高,底板感应带电	①加强对地绝缘或更换绕组; ②重新浸漆或更换绕组; ③处理引出线头与铁芯或底板的短路故障; ④对绕组进行烘烤处理或将变压器移到干燥环境中使用

四、船用特种变压器的使用与维护

1. 交流电焊机专用变压器

(1)电焊机都是可移动的,在露天使用时要防止海水或雨水浸入,使用后要放置在干燥遮雨的地方,并要加以固定,以免随船摇晃而移动。

(2)要经常检查原、副边绕组的对地绝缘电阻以及绕组间的绝缘电阻。

(3)使用中变压器温升不得超过绝缘允许的最高温升。

(4)电焊机焊接时电流很大,绕组和铁芯要经常受到较大的电磁力的作用,所以要定期检查各螺钉的紧固情况,如有松动应及时紧固。定期检查电抗器的线圈及连线有无绝缘破损、导线断裂等情况。

(5)定期清除内、外部的积垢、油污和灰尘等,防止异物落入壳内。同时检查焊钳引线有无绝缘破损。

2. 互感器

互感器是专供测量仪表、继电保护和控制装置等用的变压器,有电流互感器和电压互感器两种,使用互感器目的在于:扩大测量仪表的量程;使测量仪表或设备与高压电路绝缘隔离,以保证人身和设备的安全。

(1)电压互感器

电压互感器(图 3 -4)在结构形式上与小型电压变压器一样,原绕组接被测高电压,而副绕组则与各种仪器仪表的电压线圈并联,常用电压互感器副边的标准额定电压为 100 V。100 V 量程的电压表通过电压互感器可测量最高电压为 $U=(N_1/N_2)\times 100$,其中 N_1,N_2 分别为电压互感器的原、副边绕组线圈数。

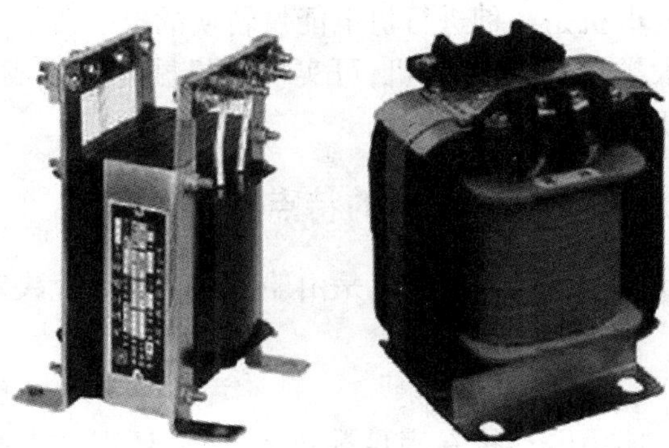

图 3 -4 JDG4 -0.5 船用电压互感器

使用电压互感器时的注意事项:

①电压互感器的原边绕组与被测的电路并联,副边绕组与电压表,其他仪表需量取电压信号的线路并联,其副边不允许短路。

②电压互感器原、副边需安装熔断器,以对电网和互感器做短路保护。

③电压互感器外壳,铁芯和副边绕组需可靠接地。

(2)电流互感器

电流互感器(图 3 -5)的原边绕组串联在被测的高压线路中,副边绕组接电流表,电流互感器的副边额定电流通常设计为 5 A 或 1 A,原边绕组匝数很少,有时只有一匝。对于副边标准额定电流为 5 A 的电流互感器。根据变压器变流原理可知,满量程为 5 A 的电流表通过电流互感器可测量的最大电流为 $I=(N_2/N_1)\times 5$,其中 N_2,N_1 为电流互感器副边、原边的匝数。

图 3-5　LMZJ1-0.5 系列电流互感器

使用电流互感器时注意事项：

①电流互感器的原边绕组与被测线路串联。

②电流互感器外壳、铁芯和副边绕组需可靠接地。

③运行中的电流互感器副边绕组不允许开路。

④电流互感器原、副边绕组不得安装熔断器。

任务二　船用电机的维护

电机是一种进行机电能量转换的电磁机械装置。按能量转换方向的不同，电机可分为两大类：一类是发电机，可实现将机械能转换成电能；第二类是电动机，可实现将电能转换成机械能输出。

一、船用电动机的特点

船用电动机的特点是由船舶的特殊环境决定的，主要表现在以下几个方面。

1. 环境要求

船用电动机除满足湿热要求外，还需要考虑盐雾、油雾、海水和霉菌等环境条件，移动和固定式近海装置的船用电机，还有二氧化硫和硫化氢等化学活性物的影响。油船、液货船、移动和固定式近海装置等危险区中的船用电机还有石油气、天然气及其他爆炸性气体的影响。船用电机要求在 45 ~ 50 ℃，相对湿度 95% 的高温高湿条件下长期工作，必须具有耐潮性能，否则会引起绝缘电阻下降、表面生锈、油漆脱落等现象。

2. 绝缘要求

船用电机应加强绝缘处理，绝缘要采用耐热、耐潮和耐油雾的材料，在绝缘上必须通过“湿热”“霉菌”“盐雾”试验（俗称三防试验）的考核。船用电机绕组的冷态绝缘电阻应不低于 5 MΩ，热态绝缘电阻应不低于 2 MΩ。船用电机的绝缘等级一般为 B 级、F 级和 H 级三种。

3. 机械方面要求

船用电机必须能适应船舶在恶劣海况下的倾斜、摇摆，承受船舶正常营运所产生的振动和冲击。船舶在横倾15°、纵倾5°、横摇22.5°、纵摇7.5°(应急电机为横倾22.5°、纵倾10°、纵摇10°)的情况下,电动机应能有效工作。

4. 电气运行条件

电气运行条件一般指电源、电压、电流和交流电机的频率等。船舶电站相对容量较小,工况复杂,负载变化大。船用交流电动机应能在电压变化为额定电压的 -10% ~6%,频率变化为额定频率的 ±5% 的情况下可靠工作,直流电动机应在电压变化为额定电压的 ±10% 的情况下可靠工作。

二、船用电机的维护与保养

为了保证电动机正常工作,除按操作规程正确使用电动机,运行过程中注意正常监视外,还应对电动机进行定期检查维护与保养工作。

1. 日常维护

(1)对电机进行清洁,它包括对电机本身和电动机安装环境的清洁。

为保证电机正常工作,在它附近不应有水、油及污物堆积,不能有腐蚀性气体,以免损伤电机绕组绝缘。对电机自身的清洁主要是清除其外表污物油灰,以保证电机正常运转和散热。封闭式电动机要使通风沟槽保持清洁,风扇上的孔洞透气良好。防护式电动机除了保持外表清洁外,还要注意通风孔道的畅通。在不拆卸端盖的情况下,可对防护式电机绕组端部进行擦拭或吹拂,尽可能保持清洁,以免有害物质腐蚀绝缘。直流电动机有电刷磨损,一般清洁时,要用手风箱(皮老虎)或手提电动吹风机吹去绕组端部和换向附近的电刷粉末及灰尘等,以保持绕组及电机内部的清洁。

(2)检查清擦电动机接线端子,观察接线螺钉是否松动、烧伤等。

(3)检查传动装置包括皮带轮或联轴器等有无破裂、损坏,安装是否牢固等。

(4)对电机轴承的日常维护工作主要是添油、换油、监视轴承温度和监听运转声音是否正常。

(5)电机绝缘性能的检查。电动机绝缘性能的好坏不仅影响到电动机本身的正常工作,而且还会危及人身安全。故电动机在使用中,应经常检查绝缘电阻,特别是电机搁置一段时间不用后及在电动机受潮后,还要注意查看电动机机壳是否可靠。

(6)换向器的维护保养。对于直流电机换向器和电刷在运行中需要经常进行维护,换向器表面应保持光洁,不得有机械损伤和火花灼痕。如有轻微灼痕时,可用0号砂布在低速旋转着的换向器上仔细研磨;如换向器表面出现严重的灼痕或粗糙不平、表面不圆或有局部凸凹现象时,则应拆下重新车削加工。车完后应将片间云母片下刻1~2 mm,并清除换向器表面的金属及毛刺等,最后用压缩空气将整个电枢吹干净再装配。换向器在负载下长期运行后,表面会产生一层坚硬的深褐色的薄膜,这层薄膜能保护换向器不受磨损,因此要保护好这层薄膜。

(7)电刷的维护。电刷与换向器表面应有良好的接触,正常的电刷压力为15~25 kPa,可用弹簧秤测量。电刷与刷盒的配合不宜过紧,应有少量的间隙。电刷磨损或碎裂时,应更换牌号、尺寸规格都相同的电刷,新电刷装配好后应研磨光滑,保证与换向器表面有80%左右的接触面。

运行中的电机若检查其接触面时，可把电刷从刷握中取出，在光线明亮的地方进行观察。接触处光滑明亮，不接触的地方发暗。接触面积少于70%时，就须研磨电刷。研磨电刷与换向器的接触面时，必须把电刷放在刷握中，然后在换向器表面上，包一长条0号砂布来回拉动。

2. 运行监测

为了保证设备正常工作，船舶电气维修管理人员应经常监视电动机的运行情况，及时发现电动机故障并迅速排除。

(1)电压监测

电压变动过大时会导致电动机转矩变化与温度上升而引起故障，所以电源应尽量保持额定值。船舶电站相对容量较小，工况复杂，负载变化大，船用交流电动机电压变化应在额定电压的 -10% ~6%，频率变化应在额定频率的±5%以内。三相电压要对称，不对称值不得超过5%。

(2)电流监测

在线路电压为额定值时，电动机的工作电流直接反映负荷的大小。只有在额定负载下运行时，电动机的线电流才接近铭牌上的额定值，这时电动机工作状态最好，温度也符合要求。否则，电动机在额定电流以上运转时，线圈温度会升高，将导致绝缘劣化、寿命缩短或线圈烧损等，因此电动机运行时应在额定电流以内工作。

(3)温升与通风状态的监测

温升是保证直流电动机安全运行重要条件之一，温升过高，就会引起绝缘加速老化，电动机寿命降低，对B级绝缘绕组温升超过允许值10 ℃，寿命将会缩短一半。所以在电动机运行时应经常监视温升，使温升不要超过绝缘等级的允许温升。对绕组中埋有测温元件的电动机，应定期检查和记录电动机内各部位温升。对没有埋设测温元件的电动机，就要经常检查进、出口风温。通常直流电动机允许进、出口风温差为15 ~20 ℃。对较重要的电动机，在温升较高的部位，需埋设温度计加以经常监视。对于小型电动机，一般用手摸来检查，根据机座外表温度进行判断，见表3-3。

表3-3 电动机外壳表面温度与手感的关系

机壳温度/℃	手感	说明	机壳温度/℃	手感	说明
30	稍冷	机壳比体温低	65	非常热	仅能用手摸2 ~3 s，离开后还感到手热
40	稍温	比体温略高	70	非常热	用一个手指触摸，只能坚持3 s
45	温和	用手一摸就感到暖和	75	非常热	用一个手指触摸，只能坚持1 ~2 s
50	稍热	长时间用手摸时，手掌变红	80	极热	手指触摸时变得想离开，用乙烯树脂试会缩熔
55	热	仅能用手摸5 ~6 s	80 ~90	热	用手触摸一下就感到烫得不得了
60	甚热	仅能用手摸3 ~4 s			

另外要定期点检通风状态，测定冷却空气的进口与出口温度，其温差过大时是因灰尘等附着使冷却空气量减少导致，所以应仔细清扫或分解检查。

（4）异味监测

线圈引出线等过热或烧损时，可以由绝缘漆、橡胶等烧焦的臭味或污烟等现象发现事故。另外，皮带滑动或轴承烧热也可以由异臭发现问题，日常点检时应特别注意。

（5）振动和异音监测

运行监测时，经常要在现场走动，听听每个电机的声音，看看是否有异常振动。普通振动可以用手碰触定子框架，异音可用耳朵或使用听音棒，需要详细资料时则应使用振动计，若发现与日常状态不同时，应详细检查。振动原因除因转子不平衡、轴承异常，或由其他机械的传递振动等机械原因之外，还可能是电源电压不平衡、气隙不均匀引起电磁力等电气原因。异音则一般以轴承异常、结构件共鸣或基础松弛等为主要原因。

电动机发出较大的“嗡嗡”声，可能是电动机缺相运行电流过大引起的；若出现异常摩擦声，可能是转子扫膛（转子摩擦定子铁芯）；轴承若有“咕噜”声，则是轴承中滚珠破碎；有“咝咝”声，是轴承缺油。

（6）监视直流电动机的换向火花

良好的换向是保证直流电动机可靠运行的必要条件。直流电动机的各种故障几乎都能在换向火花上反映出来。直流电动机在正常运行时，应是无火花或电刷边缘大部分有轻微的无害火花，氧化膜的颜色应均匀且有光泽。如换向火花加大，换向器表面状况发生变化，出现电弧烧痕或沟道，应分析原因，是电动机负载过重，还是换向故障，要认真检查，及时处理，见表3－4。

表3－4　直流电动机换向火花等级

火花等级	电刷下的火花程度	换向器及电刷的状态	允许运行的方式
1	无火花	换向器上无黑痕	允许长期
$1\frac{1}{4}$	约$\frac{1}{5}$～$\frac{1}{4}$电刷边缘下有微弱的点状火花	电刷上无灼痕	连续运行
$1\frac{1}{2}$	大于$\frac{1}{2}$电刷边缘下有轻微的火花	换向器上有黑痕，用汽油可擦去，电刷上有轻微灼痕	不允许在船上运行
2	电刷下大部分有较大的火花	换向器上有黑痕，用汽油不能擦去，电刷上有灼痕，如短时出现这一级火花，换向器上不出现灼痕，电刷不致被烧焦或损坏	仅短时过载或冲击时允许出现
3	全部电刷下有强大的火花，同时有火花飞出，伴有爆裂声音	换向器上有严重黑痕，用汽油擦不去，电刷上有灼痕	仅在直接启动及逆转瞬时允许存在

对于一般用途的船用直流电机，连续定额电机从空载（不允许空载的电机从 1/4 负载）到额定负载的所有情况下，换向火花等级应不超过 $1\frac{1}{4}$级；在短时过电流或过转矩时，换向火花等级应不超过 $1\frac{1}{2}$级；短时定额或连续定额电机从空载到额定负载的所有工况下，换向火花等级应不超过 $1\frac{1}{2}$级；2 级火花仅在电机直接启动（无启动变阻器）或逆转瞬间，且换向器及电刷的状态仍能适用于以后正常工作时允许出现。

3. 电机的绝缘处理

电机运行的可靠性和使用年限，在很大程度上取决于绕组的绝缘。电机的绝缘必须具有足够的绝缘强度、机械强度，良好的耐热和散热能力。绝缘处理的质量不仅决定于选用合适的绝缘漆，而且取决于正确的工艺。维修小型低压电机时，通常采用溶剂漆沉浸法浸漆，烘干后再在绕组表面喷涂覆盖漆。浸渍工艺过程包括预烘、浸漆、滴漆和干燥等过程。

绝缘处理是指将绕组用绝缘漆浸渍、烘干和在表面喷涂覆盖漆。经绝缘处理后，绕组内部潮气被驱除、空隙被绝缘漆填充，整个绕组被粘成一个整体。从而大大提高了绝缘强度和机械强度，增大导热能力和散热能力，还可提高绕组绝缘的化学稳定性，使绕组具有防潮、防霉、防电晕、防油污等能力。

预烘：目的是驱除潮气并使工件加热。预烘温度可略低于绝缘容许温度（E，B 级为 90 ~ 120 ℃），时间为 4 ~ 8 h，使绝缘电阻达到持续稳定值为止。

浸漆：预烘后，待温度降至 50 ~ 70 ℃进行浸漆。浸渍到不冒气泡时（约 10 min）即可。浸漆时电机温度不能太高，否则易使漆聚合变质，还可能在绕组表面生成漆膜、阻止漆液渗透到绕组内部；温度太低绝缘漆也不易浸透。B，F 绝缘等级常用的浸渍漆有三聚氰胺醇酸树脂漆（1032）、环氧树脂漆（1033）和聚酯浸渍漆（155）。

滴漆：浸好漆后，取出放在漆槽上进行滴漆，滴干多余的漆液（至少半小时），并擦净铁芯圆周和机壳止口上的漆液，其后便可加温干燥。

干燥：干燥分低温干燥和高温干燥两个阶段。低温干燥主要是使溶剂挥发，高温干燥主要是使漆基固化，在表面生成坚韧的漆膜。如果一开始便高温干操，则表面形成漆膜、内部溶剂无法挥发出来，造成废品。干燥通常从室温开始逐步升高温度，升温速度为每小时 10 ~ 20 ℃，直至温度达到绝缘最高容许温度左右，保持几小时。E，B 级绝缘的烘干温度不应低于 90 ℃，否则虽可烘干（不粘手），但不能固化生成坚韧漆膜。通常在干燥后期每隔半小时测定一次绝缘电阻，烘至连续几次测得的阻值基本不变为止。

浸漆烘干次数一般应为两次。第一次浸漆时漆的黏度宜小些，浸漆时间宜长些。第二次浸漆主要是覆盖第一次浸漆烘干后留下的微孔和加厚漆膜，漆的黏度宜稍大。

4. 电动机的绕组干燥处理

由于船用电机长期工作在潮湿、霉菌、盐雾的恶劣环境中，使用一段时间其绝缘就可能会下降，如果不及时处理，可能会造成电机烧毁的危险。一般情况下，用 500 V 的兆欧表在热状态（热状态是指电机刚停车时的状态）下测量电机绕组对机壳绝缘电阻，绝缘电阻低于 1.5 MΩ 时，必须进行烘干，以提高电机的绝缘等级。烘干的方法很多，船上常用的有以下几种。

(1)灯泡烘干

其方法是把电动机拆开,抽出转子,将电动机清理干净,把定子竖立放在木板或其他干燥物的底板上,底部留有空隙,以便通风。将白炽灯泡或红外灯泡从端盖孔中吊入,注意灯泡不要接触线圈和铁芯,以免局部过热使绝缘老化,灯泡瓦数根据电动机的大小和所要求温度来选择。

(2)烘箱烘干法

将解体后的电机定子放入烘箱烘干,烘干时必须通风,注意控制温度,不能超过允许值,并做好记录。电动机干燥的温度与电动机绝缘等级有关,B 级绝缘不超过 120 ℃。在烘干过程中,当电动机绝缘电阻达到 5 MΩ 以上而且在最后 3 h 内不再变化时,可停止烘干。应指出的是,有的电动机因绝缘老化或损坏而使绝缘下降,烘干不能使绝缘提高时,必须更换绕组或采取其他措施。

(3)主机或锅炉废热风烘干法

利用锅炉或主机的废热热风吹入电机进行干燥,这种方法既简单又节省能源。

(4)电流烘干

抽出电动机的转子,在电动机定子绕组上加入电压,通过调压器调节电压,改变电流,刚开始时可通入 30% 的电动机额定电流值,根据所需的干燥温度,通常可将每相绕组的烘烤电流控制在其额定电流值的 60% 左右。由于各种电动机的体积、烘烤条件不尽相同,以通电 3 ~4 h,绕组温度达 70 ~80 ℃为宜。电流烘干法技术要求较高,一定要在搞清楚具体操作方法后方能开始烘干,严防烧毁电动机。

若电动机被海水浸泡而引起绝缘下降,首先要用淡水及时冲洗,必要时可解体电动机后浸入加热淡水中清洗干净再实施烘干。

任务三 船用异步电动机的检修

一、船用三相异步电动机类型

舰船用异步电动机一般为陆用电机的派生产品。它与陆用同类电动机有相同的定转子冲片尺寸、绕组形式及安装尺寸。但由于使用环境温度较高,因此可能有较长的铁芯及较大的定子导线截面积。船用电动机外壳机械强度较高,大多数使用的三相异步电机都是笼型异步电动机,有 Y - H 系列(IP44) 船用三相异步电动机、YZ - H 系列船用起重交流三相异步电动机和 YHLQ - H 系列船舶起货机用恒转矩三相异步电动机等。

1. Y - H 系列船用三相异步电动机

Y - H 系列(IP44)船用三相异步电动机(图 3 - 6)是 Y 系列(IP44)三相异步电动机的特殊环境派生产品,该系统电动机为全封闭、自扇冷式船用三相笼型异步电动机。S1 工作制,其额定电压、额定频率为 380 V/50 Hz,440 V/60 Hz,外壳防护等级为 IP44,机座号为 H80 - H355,功率在 3 kW 以下者为 Y 接法,其他功率均为△接法,其功率等级与安装尺寸的对应关系、绝缘等级、结构及安装尺寸、安装形式等均与 Y 系列(IP44)相应规格相同。电动机采用的外壳材料和转轴材料均符合 GB/T 7060《船用旋转电机基本技术要求》的规定。风扇、风罩采用金属材料，机座、端盖和轴承盖采用 HT20－40 铸铁铸造而成，机座表面铸有散热筋，以增加冷却效果，其绝缘等级为 B 级或 F 级。

2. YZ－H 系列船用起重交流三相异步电动机

YZ－H 系列船用起重交流三相异步电动机（图 3－7）用于船舶中作短时定额运行的甲板起重机械的电力拖动设备，如锚机绞盘机、绞车等。电动机为自冷却、防水式、结构及安装形式代号一般为 B3，B35，B5，V1，V3 等。电动机的额定电压和额定频率为 380 V/50 Hz，440 V/60 Hz 电动机的极数有：单速电动机（4 极、6 极）；双速电动机（4/12 极、4/16 极）；三速电动机（4/8/16 极）。单速电动机只有一套绕组，双速、三速电动机的绕组为双层式。单速和双速电动机接线方式为 Y 接法，三速电动机的接线方式为 Y/Y/△或△/YY/△接法。

图 3－6　Y－H 船用三相异步电动机

图 3－7　YZ－H 船用起重用三相异步电动机

3. YHLQ－H 系列船舶起货机用恒转矩三相异步电动机

该系列使用于要求频繁操作，经常启动、制动和正反转的断续工作制，如图 3－8 所示。如作为船舶起货机械和特种绞车的电力拖动等。按功率大小，电动机分为二速、三速和四速三种。但同一电动机的任意功率等级下的转矩是相同的。

图 3－8　YHLQ－H 系列船舶三相异步电动机

二、三相异步电动机的结构

三相异步电动机主要分为定子(固定部分)和转子(转动部分)两大基本部分。此外电动机还有外壳、端盖、转轴、轴承、风扇、风罩等部件。定子是异步电动机的静止部分,它主要由定子铁芯、定子绕组和机座等部件组成。转子是三相异步电动机的旋转部分,它主要由转子铁芯、转子绕组、转轴和滑环等部件所组成。异步电机笼型转子绕组由置于铁芯槽中的导条及将导条短接的端环组成。导条形状有圆形、矩形、梯形、特殊形状以及双笼导条,主要根据电机启动性能的要求选定。图3－9为笼型三相异步电机结构图。

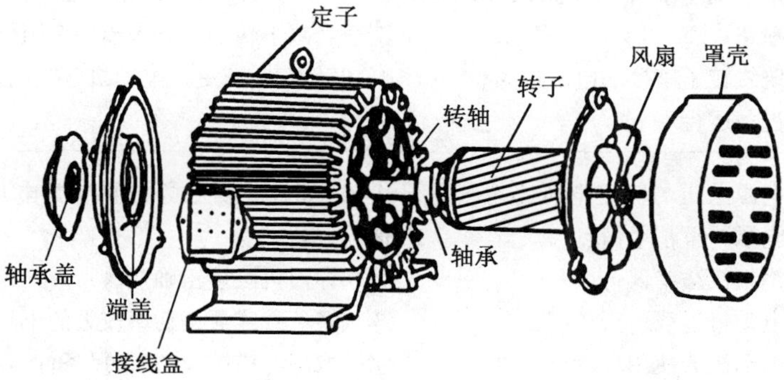

图3－9　笼型三相异步电机结构图

三、三相异步电动机运行中常见故障及处理

三相异步电动机在运行中会发生各种各样的故障,常见的故障及处理方法如表3－5所示。

表3－5　三相异步电机的常见故障和处理方法

常见故障	可能原因	处理方法
不能启动	①三相供电线路断路; ②定子绕组中有一相或两相断路; ③电源电压过低; ④负荷过大或有卡阻现象; ⑤定子绕组严重短路; ⑥定子绕组重绕后接线错误; ⑦轴承过度磨损,转轴弯曲,定子铁芯松动	①更换熔断器中的熔丝; ②用万用表查找断路处,发现故障后,再做相应处理; ③适当提高电源电压; ④电动机发出发闷的响声,减轻负荷或消除导致卡阻的因素; ⑤找出匝间、相间的短路点,做绝缘处理或重新更换绕组; ⑥检查三相绕组的首、末端,然后按正确接线图进行接线; ⑦更换轴承,校正转轴。将定子铁芯复位并固定

表3－5(续)

常见故障	可能原因	处理方法
电动机启动后,转速低	①电源电压过低; ②△形连接误接成Y形连接; ③笼型转子断条或脱焊; ④绕线转子电动机的电刷与滑环接触不良; ⑤电源缺相; ⑥定子绕组的并联支路或并绕导线断路; ⑦绕线转子串接的电阻过大; ⑧过载运行	①调高电源电压; ②按正确接法连接; ③修补断条处; ④调整电刷压力,用细砂布磨好电刷与滑环的接触; ⑤更换熔断器中的熔丝; ⑥找到断路点后,再做相应处理; ⑦适当减小转子电路串接的变阻器阻值; ⑧减轻负载,或更换电动机,选择容量较大的电动机
电动机温升高	①电源电压与额定电压不符或三相电压严重不平衡; ②绕组接法错误; ③电动机过载运行; ④电动机的使用环境温度过高; ⑤电动机的通风不良; ⑥定子绕组有短路或接地故障; ⑦定子、转子铁芯相摩擦; ⑧电动机受潮或浸漆后烘干不够; ⑨重绕定子绕组时匝数或导线截面积过小; ⑩铁芯硅钢片间的绝缘损坏,使铁芯涡流损耗增大	①调整电源电压或检查电源电压及开关等接触情况; ②立即停机改接正确接法; ③减轻负载或更换功率较大的电动机; ④采取降温措施,改善通风条件,降低环境温度; ⑤检查风叶是否脱落,吹灰清扫,清除杂物,保持风道畅通; ⑥局部修复或更换绕组; ⑦测量定子、转子间隙,消除摩擦故障,校正转子铁芯或转轴,进行修理; ⑧检查绕组的受潮情况,进行烘干处理; ⑨按标准数据重绕,或重测原始数据后重绕; ⑩对铁芯片进行绝缘处理
电动机运行中有异常的振动或声响	①电动机基础不稳或校正不好,安装固定不符合要求; ②转子风叶碰触风叶罩外壳或风叶片某处损坏造成转子不平衡; ③转子铁芯变形或轴弯曲有裂纹; ④电动机传动装置不同心,或传动带接头不好,或联轴器配合不好; ⑤滑动轴承与轴承内圈间隙过大或过小,滚动轴承在轴上装配不好,轴承损坏严重; ⑥电机断相运行,有“嗡嗡”声; ⑦机座和铁芯配合不好; ⑧转子笼条或端环断裂; ⑨电动机绕组有短路、并联支路断路或开路,绕组绝缘损坏,有接地处等	①检查电动机基础的安装情况,如不牢固,应重新加固安装,并加以校正; ②校正风叶,旋紧螺钉,使风叶整体基本对称平衡,损坏严重则应重新更换; ③校正弯轴,严重时应更换新轴; ④重新接好接头或校正联轴器; ⑤检查轴承的装配情况,轴承损坏时要更换新轴承并重新加油; ⑥停止运行,查出缺相原因,并接上缺相的熔丝或是缺相的电线接头再重新启动; ⑦重新加固; ⑧更换铸铝,严重时要更换转子; ⑨查出问题点后予以修复,损坏严重时应重新更换电动机线圈

表 3 -5(续)

常见故障	可能原因	处理方法
轴承过热	①电动机轴承损坏; ②轴承与轴配合过紧或过松,轴承与端盖配合过紧或过松; ③轴承润滑脂过多或过少,油脂过脏或混有固体杂质颗拉; ④滑动轴承油环磨损严重或转动不灵活; ⑤传动带过紧或联轴器装配不同心; ⑥电动机两侧轴承端盖未装平	①检查电动机轴承,更换质量较好的轴承; ②配合过松时应在转轴上镶套,旷动轻微且电动机容量不大可把轴用签子打毛,当配合过紧时,应将轴加工到标准尺寸; ③轴承定期清洗加油,加油前先用汽油把轴承过脏部位清洗干净,然后加油; ④查明轴承磨损处,加以修复或更换新轴承,并选用较稀的润滑油; ⑤重新调整传动带的张紧力,校正联轴器,使其有较好的同心度,并紧好电动机地脚螺栓; ⑥将端盖或轴承盖齿口装平,对称均匀地旋紧固定螺钉

四、异步电动机定子绕组常见故障的检查和处理

1. 电动机绕组短路故障的检查和处理

(1)绕组短路故障的检查

检查短路故障可以先用观察,检查接线盒、绕组端部有无烧焦、臭味和绕组过热后留下深褐色的地方,如有该处就是故障点。也可以让电动机空载运行 20 min,用手摸线圈的端部,如某一部分线圈比邻近的线圈温度高,则温度高的线圈很可能有短路故障。

①用短路侦察器查找匝间短路

短路侦察器是利用电磁感应原理来检查绕组匝间短路的。短路侦察器具有一个开口的铁芯磁路,上面绕有绕组,相当于变压器的一次绕组,把短路侦察器铁芯开口处对准被测定子绕组的铁芯槽口,如图 3 -10 所示,电动机的定子绕组相当于变压器的二次绕组。检查时,定子绕组不接电源,将短路侦察器的绕组接低压交流电源,沿着各个槽口逐槽移动,当它移过短路故障的绕组时,相当于变压器的二次绕组短路,此时电流表指示的一次电流必然显著增大,则表示该槽内嵌放的绕组有短路故障。

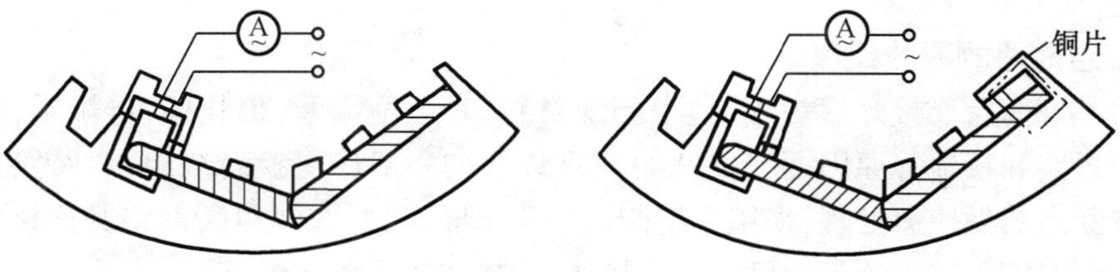

图 3 -10　短路侦察器查找绕组匝间故障

也可用一片厚 0.5 mm 左右的钢片或旧锯条放在被测绕组的另一有效边的槽口上,来代替电流表,若被测绕组存在短路故障,则此钢片就会产生振动。

短路侦查器在使用时应注意：如果电动机绕组接成△，则要将△拆开，不能闭合；绕组是多路并联时，要拆开并联支路；如果是双层绕组，被测槽中有两个线圈，它们分别隔一个线圈节距跨于左右两边，若电流表上读数增大，要把薄钢片在左右两边对应的槽上都试一下，以确定槽中两个线圈存在匝间短路。

②用兆欧表检查相间短路

首先将电动机引出线的线板连接线拆除，然后分别用兆欧表的一端接在某相绕组上，另一端接在另一相绕组上进行测试。在测试中如果某两相绕组有相间短路点时，兆欧表指针指示零。然后依次把这两相绕组的各组线圈之间的连接线拆开逐一进行测试，最终查出发生短路的两组线圈。

（2）绕组短路故障的处理

短路点在端部，可用绝缘材料将短路点隔开，也可重包绝缘线，再上漆重烘干；短路在线槽内，将其软化后，找出短路点修复，重新放入线槽后，再上漆烘干；对短路线匝少于1/12的每相绕组，串联匝数时切断全部短路线，将导通部分连接，形成闭合回路，供应急使用；绕组短路点匝数超过1/12时，要全部拆除重绕。

2. 电动机绕组断路故障的检查和处理

（1）绕组断路故障的检查

断路故障大多数发生在绕组端部，线的线头以及绕组与引接线的连接处，先观察看有无碰折、接头出现脱焊。外观看不出明显问题，可以借助万用表低电阻挡检测绕组的通断。对于"Y"形接法的绕组将一根表笔接在中心点上，另一根依次接在三相绕组的首端，如果测得的电阻无穷大，则该相绕组有断路故障；"△"形接法断开连接后，分别测量每组绕组，测得电阻很大绕组存在断路故障。

对中等容量电动机，定子绕组为多根导线并绕或多支路并联时，若其中一根或几根断线，检查比较复杂，通常用以下两种方法。

①三相电流平衡法。对于"Y"连接的电动机，将三相并联后，通低电压大电流的交流电（通过变压器或电焊机供电），然后用钳形电流表逐相测量电流。如果三相电流表的读数相差5%以上时，电流小的一相可能有断路。

对于"△"连接的电动机，则先将绕组的一个角的连接点断开，然后逐相通入低电压大电流，并测量电流大小，电流小的一相可能有断路故障。

②电阻法。用双臂电桥测量三相绕组的每相电阻。如果电阻值相差5%以上时，电阻大的一相可能有断路故障。

（2）绕组断路故障的处理

断路在端部时，连接好后焊牢，包上绝缘材料，套上绝缘管，绑扎好，再烘干；绕组由于匝间、相间短路和接地等原因而造成绕组严重烧焦的一般应更换新绕组；对断路点在槽内的，属少量断点的做应急处理，采用分组淘汰法找出断点，并在绕组断部将其连接好并绝缘合格后使用；对笼形转子断笼的可采用焊接法、冷接法或换条法修复。

3. 绕组接地故障的检查和处理

绕组受潮使绝缘电阻下降；电动机长期过载运行；有害气体腐蚀；金属异物侵入绕组内部损坏绝缘；重绕定子绕组时绝缘损坏碰铁芯；绕组端部碰端盖机座；定、转子摩擦引起绝缘灼伤；引出线绝缘损坏与壳体相碰；过电压（如雷击）使绝缘击穿等原因都可以引起电机绕组的接地故障。

（1）绕组接地故障的检查

检查接地故障时可以先目测绕组端部及线槽内绝缘物，观察有无损伤和焦黑的痕迹，如有就是接地点。检查绕组接地故障的方法有很多，如试灯法、绝缘电阻表法、万用表法等。

①试灯法。将试灯导线两端分别接绕组端线头和转轴或外壳上，如果试灯发亮，则说明绕组有接地故障。

②绝缘电阻表法。由于电动机都是低电压，所以选用电压为 500 V 级的绝缘电阻表。将绝缘电阻表两个触针按规定分别接在绕组和外壳上，如果绝缘电阻表指示数为零，则说明绕组有接地故障。如果绝缘电阻表指针有指示，但指针晃动，则说明接地不实。

③万用表法。用万用表 R×10 K 电阻挡测试绕组电阻。如果指针指零，则说明绕组确实接地；如果指示数低，则说明绝缘电阻降低，应进一步查找原因。

（2）绕组接地故障的处理

绕组受潮引起接地的应先进行烘干，当冷却到 60～70 ℃时，浇上绝缘漆后再烘干；绕组端部绝缘损坏时，在接地处重新进行绝缘处理，涂漆，再烘干；绕组接地点在槽内时，应重绕绕组或更换部分绕组元件。

任务四　船用直流电机的检修

一、船用直流电机的类型及结构

船用直流电机有船用直流发电机和船用直流电动机两类。目前常见的船用直流电机主要有：船用直流发电机、充电（调压）直流发电机、船用直流电动机、电力推进直流电动机、甲板机械直流电动机，幅压直流电动机等。

船用直流发电机是用于为船舶、舰艇的电力拖动装置或照明系统提供电源，主要有 Z2C，ZFH 等系列产品。船用直流电动机主要用于船舶、舰艇的泵、风机等各种辅机的电力拖动船用直流电动机主要有 Z2C，ZDH，HZ 等系列产品，船用 Z2C－H 系列直流电动机外形如图 3－11 所示。

图 3－11　船用 Z2C－H 系列直流电动机

直流电动机是由定子和转子两大部分组成。定子是由主磁极、换向极、机座、端盖和电刷装置等组成。转子是由电枢铁芯、电枢绕组、换向器、转轴和风扇等组成，如图 3－12 所示。电枢绕组的作用是产生感应电动势和电磁转矩，从而实现能量转换；换向器亦称整流子，起整流作用，其作用是使电枢绕组中的电流方向交替变化，以保证其电磁转矩方向始终不变。直流电枢绕组属于闭合绕组，通过换向器被正负电刷分成若干并联支路，并通过电刷与外电路相连。

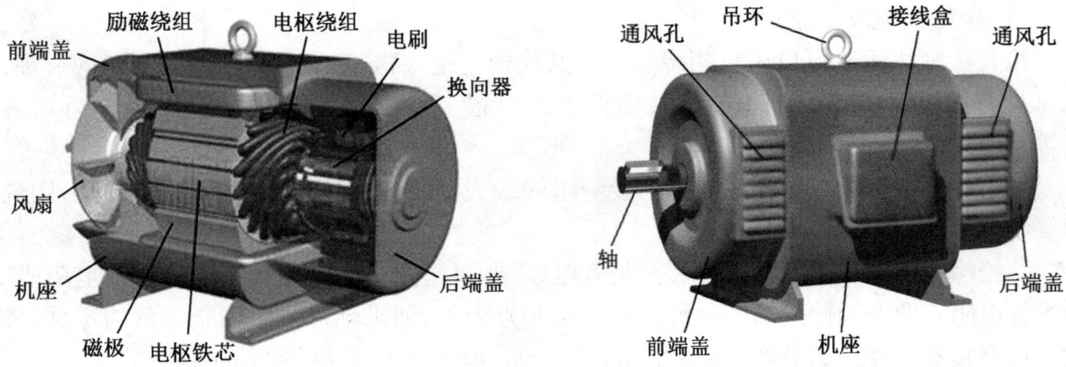

图 3－12　直流电动机结构图

二、直流电机的拆卸

直流电机的拆卸步骤如下：

（1）拆除接于电机上的所有接线。

（2）拆除电机的地脚螺栓。

（3）拆除与电机相连接的传动装置。

（4）拆去轴伸端的联轴器或带轮。

（5）取下换向器端的轴承外盖。

（6）打开换向器端的通风窗，从刷握中取出电刷，再拆下接到刷杆上的连接线。

（7）拆下换向器端的端盖，拆除时在端盖边缘垫以木楔，用铁锤沿盖四周边缘均匀地敲击，逐渐使端盖止口脱离机座及轴承的外圈，取出刷架。

（8）用纸板将换向器摆好。

（9）拆去轴伸端的端盖螺钉，把连同端盖的电枢从定子内小心地抽出，以免绕组受到擦伤。

（10）将连同端盖的电枢放在木架上并包裹好，拆除轴伸端的轴承盖螺钉，取下轴承外盖及端盖，轴承只在损坏情况下方可取下，如无特殊原因，不要拆除。

电机的装配可按拆卸的相反顺序进行，并按所刻记号校正电刷位置。

三、直流电动机运行中常见故障及处理

1. 直流电动机常见故障、可能原因及处理方法

直流电动机常见故障、可能原因及处理方法，见表 3－6。

表 3－6　直流电机的常见故障、可能原因及处理方法

常见故障	可能原因	处理方法
电刷下火花过大	①电刷与换向器接触不良； ②刷握松动或装配不正； ③电刷与刷握配合太紧； ④电刷压力大小不当或不匀； ⑤换向器表面不光洁、不圆或有污垢； ⑥换向片间云母凸出； ⑦电刷位置不在中性线上； ⑧电刷磨损过度，或所用牌号及尺寸不符； ⑨过载； ⑩电机底脚松动，发生振动； ⑪换向极绕组短路； ⑫电枢绕组与换向器脱焊； ⑬检修时将换向极绕组接反	①研磨电刷接触面，并在轻载下运转 0.5～1 h； ②紧固或纠正刷握装置； ③稍微磨小电刷尺寸； ④用弹簧秤校正弹簧压力为 15～25 kPa（调整刷握弹簧压力或调换刷握）； ⑤清洁或研磨换向器表面； ⑥换向器刻槽、倒角、再研磨； ⑦调整刷杆座至原有记号位置，或按感应法校得中性线位置； ⑧按制造厂原用的牌号及尺寸更换新电刷； ⑨恢复正常负载； ⑩固紧底脚螺钉； ⑪检查换向极绕组，对绝缘损坏处进行修理； ⑫用毫伏表检查换向片间电压是否呈周期性出现，如果某二片之间电压特别大，说明该处有脱焊现象，需重焊； ⑬用指南针检验换向极极性
发电机电压不能建立	①剩磁消失； ②励磁绕组接反； ③旋转方向错误； ④励磁绕组断路； ⑤电枢短路； ⑥电刷接触不良； ⑦磁场回路电阻过大	①另用直流电通入并励绕组，产生磁场； ②纠正接线； ③改变旋转方向； ④检查励磁绕组及磁场变阻器的连接是否松脱或接错，磁场绕组或变阻器内部是否断路； ⑤检查换向器表面及接头片是否有短路处，或用毫伏表测试电枢绕组是否短路； ⑥检查刷握弹簧是否松弛或改善接触面； ⑦检查磁场变阻器和励磁绕组电阻大小并检查接触是否良好
发电机电压过低	①并励磁场绕组部分短路； ②转速低于额定值； ③电刷不在中性点位置或电刷与换向器接触不良； ④换向片之间有导电体； ⑤换向极绕组接反； ⑥串励磁场绕组接反； ⑦过载	①分别测量每一绕组的电阻，修理或调换电阻特别低的绕组； ②提高原动机转速至额定值； ③按所刻记号，调整刷杆座位置； ④云母片拉槽消除杂物； ⑤用指南计检验换向极极性； ⑥纠正接线； ⑦减少负载

表 3－6(续)

常见故障	可能原因	处理方法
电动机不能启动	①电动机没有电源; ②过载; ③启动电流太小; ④电刷接触不良; ⑤励磁回路开路,回路电阻过高或接触不良; ⑥电源电压过低; ⑦电刷绕组或励磁绕组匝间短路或接地; ⑧换向极线圈接反	①检查线路是否完好,启动器连接是否准确,保险丝是否熔断; ②减轻负载; ③检查所用启动器是否合适; ④检查刷握弹簧是否松弛或改善接触面; ⑤检查磁场绕组是否断路或启动器、励磁回路中各处连接是够接触不良,更换绕组; ⑥提高电源电压; ⑦测量电枢及励磁线圈的直流电阻; ⑧调整换向极线圈两端接头
电动机转速高	①电刷偏离正常位置; ②电枢及磁场绕组短路; ③串励电动机轻载或空载运转; ④串励磁场绕组接反; ⑤励磁回路电阻过大	①按所刻记号调整刷杆座位置或用感应法调整电刷位置; ②检查是否短路(磁场绕组需每极分别测量电阻); ③增加负载; ④纠正接线; ⑤检查磁场变阻器和励磁绕组电阻,并检查接触是否良好
电动机转速低	①外加电源电压低于额定值; ②电刷不在中性线上; ③电枢绕组短路或接地	①检查电源,调整电源电压; ②可用感应法调整电刷位置; ③找出短路处进行处理或改正接线
电枢冒烟	①长时期过载; ②换向器或电枢短路; ③负载短路; ④电动机端电压过低; ⑤电动机直接启动或反向运转过于频繁; ⑥定子转子铁芯相擦	①立即恢复正常负载; ②用毫伏表检查是否短路,是否有金属屑落入换向器或电枢绕组; ③检查线路是否有短路; ④恢复电压至正常值; ⑤使用适当的启动器,避免频繁地反复运转; ⑥检查电机气隙是否均匀,轴承是否磨损
磁场线圈过热	①并励磁场绕组部分短路; ②电机转速太低; ③电机端电压长期超过额定值	①分别测量每一绕组电阻,修理或调换电阻很低的绕组; ②提高转速至额定值; ③恢复端电压至额定值

2. 电刷位置的调整

若电刷位置不在几何中性线上,可用下面两种方法调整。

(1)感应法

这是确定电刷中性位置最常用的一种方法。当转子静止时,将毫伏表接到相邻的两组电刷上(电刷与换向器接触要良好),励磁绕组经开关接入 1.5 ~3 V 的直流电源上。当不断地接通和断开电源，若指针不断摆动，则说明电刷不在几何中性线上。这时应移动电刷架，直到毫伏表指针不动时，电刷已调到几何中性线上，最后固定电刷架，如图 3－13 所示。

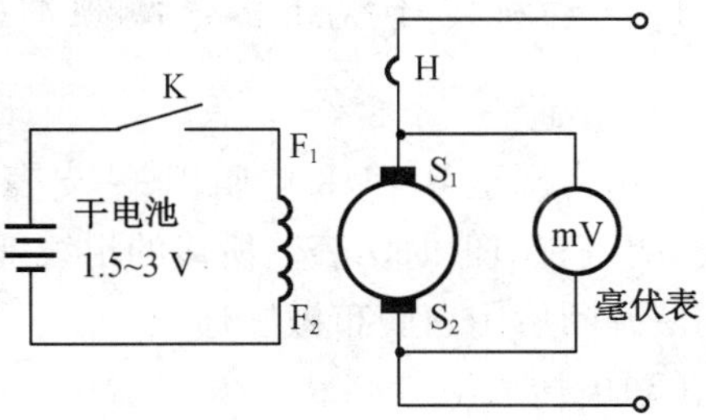

图 3－13 感应法确定电刷中性位置

(2)试转法

对于可逆的直流电动机进行正、反转试验。试验时用他励方式，在外加电压、励磁电流、负载都保持不变情况下，使电动机正转测其转速，然后反转测其转速，若正、反方向转速不相等，应转动刷架，再试验，一直调整到正、反向转速相等为止。这时电刷位置即在几何中性线上，最后固紧刷架。

技能训练 三相异步电动机绕组的维修

一、实训目的

针对异步电动机运行中绕组出现的故障，学会正确判断电动机绕组出线端、判断定子绕组首尾端，掌握测量电动机绕组直流电阻的方法，以便现场排除故障。

二、实训设备

三相异步电动机(JO2 － 42 － 4，7.5 kW)、直流双臂电桥(QJ26 － 1)、单相调压器(TDGC1 1 000 V · A)、指示灯(24 V)、万用表(MF47)、导线、白胶布、基本电工工具一套。

三、实训内容

图 3－14 所示为一台 JO2 系列电动机接线盒内接线端子的标志，具体含义是：“D1”为第一相绕组首端；“D2”为第二相绕组首端；“D3”为第三相绕组首端；“D4”为第一相绕组末端；“D5”为第二相绕组末端；“D6”为第三相绕组末端。

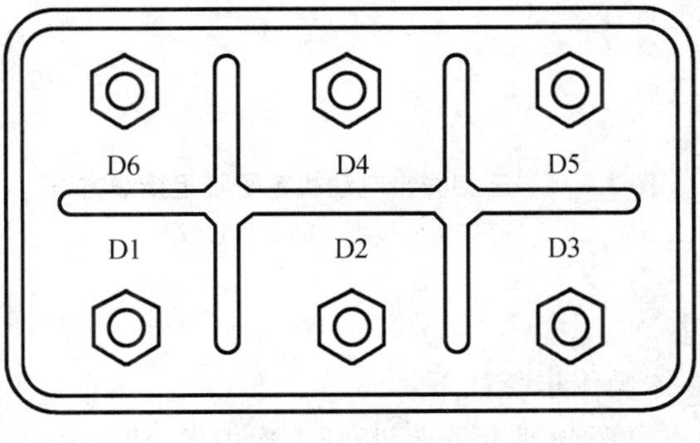

图 3－14 JO2 系列电动机接线盒

1. 电动机定子绕组出线端组别的判断和训练

(1)导通法

万用表调至 R×1 K 电阻挡,一支表笔接定子绕组任一根出线,另一支表笔分别接其余出线,测得有阻值时两表笔所接的出线即是同一绕组的两出线端。同样可区分其余出线的组别。判断后用白胶布做好标记。

(2)电压表法

将小量程电压表一端接定子绕组任一根出线,另一端分别接其余出线,同时转动电动机。当表针摆动时,电压表所接的两根出线属同一绕组。同样可区分其余出线的组别。判断后做好标记。

用万用表的电压 1 V 挡代替电压表也可以进行判断,但应注意,必须缓慢转动电动机轴,防止指针大幅度反打损坏表头。

2. 电动机定子绕组首尾端的判断和训练

电动机定子绕组出线端在接线盒内有"△"形和"Y"形两种接法,如图 3-15 所示。三角形接法时,只需用连接片将 U_1 与 W_2,V_1 与 U_2,W_1 与 V_2 分别上下连接起来,并作为电源接线端;而星形接法时,则只需用连接片将下面三个出线端 W_2,U_2,V_2 连接起来作为中性点,上面三个出线端 U_1,V_1,W_1 作为电源接线端(也可用连接片将上面三个出线端连接起来作为中性点,而下面三个出线端作为电源接线端)。但在接线之前,应注意严格校验绕组的极性,即检查校验三相绕组的首末端。否则,如果首末端接错,会使电动机的感应电动势和阻抗发生严重不平衡,而引起电动机三相电流不平衡,会出现噪声、振动和过热现象,甚至会引起电动机烧毁事故。

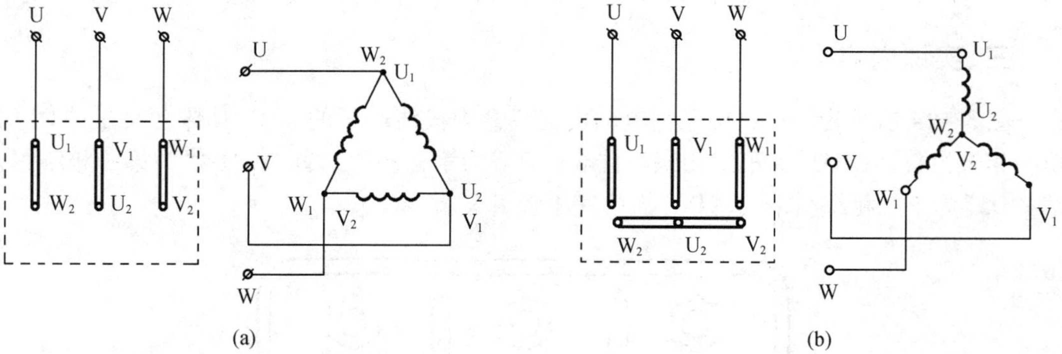

图 3-15　三相异步电动机定子绕组接线方法

(a)三角形接线;(b)星形接线

(1)绕组串联示灯法

按图 3-16 接线,具体操作步骤如下:

①将调压器二次输出电压调到 36 V 后断开一次电源,将定子绕组任一相绕组的两根出线接到调压器二次侧输出端子上。

②将定子绕组其余两相绕组的出线各取一根短接好,另外两根出线接指示灯。

③接通调压器一次电源后观察指示灯。灯亮时,表明短接的两根出线为电动机两相绕

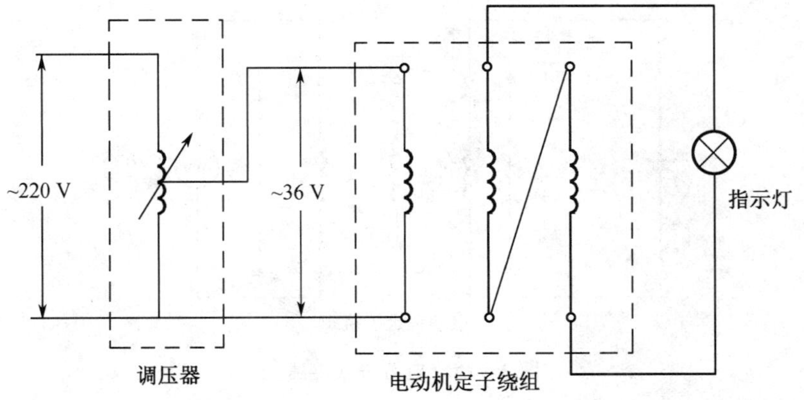

图 3－16　示灯法接线图

组的异名端(即一首一尾);灯不亮则表明短接的两相线为两相绕组的同名端(即同为首或尾)。用同样的方法可判断另一相首尾端。

注意:接通电源前应仔细检查接线,防止短路事故。观察指示灯亮(或暗)后立即切断电源,避免电动机绕组和调压器绕组过热。

(2)绕组串联电压表法

按图 3－17 接线,与示灯法的区别是用交流电压表代替示灯。操作步骤与示灯法相同。当电压表有显示时,接表的两根出线为电动机两相绕组的异名端。如无电压表,可用万用表交流 50 V 挡代替。

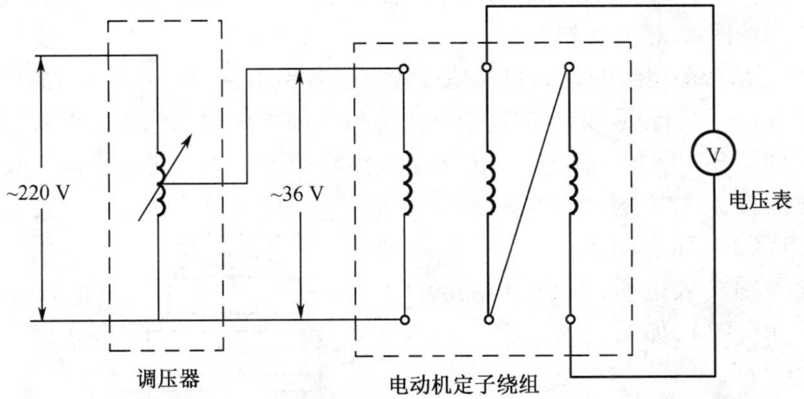

图 3－17　电压表法接线图

(3)电流表法

按图 3－18 接线。具体操作步骤如下:

①将电动机任一绕组的两根出线通过一只动合按钮接到电池两端。

②将万用表拨到直流 0.5 mA 挡,两支表笔接其余任意一相绕组的两出线。

③注意观察表头,按下按钮时,如表针正向摆动,表明电池正极和万用表黑表笔所接的出线为电动机两相绕组的同名端;若表针反向摆动,则表明电池正极与红表笔所接的出线为两相绕组的同名端。判断后做好标记。

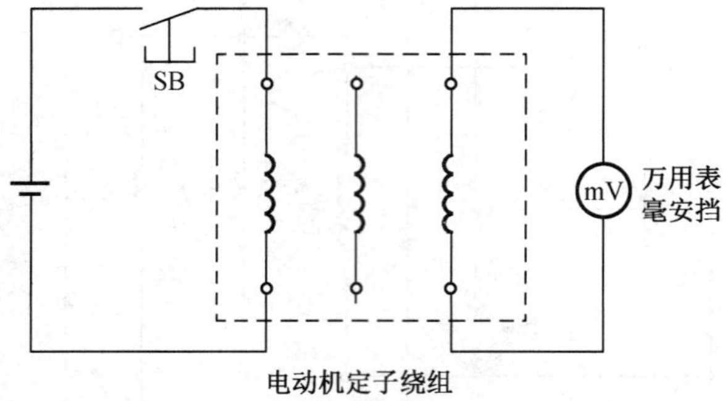

图 3 – 18　电流表法接线图

3. 电动机绕组电阻值的测量和训练

测量绕组的直流电阻可以检查三相绕组的直流电阻是否平衡，与原始测量数据或同类型电动机的数据是否相符，以判断电机是否存在匝间短路、接头接触不良等故障。测量电动机绕组的电阻值可以用万用表的电阻挡测量，但不很准确。为得到电动机绕组的电阻准确的测量值可以用电桥测量。对于电机绕组电阻在 10 ~ 10^6 Ω 的中值电阻范围内，可选用单臂电桥；对于绕组电阻小于 10 Ω 的低值电阻，必须选用双臂电桥，因为双臂电桥能够较好排除连接导线电阻及其与接线柱接触电阻的影响，从而提高了测试精度。使用 QJ26 – 1 型直流双臂电桥可以测量 11 Ω 以下的电阻，相对误差仅 ±2%。具体操作步骤如下：

（1）验表。检查电桥的两组电源，如电池电压不足则应更换。按下检流计按钮 G，调节检流计上方的零位调节旋钮，使指针指零位；然后打开 9 V 电源开关 W，如指针偏离零位，则调节 W 使指针回零，松开按钮 G。

（2）接线。从待测绕组的首端和末端接线端子各引出两根连线（使用的导线应尽量粗一些，截面 2.5 mm^2 以上，尽量短些，以能接入电桥为限。两根导线不得绞接。应各自弯成圆环状，两导线圆环中间加一圆垫片，依次套入接线端子紧固牢靠。将两接线端子下面的两根连线分别接入电桥的电流端钮（C1，C2）；而上面的两根导线分别接入电桥的电位端钮（P1，P2），如图 3 – 19 所示。

（3）根据万用表测得的绕组电阻值适当选择较臂的电阻值、比率臂的比值。

（4）测量。按下电源按钮 B，稍后再按下检流计按钮 G，如检流计指针偏向“ + ”方向，则增大较臂阻值（反之则减小较臂的阻值），直到电桥平衡（即检流计指

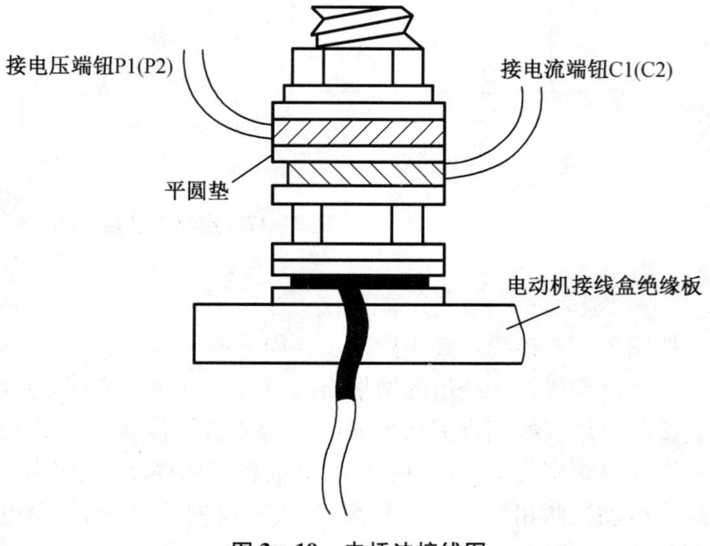

图 3 – 19　电桥法接线图

针指零)。测量结束时,先松开 G,再断开电源,防止绕组感应电动势损坏检流计。

读取较臂阻值和比率臂的比值,按下式计算:

待测绕组的电阻值 = 比率 × 较臂阻值(两读数盘数值之和)

同样可测得其余两相绕组的阻值。

测量结果见表 3-7:

表 3-7　测量结果记录表

第一相绕组电阻	第二相绕组电阻	第三相绕组电阻

四、实训总结

(1)判断电动机绕组的出线端有哪几种常用的方法,各有什么注意事项?

(2)判断电动机绕组首尾端的方法是什么?

(3)使用直流双臂电桥测量电动机定子绕组电阻时如何接线,操作时有什么注意事项?

项目四　船舶辅机电气系统维修

【项目描述】

船舶航行于海上，处于与陆地完全不同的工作环境。机电设备运行的可靠性决定了船舶及船员的安全。因此，要求船舶机电设备必须适应海上各种恶劣情况，如高温、潮湿和海水的侵蚀、风浪引起的撞击和摇摆。另外，还要求机电设备操作灵活，维修方便。

现代船舶的辅机大多数是电力拖动，由于拖动的对象不同，其拖动控制方案就不一样，控制系统电路也不相同，这样出现的故障现象、故障所在也不一样。这就给维修带来一定困难。但是辅机对电力拖动系统提出的技术要求是一样的，维修人员了解了这些技术要求，再根据具体线路、故障现象进行分析就不难查出故障原因。本项目选取其中有代表性的船用电动机基本控制线路、泵辅自动控制系统、船用起货机控制系统、锚机、绞缆机控制系统、舵机电气控制系统和船用辅锅炉电气系统的故障维修和调试方法加以介绍，其他电力拖动系统可以借鉴。

【项目目标】

1. 掌握电气控制线路故障检查与识图方法。

2. 熟悉船舶辅机电气系统的工作原理，并能够熟练分析、排除船舶辅机电气控制系统典型故障的能力。

3. 能够维修船用电动机基本控制线路、泵辅自动控制系统、船用起货机控制系统、锚机、绞缆机控制系统、舵机电气控制系统和船用辅锅炉电气系统典型电路故障。

任务一　电气控制线路识图方法与故障检查方法

一、电气控制电路图的读图方法

要维修设备，首先要知道它的工作原理，要知道其工作原理必须读懂图样。对于电气设备而言，一般有电气设备的工作原理图和安装图（或者对简单的电气设备两者合一）。

1. 电气控制系统识图的基本要领

（1）应具备的基本素质

要有一定的电工基础和理论知识，对各种电器元器件的功用和工作原理要清楚；掌握电气制图标准中的基本概念、基本要求和规则；对电气图中的图形符号、文字符号等所表达的意义要清楚。

(2)要了解涉及电气图的有关标准和规程规范

识图的主要目的是用来指导安装、调试、运行、维修和管理等环节,而与这些环节有关的技术标准、规程规范并不能在图上反映或标注出来,所以在看电气图时,必须要了解涉及电气图的有关标准和规程规范。

(3)要了解与电气图相关的专业图纸

电气安装、调试、维修往往要与其他专业配合进行,所以看电气图时需了解与电气图相关的机械图、系统框图等其他专业图纸,并把它们对应起来识图。

(4)要清楚电路图的基本特征和用途

电路图的基本特征是电路中的电器元器件等各要素不是以原形而是采用图形符号和文字符号,并按工作顺序排列绘制的一种简图,用来详细表示电路设备或成套装置的全部基本组成和连接关系,而不考虑其实际位置。电路图的用途主要是详细理解电路表达对象的工作原理,分析和计算电路特征,为测试和寻找故障提供信息,并为绘制接线图提供依据。作为一名电气维护人员,应清楚了解电路图的基本特征和用途,这样有助于我们对电路图的加深理解。

(5)要熟练掌握典型线路

电气线路图种类繁多,千变万化,识图较难,很难规定出一个一成不变的看图和分析图的方法。但是电路图又是有规律可循的。不管怎么复杂的图,总是可以分解为若干个功能部分,这些功能部分又总是由若干个典型电路所组成。如果我们对各种典型电路,如电动机的启动、制动、正反转控制、过载保护、时间控制、顺序控制、行程控制电路、晶体管整流、振荡和放大电路、晶闸管触发电路等化整为零、分解成若干个简单的典型线路,使之各个击破,则整个线路也就迎刃而解了。

2. 电气控制系统识图的基本方法和步骤

(1)看标题栏

当我们拿到一张图纸后,首先要看标题栏。标题栏可清楚地反映出图纸的名称、作用及图纸来源等基本情况,从而使我们对图纸有大致的了解。

(2)仔细阅读图纸说明

看了标题栏后要仔细阅读图纸说明,如图纸目录、技术说明、设备表、施工说明书等。这样有助于我们从整体上理解图纸的概况和所要表达的重点。

(3)阅读设备说明书

通过阅读设备说明书,了解设备的机械结构、电气传动方式、对电气控制的要求以及设备的使用操作方法,有助于我们对电路图的阅读分析。

(4)看电路图

为了进一步理解系统工作原理,需仔细阅读电路图。电路图是电气图的核心,内容丰富,阅读难度大。对于复杂的电路图,还应先看相关的逻辑图和功能图。看电路时应结合电工基础知识、电器元件的工作原理、典型电气线路以及制图标准、规程规范等来看。

3. 电气控制系统识图实例

对于电气设备维修而言,读图是关键,也是维修人员必须掌握的,常用的读图方法是按工作原理图进行查线读图。

查线读图法，先从主电路开始，查读主电路，就可大体知道电动机是否有正、反转控制，采用什么调速方式，采用什么制动方法。根据主电路分析的结果所提供的线索及元件触点的符号文字，就可在控制电路中找出相关的控制环节。在查读控制电路时，一般是从控制电源侧开始，然后从上到下查读，并且应假定某一个指令或信号作用下跟踪线路，观察在这个指令作用下，引起其他控制元件的动作，再查读这些被驱动的控制元器件的触头又驱动哪些元器件，一直查读到出口电器（执行电器）为止。注意在查读时，应把被驱动的继电器所有触头动作状态变化查读完，不可遗漏。

【例4－1】 某轮的空压机控制线路见图4－1，说明查线读图法的应用。

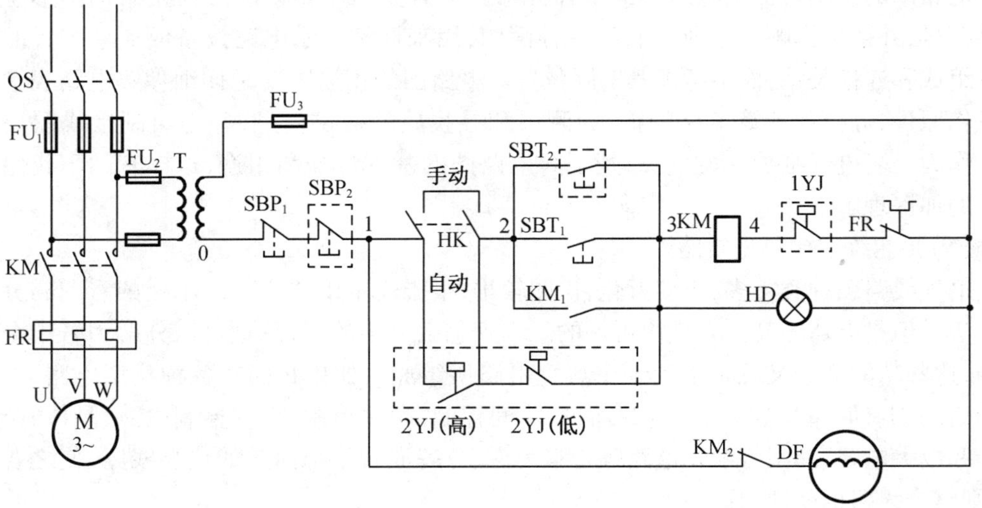

图4－1 空压机控制线路原理图

图中HK是一个转换开关，当转换开关HK扳到手动位置时，由按钮操作，当将转换开关HK扳到自动位置时，由压力继电器控制。

查读主电路：接触器KM是电源接触器，接通时电动机启动，断开时电动机停转，FR是热继电器发热元件，起过载保护作用。电动机过载时，其常闭触头（串联在控制电路中）动作，断开控制电路，使主接触器KM线圈失电，主接触器KM的主触点动作，切断电动机的电源，电动机停止运行。变压器T主要是起隔离作用，通过变压器T把主电路与控制电路隔离。熔断器FU在短路时起保护作用。

查读控制电路：

（1）启动过程

手动启动：当转换开关HK扳到手动位置时，电动机的启动（停止）均由按钮操作，这就是一般的多地点连续控制线路。

按下启动按钮SBT_1（或SBT_2）主接触器KM线圈回路接通，KM线圈得电吸合，主接触器KM的主触点动作，接通电动机的电源（并且自锁触头KM_1闭合），电动机启动，拖动空压机运行向空气瓶充气。

自动启动：当将转换开关HK扳到自动位置时，由压力继电器控制。分析此线路时，暂不考虑冷却水压力继电器1YJ的作用，将它视为短路。

低压开关触头2YJ（低）在此相当于遥控启动按钮，故与SBT_1并联；高压开关触头2YJ

(高)在此相当于遥控停止按钮,故与 SBP_1 串联。

当空气瓶中压力低于下限时,2YJ(低)闭合,接通主接触器 KM 线圈回路,KM 线圈得电吸合,主接触器 KM 的主触点动作,接通电动机的电源(并且自锁触头 KM_1 闭合),电动机启动,拖动空压机运行向空气瓶充气,并且自锁触头 KM_1 闭合。当空气瓶压力高于下限 PL 时,2YJ (低)断开,但由于自锁触头 KM_1 保持线圈有电,故电动机继续向空气瓶充气,当压力升高到高限以下时,2YJ(高)断开,KM 线圈断电,主触头释放,电动机停转,并且自锁触头也断开。当空气瓶压力下降到高限以下时,2YJ(高)重新闭合,但由于 2YJ(低)和自锁触头 KM_1 均为断开状态,故 KM 均为断开状态,故 KM 线圈仍不通电。但 2YJ(高)的闭合,为电动机的重新启动做好了准备。当空气瓶压力降到下限后,2YJ(低)重新闭合,电动机重新启动。

上面分析没有考虑到空压机冷却问题,实际上空压机无冷却水是不能自动开机的。这就需要控制电路与装在冷却水入口管路上的压力继电器 1YJ 进行连锁。管路无冷却水或压力不正常时,1YJ 断开;当冷却水压力正常时,触头 1YJ 闭合。因此,将触头 1YJ 和 2YJ(低)相串联再与自锁触头并联。即只有当 1YJ 和 2YJ(低)都闭合才接通 KM 线圈电路,其中有一个不闭合就不能自动启动。或者将 1YJ 常开触头与 KM 线圈串联,也会起到同样作用。

图中电磁阀 DF 是受接触器的常闭辅助触头控制的。它的作用是泄放空压机中残气的。即当 KM 线圈有电,空压机工作时,常闭触头 KM_2 断开,电磁阀 DF 线圈无电,电磁阀关闭;当线圈 KM 无电,空压机停转时,常闭触头 KM_2 闭合,接通电磁阀线圈,电磁阀打开,泄放掉空压机内的残气,使带动空压机的电动机能在空载下启动,缩短启动时间。

此控制线路除了具有通常的过载、失压(欠压)保护外,还具有冷却水低压(或失压)保护。图 4-1 中 HD 为空压机运行指示灯。

(2)停车过程

①手动停车　只需按下停止按钮 $SBRP_1$(或 SBP_2),使得主接触器 KM 线圈回路失电,各主触头断开,M 失电,停车。

②自动停车　当空气瓶压力高于下限时,2YJ(低)断开,但由于自锁触头 KM_1 保持线圈有电,故电动机继续向空气瓶充气,当压力升高到高限 PH 时,2YJ(高)断开,KM 线圈断电,主触头释放,电动机停转,并且自锁触头也断开。

可见,查线读图法比较直观,特别是用符号来表示,动作顺序很清楚。但是,对于复杂的线路,容易出错或遗漏,所以在读图时,当某一个继电器被驱动后,应把该继电器的所有触点带动下一级的元器件的作用状态都找出,并列明。

【例 4-2】　某轮的液压起货机的电动机的控制电路如图 4-2 所示,说明查线读图法的应用。

图 4-2 中 SC 是一个选择开关,投在“1”位置,是手动切换,投在“2”位置,是自动切换操作。

首先,查读主电路,从图中可见,有三个接触器,1KM 是把电动机接成 Y 连接,3KM 是把电动机接成△连接,2KM 则是电源接触器,FR 是热继电器,可见这是一个 Y-△降压启动控制电路。启动时,接成 Y 连接,运行时,是接成△连接,而且在切换过程中,是 1KM 先断开,然后 3KM 才闭合,否则,会造成电源直接短路。

查读控制回路:

(1)启动过程

假定 SC 选择开关置在 2 位(即自动切换操作)。当按下启动按钮 1SBT 使 1KM 有电

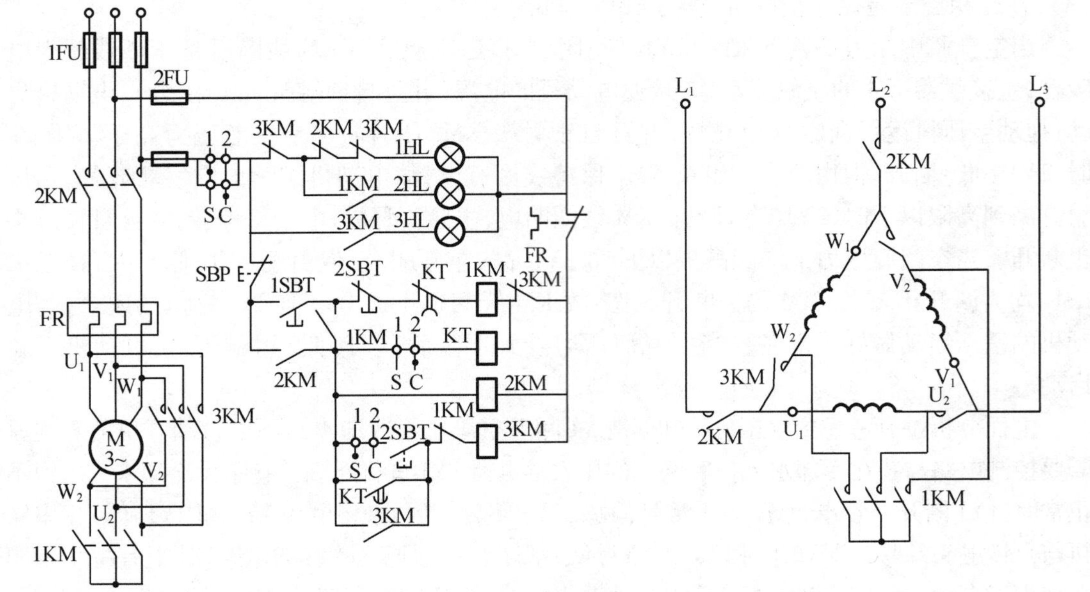

图 4－2 Y－△减压启动原理图

(a) Y－△减压启动原理图;(b) 电动机 Y－△接线原理图

(电源通过停止按钮 SBP→1SBT→2SBT(手动切换按钮)→KT 的常闭(动断)触头→1KM 线圈→3KM 的常闭触头→FR 常闭触头),1KM 的触头闭合,使电动机接成 Y 连接,同时 1KM 的常闭触头断开,使 3KM 线圈不能得电,防止电源短路。1KM 另一对常开(动合)触头闭合,使得时间继电器 KT 有电,进行启动计时,它也使得 2KM 得电,2KM 主触头闭合,接通电源,进行启动,它的辅助常开触头闭合进行自锁。当整定的启动时间到时,KT 的常闭触头断开,使得 1KM 失电,1KM 主触头断开,1KM 的常闭触头闭合,在 KT 常开触头延时闭合的共同作用下,使 3KM 得电,3KM 主触头闭合,使电动机在△连接下启动运行,同时 3KM 的辅助触头 3KM 进行自保。这样 Y－△切换启动就结束了。

为了简便表示上述过程。我们约定:用"↓"表示电磁线圈失电,开关不受外力作用,常闭触头闭合,常开触头断开;用"↑"表示电磁线圈得电,开关受外力作用,常开触头闭合,常闭触头断开,我们就可把上述过程表示如下:

1SBT↑ →1KM↑ →M接成丫连接
→ 2KM ↑ → M进行丫连接启动
→ KT ↑ → M进行启动计时
延时到
→3KM↓ →3KM↑ →M接成△连接，进行运行
延时到 →
自锁
→ 3KM
禁止
→ 1KM,KT

(2)停车过程

停车,只需按下停止按钮SBP,使得2KM,3KM失电,各自主触头断开,电动机M失电,停车。

可见,查线读图法比较直观,特别是用符号来表示,动作顺序很清楚。但是,对于复杂的线路,容易出错或遗漏,所以在读图时,当某一个继电器被驱动后,应把该继电器的所有触头带动下一级的元器件的作用状态都得找出并列在该继电器符号的下属列下,如上述的1KM,KT,3KM的下属。有多少对触头就有多少支路,不得遗漏。

二、传统的故障诊断法

随着船舶电气化、自动化程度的不断提高,电气设备变得越来越复杂,电气设备的故障也是多种多样,所以诊断故障和排除故障的方法也不同。但是,分析故障的逻辑思维方法基本上是一样的。

传统故障诊断法也叫作经验诊断法,通过设备故障现象分析和以往的经验(这个经验可能是自己的切身体会,也有通过收集资料得来的),做出设备故障的点(或零部件)的判断,并加以排除,这种诊断的准确与否主要依赖于诊断人的素质。诊断人对设备技术性能、工作原理掌握越熟透、对设备故障诊断的经验越丰富,诊断出故障点的可能性就越大。这样,对维修人员提出了较高的要求。首先,维修人员必须掌握设备的工作原理,各部件出现故障时所表现的特征,要有足够的设备管理维修经验,才能有效、迅速地排除故障。这对于海上管理维修人员来讲,尤为重要。

1.传统的故障诊断的步骤

所谓设备发生故障,就是设备失去或减弱正常工作的能力。维修人员就得加以诊断故障所在,并排除、修复。所以维修人员诊断设备故障点与医生诊断人的病因的步骤基本一样,只不过维修人员“医治”的是设备,医生医治的是人而已,其步骤如下。

第一步:保持现场的情况进行症状分析

(1)询问操作人员

询问的内容一般如下:

①发生了什么故障,在什么情况下发生的,什么时候发生的?

②设备已经运行了多长时间?

③你曾注意到有何异常现象,有何声响或光报警信号等,有无烟气或异味,有无误操作(注意询问方式)?

④控制系统操作是否正常,操作程序有无变动,在操作时是否有特殊困难或异常?

(2)观察

观察的内容一般如下:

有无明显异常现象,零部件有无卡阻或损伤,各种导线有否松动、破裂、擦伤或烧毁?设备运行参数有何变化,有无明显的干扰信号,有无明显的损坏信号?

(3)检查监测指示装置

检查所有仪表读数是否正常,如电压、频率、电流等。检查报警装置及联锁装置、打印输出或显示器是否正常。

(4)在条件允许时可让故障现象重现

在条件允许的情况下,重新开动设备,让故障现象重现,仔细观察、检查故障现象,但需注意人身、设备安全,不能让故障结果扩大。

第二步:检查设备

(1)利用五官检查(继续深入观察的过程)

①看:插头及插座,电机或泵的运转,控制调整位置是否正确,有无起弧或燃烧的痕迹,断开电路开关,看有无故障的元(组)件。

②摸:振动、电机和元(组)件的温度。

③听:有无异常声响。

④闻:有无焦味、其他异味。

⑤查:元器件形状与位置是否变化,设备性能参数变化情况,检查电路元件功能。

(2)评定检查结果

评定故障判断是否正确?故障线索是否找到?各项检查结果是否一致。

第三步:故障位置的确定

(1)确定系统结构和测试方法

①确定系统结构　熟悉系统工作原理,各元(组)件的位置。这项工作,作为电气管理人员,平时就要做到,对全船的电气设备线路、原理应当十分熟悉。一旦发生故障,通过第一步、第二步就可初步诊断故障所在。

②确定测试方法　根据系统结构、工作原理和故障现象确定用什么方法测试,可能获得什么测试参数或性能参数,在什么操作条件下进行测试,必须遵守哪些安全措施。

注:检测的方法很多,如直观比较法(与无故障设备比较)、分部隔离法(缩小检查范围)、变换条件法(故障征兆不明显);试探反证法、监测测量法等。

(2)系统检测(用五官或仪器进一步认真检查)

采用最适于系统结构的技术测量,在合适的测试点,根据输入和反馈所得结果与正常值或性能比较,检查出故障位置。

必须指出,并不是所有电气设备出现故障,其诊断都必须通过以上各个步骤。对故障比较明显,一目了然的就没有必要,如一盏灯不亮,灯泡钨丝断了,只要换一个灯泡就把故障排除了,就没有必要通过上述的所有步骤。否则,就多此一举了。

2. 传统诊断的准则

(1)维修人员要熟悉电气设备结构、工作原理、元(组)件功能及所在的位置。

(2)通过问、看、摸、听、闻了解故障现象,初步诊断故障所在或原因。

(3)查:确定什么方式进行测试、检查,此时,必须三思而后行,克服人为不正确的测试、错误的检查方法。在检查中,不做任何假设或推断性的结论,而是尊重实际,经过详细的检查、核实后才得出结论。同时在检查中,先外后内,先易后难。

(4)留下记录,丰富自己经验,摸索维修规律。

三、电气控制线路故障查测

1. 一般故障的检查方法

电气线路中,不论是主回路还是二次控制回路所发生的故障都可归结为短路、断路和接地三种情况。

(1)线路短路故障的检查

发生短路故障的原因主要有：

①由于维护管理不善、操作不当等造成短路。如电气线路的绝缘浸水或严重受潮；电缆经过金属孔或锐利金属边缘时，由于衬垫破损而未及时更换，使绝缘破损；操作时碰坏绝缘保护层；线路中接线柱间过脏，通电时柱间放电；在运行中或维修时金属零件掉落到导线接线端头或导线裸露导体部件上等。

②由于设备本身缺陷造成短路，如设备出厂前就存在绝缘不良，局部绝缘损坏等隐患，经长期运行之后发生短路；电机或电器线圈由于绕制不符合要求，绝缘薄弱，设备或线路绝缘老化，材料变质等。

短路故障的现象比较明显，常常表现为短路点流过电流很大，熔断器烧断或保护电器动作，有关监测仪表指示失常，系统报警。严重的短路故障会发生线路绝缘烧焦冒烟等现象。

检测线路的短路故障时，应首先切断电源，查出烧断的熔断器。检测时，用万用表的电阻挡测量电路两端点间的电阻，若阻值为零，即为短路，如图 4－3 示。若被测电路为单回路，可沿着线路对所有接线柱、串联的电器线圈或其他元件逐个检查。

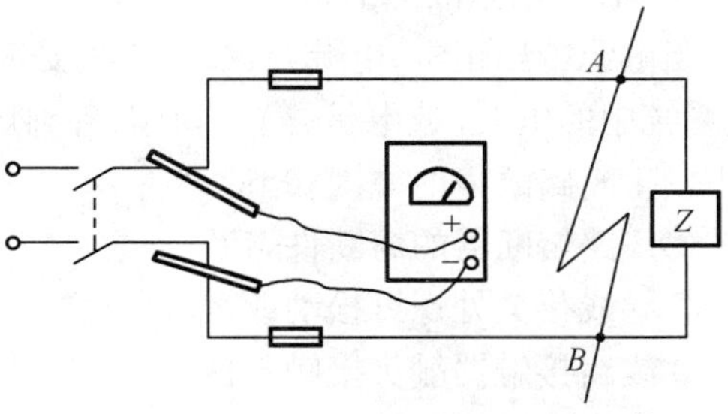

图 4－3　短路故障检查

检查时应注意：

①为了使测量准确，要把万用表置于 RX，挡进行测量。检测前要分析了解被测线路的正常阻值，以作参考。

②被测线路中若有较大容量的电容时，应在检查前将其断开，以免将电容充电误认为是短路。

③若电路似通非通，可根据情况用兆欧表测量，若有短路，兆欧表指示为零。为进一步确认，可再用万用表检查。但对于含有各种电子设备的线路不得使用兆欧表检查，以免损坏元件。要使用兆欧表检查时，应将电子设备脱离被测线路。

④若线路为多路并联时(图 4－4)，必须检查短路发生在哪条并联线路中，这时可用“逐个断开法”找出短路的支路。即：断开线路的电源开关，用万用表的 RX_1 电阻挡测量 *AB* 间的电阻。由于有短路，这时万用表指示电阻为零。然后把各支路的分断开关或接线柱（K_1，K_2，…）逐个依次断开。当断开某线路时，万用表指示电阻值增大较显著，则说明刚才断开的线路中有短路故障。这时再单独检测该线路，查出故障点。若有两个并联线路同时有短路故障，断开第一个有短路故障的支路并不会使万用表的指示电阻值有明显变化，因为第二条支路短路点仍然存在。因此可知，发现一个短路点并不是短路故障检查的结束，而必须再把已查明有短路故障以外的所有支路接通，重复上述做法进行检查。如果万用表指示电阻仍为零，表明还有支路有短路，

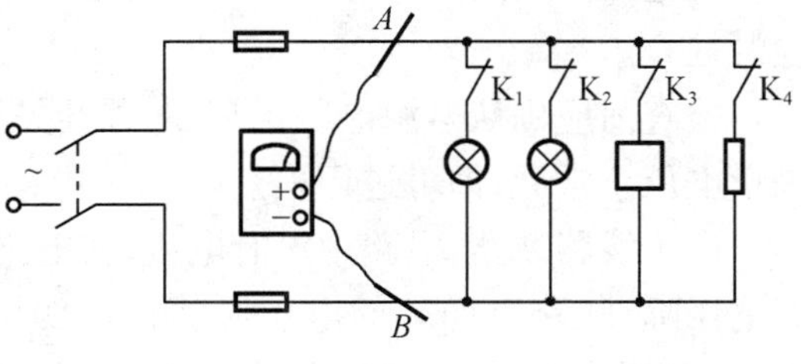

图 4－4　并联电路短路检查

当某个并联线路断开时,万用表指示电阻值突然增大,这说明找到第二个短路线路。用这样的方法可以逐个地把全部短路点找出来。当然,如果怀疑多支路短路,在检测方便的情况下,可以在断开支路时同时测该支路的电阻,若为零,说明该支路也存在短路故障点,就没有必要像上述过程那样重复检测。

有时会发现线路的自动开关跳闸或熔断器烧断,但是检查时未发现该线路有短路故障,重新通电后,线路仍正常运行,出现这种情况可能有两种原因:其一,线路中的短路是非连续短路故障,即短路处是由于油垢或污物堆积而形成放电。当通过大电流时,污物被烧掉,或者有导电物体掉落在用电设备裸露的部分上而引起短路,然后自行脱落,使故障不能持续。所以合上开关或更换熔断件后,线路又正常运行。其二,熔断器的熔件使用时间较长后,由于电源的浪涌电流作用而烧断。因此,在熔断件烧断时,若对设备进行表面检查,没有发现烧焦、异味的情况下,可以换上一个同型号同容量的熔件,看看是否仍然烧断。如果线路正常,说明并无持续短路故障。否则,再仔细检查线路短路故障的部位。

(2)线路断路故障的检查

当电源电压正常,电源开关开、闭良好时,合闸(或按下通电按钮)后,发生不能接通电源、系统中的电器(或电机等)不动作、各种灯具不亮的现象,则线路可能发生了断路故障。

发生断路故障的原因如下:

①线路熔断器的熔断件熔断。

②导线接头处螺钉松动或螺母脱落。

③线路接触器触头接触不良。

④导线中导体断开。

⑤某些转换开关损坏或接触不良。

⑥线路被外来物砸断。

⑦有些线路中的保护电器的触点接触不良或该电器动作前未复位,使电路断路。

⑧设备本身有断路故障,如电机绕组、电器线圈的导线有断路,某些灯具的灯丝烧断或镇流器线圈断路,等等。

检查断路故障的方法:

①带电检查线路断路故障

带电检查断路故障可用万用表的电压挡,其量程应不低于电源电压。另外也可以用校验灯检查。

检查前应确认电源电压正常,电源开关没有断路或接触不良的现象,把电源开关闭合,测量电压正常后,即可进行检查。

由于线路断路,电路中没有电流,在电路中所连接的电阻、电器线圈或电机绕组等都没有电压降;断路点两端的电压应等于电源电压。因此,电压表在线路中各元件或接线两端测量时,若指示值为电源电压的数值,则表明两试笔之间的线路或元件有断路,如图4-5所示。

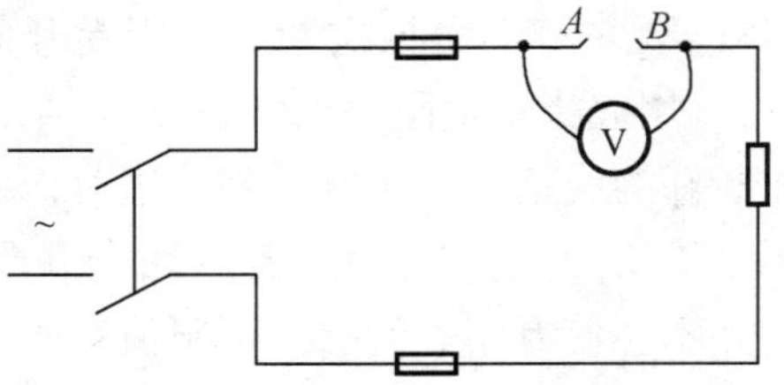

图4-5 带电检查断路点

有些控制线路中,由于各电器间连锁关系复杂,当接通电源时,有些电器因断路不动作,为了缩小检查范围,可以在带电和不损坏设备或危及人身安全的前提情况下,人为地推动某电器的衔铁,查看断路点是否在电器的触点中。

船上检查熔断器断路常用交叉法,这时可用校验灯检查,如图 4-6 所示。当校验灯与电源构成闭合回路时,校验灯亮。这样可根据校验灯与熔断器两端交叉接触时灯的亮灭,找出断点;两灯左右交叉接触,若左亮右灭时,下 FU 为断路,若左灭右亮时,上 FU 为断路,按此原理可以检查其他断点。

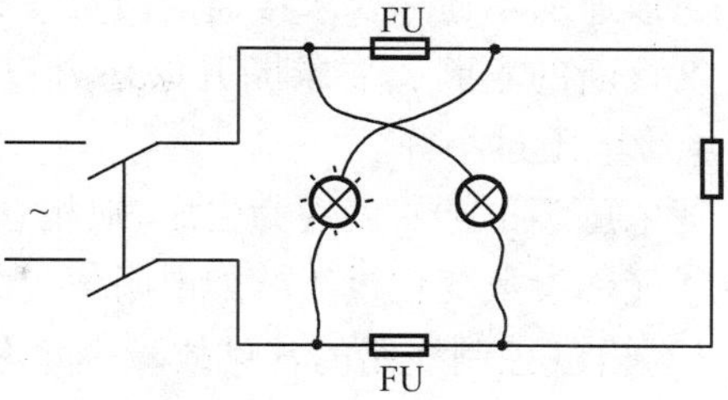

图 4-6　校验灯检查断路点

②不带电检查断路

这时可用万用表的电阻挡进行检查,检查时万用表应选用较大的量程。由于断路处的电阻为无限大,当万用表两表笔沿着线路依次测量元件或接线柱两端的电阻时,若万用表指示 $R=\infty$,则两试笔间必有断路,如图 4-7 所示。

检查时应注意:

- 被检查的电路或电路中的元件不能有并联通路,否则,断点处测不到 $R=\infty$,应将元件的一个端头脱离电路后再进行测量;
- 被测电路中有电器的触点时,需人为推动衔铁使其闭合,以免测量错误。

③万用表的量程应置于 R×1 k 或 R×10 k 挡上,以避免由于某些元件电阻很大,判断不准确。使用万用表时,不能用手同时触及两试笔的金属部分,以免影响测量精度。

(3)线路接地故障的检查

在三相三线制的船舶电网中,电气线路中一点接地时,电气设备尚可正常运行,若再有另一点接地,就形成多点接地间接短路故障。所以发生一点接地后,应及时排除故障,以提高线路运行的可靠性。

通过配电板上的地气灯可以很容易找到发生接地的系统,然后使该系统脱离电源,再用“逐段缩小法”找出接地点。如图 4-8 把线路分成两部分,用兆欧表测出接地线路,而把接地线路分成两部分,找出接地部分线路。以此类推,即可找出接地故障点。

也可以直接用配电板上的地气灯来检查寻找故障点。依次断开各线路中的各设备开关或各灯具开关,若地气灯亮度恢复正常,则表明刚刚断开的设备有接地故障。

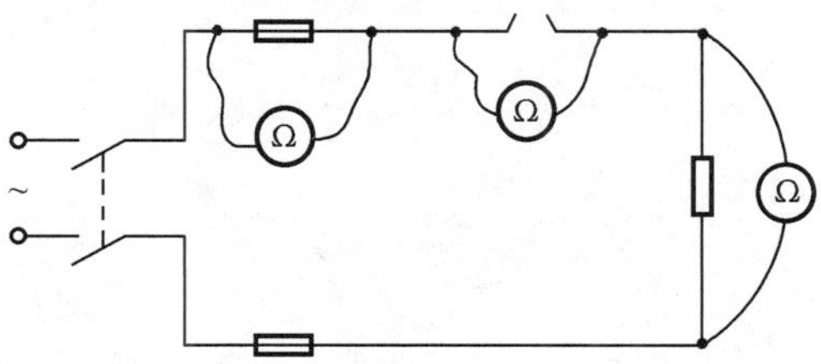

图 4-7　不带电检查断路点

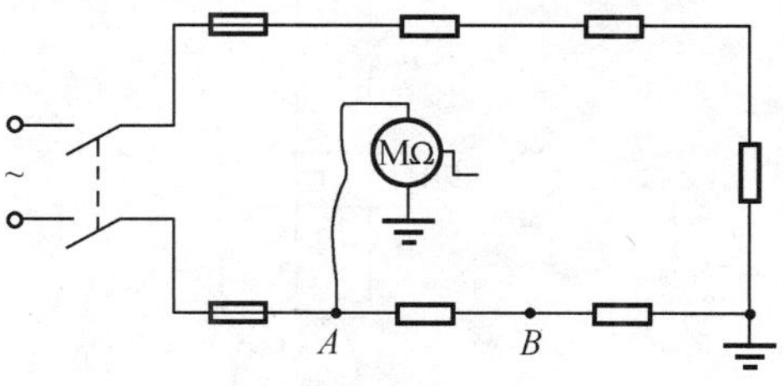

图 4-8　接地检查

2. 电气控制线路的常见故障排除

根据原理电路图或安装接线图,可以用看图查线的方法查找和确定故障位置并排除故障。

(1)电气控制线路的常见故障现象

①该通的不通　要求接通的接点接触不良或断开,线圈断线等。

②该断的不断　要求断开的地方没有断开,主要表现为短路、接地、触头熔焊、线圈短路、绝缘电阻过小等。

③电压不正常　表现为失压、缺相、电压过低等。

④元件参数变化过大　如电阻值过大或过小,各种参数整定不当等。

(2)电气控制线路的常见故障排除方法

首先应根据故障现象确定故障是在主电路还是在控制电路,是开路故障还是短路故障,然后确定故障的具体位置,并根据实际情况按先易后难的顺序逐步排除故障。

若控制某电气设备电源通断的接触器动作正常,但该电气设备不能正常工作时,可大致断定故障在主电路,反之故障在控制电路。在断定了主电路(或控制电路)故障后,可逐段测量各线间电压并与正常相比较以找到故障点。

若确定是发生了短路故障,此时应查明是哪个熔断器烧坏,并据此查明短路原因,排除短路源,再用相同的熔断器更换之。

若确定是发生了断路故障,可用看图查线法确定断路点,并使之恢复正常。

①主电路故障的检查与排除方法

一般来说,主电路线路中只有主触点、接线螺柱、各种电器的电流线圈或互感器线圈等,电路比较简单。检查时,首先确认电动机绕组没有故障,然后再检查线路。

如图 4－9 所示,如果按下启动按钮。接触器 KM 动作,但电动机不启动,若检查得到电源电压正常,主电路的熔断器或空气开关正常。这时表明可能主电路线路中有断路故障。先切断电源,再用万用表测量主回路的线路是否断路。测量时用手推动接触器衔铁使主触头闭合。找出断路相后,再用前述办法找出断路点。

②控制线路故障检查与排除方法

以图 4－9 所示电动机的控制线路为例,简要说明控制电路故障检查方法。

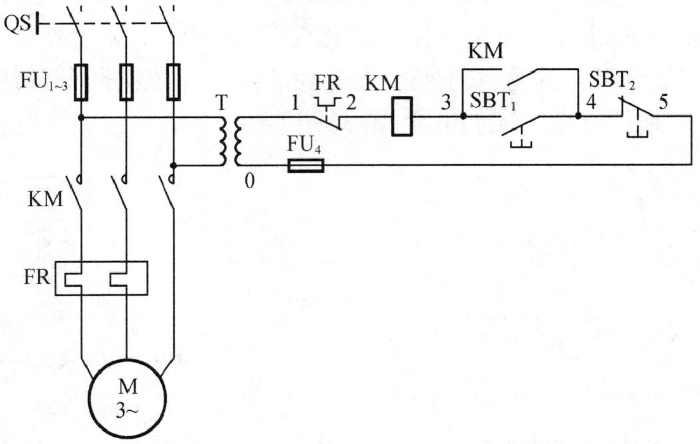

图 4－9　三相异步电动机单向启/停控制电路电气原理图

检查故障时应注意图中一路从熔断器经接触器 KM 线圈,再经启动按钮 SBT_1、停止按钮 SBT_2、熔断器回到电源。

a. 通电检查

若按启动按钮 SBT_1 时，电动机不启动。经检查电源供电正常，电动机拖动系统无卡死，且观察到接触器 KM 不动作，可见控制回路有断路故障，其检查方法是：

• 先用万用表（或校验灯）检查熔断器是否良好，若两熔断器正常，则断路故障发生在后面的线路中；

• 若熔断器正常则继续检查启动按钮 SBT_1、停止按钮 SBT_2 等触点是否接触良好，若正常则进行下一步检查；

• 按钮 SBT_1 按下后用万用表电压挡试笔依次接触各元件端钮，若跨接到 KM 线圈两端时，万用表电压指示值为电源电压值，说明 KM 线圈内部导线有断路；

• 若 KM 正常，按钮 SBT_1 按下后，万用表试笔接触到哪两个端钮间时，万用表电压指示值为电源电压值，断路点就在哪两个端钮之间；

• 找到断路点线路后，断开电源，仔细检查两端钮间的线路和元件，找出准确的断路点。控制线路断路故障发生较多，常见的有螺钉松动、触点接触不良、线圈或绕组引出线断路等。

通电测量时是带电操作，要特别注意两点：一是不能使用万用表的电阻挡而应使用交流电压挡，而且电压表的量程必须大于所测电路的实际电压；二是要防止测量过程中发生短路和人员触电。

b. 断电检查

首先断开电源，确保被测电路断电后方可进行测量。然后按下列步骤操作：

• 将电源开关 QS 断开，把万用表打到欧姆挡（$R\times1$），调好零位，按图进行测量。把万用表的一根表笔放在端子 1 上，用另一根表笔碰接触器 KM 的线圈端子 2，如果表针指零，则说明热继电器 FR 的触点是通的；

• 再将表笔碰端子 3，若表针不为零也不为无穷大，则说明接触器 KM 的线圈是正常的；

• 再将 A 表笔放在端子 0，B 表笔接触端子 5，表针指向零说明熔断器 FU_4 正常，若表针指向无穷大，说明熔断器 FU_4 已烧毁，应更换；

• 将 B 表笔接触端子 4，表针应指零，按下停止按钮，表针指向无穷大，说明停止按钮 SBT_2 是好的；

• 将 B 表笔接触端子 3，电阻应为无穷大，按下启动按钮 SBT_1 后电阻为零，说明启动按钮正常。如此逐点测量，直到找到断路故障点。

任务二　船用电动机基本控制线路维修

一、船用电动机基本控制线路维护

船用电动机基本控制线路一般用于各类泵辅、空压机、分油机等，其控制系统比较简单。主要是启动问题，交流异步电动机的启动大多数采用直接启动。只有对于容量比较大的异步机，才采用降压启动（如 Y－△启动、自耦变压器启动）。所以，这种控制箱也称为启动箱，如图 4－10 所示，它除了接触器外，仅有少数保护电器和按钮等，国产船用这种启动箱多为 QC 型,可根据电动机的容量和启动电流来选用。

1. 对启动箱的技术要求

(1)应采用防水式结构,要有良好的水密性;

(2)启动箱的各种电气绝缘应能耐油、防潮、防霉和防盐雾;

(3)机械机构动作要灵活,并能在船舶摇摆、振动下正常工作;

(4)符合电气技术要求,有必需的保护环节,如过载保护、短路保护、欠电压保护等;

(5)操作方便,安全可靠,有必需的状态指示;

(6)便于维修和保养。

图 4-10　启动箱

2. 启动箱的维护

启动箱应定期进行检查,在航行中检查停用设备的启动箱或备用设备的启动箱,停靠码头或锚泊时,可以检查为主机服务的各类泵辅的启动箱。检查时应切断电源。对远离启动箱的电源开关要挂上修理告示牌,写明"进行检修严禁合闸"等字样,除放置人员外,任何人不得移动告示牌,以保证检修安全。

启动箱的维护与保养内容如下:

(1)除锈

启动箱内电器等装置的零件有腐蚀生锈的地方,必须用砂布或刮刀等除锈。刮磨时应尽量除去氧化物,而少磨去金属。对不导电和不受摩擦的零件表面,刮磨之后可涂以凡士林或牛油。涂漆零件上防锈层剥落时,可在除锈后涂以防锈漆,禁止在接线柱、摩擦接触的平滑面、螺纹、弹簧等上面涂漆。

(2)应保持触头接触面贴合良好

所有导电接触面必须洁净光滑,露出金属光泽,便于接触导电,触头的初压力、终压力和超行程都应符合规定。

触头接触面上的氧化物或烧灼的熔化物可用细锉或玻璃砂布擦磨,擦磨时禁止使用金钢砂布。银制触头可用干布或沾少量清洁剂的拭布抹去灰尘和污物,不宜用砂布等擦磨。擦磨时应尽管少磨去金属,磨后应用干布将擦磨面擦拭干净,禁止用任何润滑油或其他油漆抹触头,以防接触不良。

擦磨触头时应保持触头原来形状,不可用力过猛使触头等部件变形。

三相触头中如果有一相的主触头与另外两相的主触头有比较大的磨损时,可将该相主触头的动触头桥臂弯曲,以调整触头间隙。修整后应保持三个触头同时接触。当触头磨损烧灼严重而无法修整时,应及时更换同类型的备用触头。

(3)检查电器的电磁机构、灭弧系统和弹簧

检查电磁机构在吸合和释放时,其行程是否符合要求。吸合时应使触头的接触压力、贴合情况等达到要求。释放时应保证动、静触头间有足够的间隙。动铁芯的接触面应贴合良好,若接触面上有灰尘、油污或铁锈时,应清除干净。使用中的电器的各铁磁性接触面上不得涂抹任何防锈油脂。

灭弧罩应安装牢固，灭弧栅片数不得缺少，若灭弧罩有振裂损坏或灭弧栅烧损严重时，应予及时更换。

弹簧在长期使用后，有可能疲劳断裂或失去弹性，也会随着船舶的振动或由于弹簧本身的弹力而脱落，在维护保养启动箱时，应细心检查，根据情况修理或换新。

(4)检查各部分机械连接情况

仔细检查有无零件脱落掉入箱内，有无螺母松动，如果发现破损和脱落的零件，应及时配好，检查启动箱内导线连接情况，如有松脱，应按照接线图正确接好并紧固。启动箱内可动部分零件的动作应保持灵活自如。

(5)定期测量接触器线圈和线路的绝缘电阻

电器线圈的绝缘电阻在冷状态下不得低于0.5 MΩ。由于受潮而使绝缘电阻下降的线圈，应进行烘干。应保持导线的绝缘良好，各接线端钮处应无灰尘和污物堆积。

(6)保持启动箱的水密性

经常检查出线孔和箱盖的水密封垫，有损坏或变质时应及时更换。

(7)保持清洁

定期用电吹风清除箱内灰尘，如有油污应擦干净。不得用纤维丝物擦拭箱内部件，以免纱线落入箱内。

二、启动箱的调试

由于目前船舶大多数采用交流电制，所以在这里只讨论交流启动箱的调试方法。

1. 正式通电前要做如下检查

检查启动箱是否符合要求，启动箱的型号、容量与配套的电动机应一致。检查启动箱内外应完好无损，无油垢污物。内部接线应与图样符合。同时检查外部接线，并仔细检查接触器动作是否灵活，若接触器衔铁受阻不能很好吸合，会造成线圈电流过大而烧坏线圈。

用500 V绝缘电阻表测量启动箱导电部分的绝缘电阻，其阻值不得低于2 MΩ。

检查熔断器熔体容量是否符合要求。

检查外接线路的各元器件。应检查外接的各遥控按钮、压力继电器、温度继电器以及行程开关等接线是否正确。

检查机械部分。联轴器应转动灵活，无卡住、过紧或时松时紧的现象。此外还要根据拖动机械的要求，确定各阀门的开启与关闭，以使电动机尽可能在空载或轻载下启动。

2. 调试步骤

电动机的转动方向应符合被拖动机械的要求。如果被拖动机械允许反转，可启动一下，观察其转向是否正确。如果被拖动机械不允许反转，必须脱开联轴器，启动电动机。确认转向正确后，再装好联轴器。

启动电动机，观察启动过程。若是降压启动应能准确切换，应能按技术要求启动；用钳形电流表检测启动电流，注意其量程应在额定电流的七倍以上。当启动后，用钳形表检测三相电流是否平衡。

启动时应检查接触器有无噪声。若噪声很大，应检查铁芯贴合面是否清洁，短路环是否断裂和脱落。

负载实验。使电动机带上额定负载进行启动，观察启动过程，测量额定负载下的电动机的电流，以及运行情况，在必要时，进行保护电器的整定值的调整，并做好记录。

观察运行情况。一切正常后，记下冷态绝缘电阻值。额定运行 2 h 后，测量启动箱的热态绝缘电阻，记录各数据。同时检查启动箱中各电器线圈发热情况，各触头闭合情况。

3. 船用电动机基本控制启动箱故障检修

1. 船用电动机单向连续运行启动箱故障检修

常见的故障可分为电动机本身故障和控制系统故障两大类，电动机故障按有关章节处理，此处不重复讨论，这里主要讨论控制系统的故障。常见的故障有：不能启动，启动按钮 SBT 复位后电动机即停转；启动后运行，电动机突然停转；启动后启动箱内噪声大；指示灯不工作等。下面分别讨论各种故障的原因和检修方法。

(1)启动按钮 SBT 复位后电动机停转

从原理图 4－11 可以看出，造成该故障的唯一原因是并联在按钮 SBT 两端的自保辅触头 KM_1 失去作用。所以，只要检查一下 KM_1 触头是否完好，引线是否松脱，触头是否接触良好。

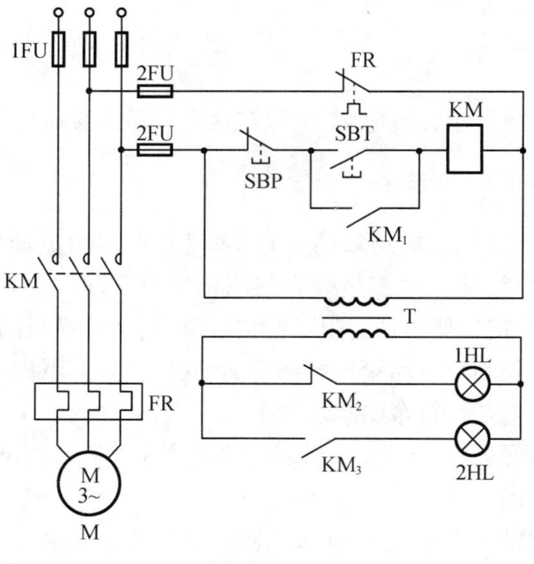

图 4－11　磁力启动器原理图

(2)运行中电动机突停故障检修

首先要检查 FR 是否动作，如果电动机发热、过载、FR 动作是正常的，应减小负载，使 FR 复位，重新启动；如果电动机不发热，没有过载迹象，FR 动作是不正常的，需重新调整 FR 的整定值或者 FR 本身损坏，需更换，并重新调节整定值，如果 FR 没有动作，而电动机突停。

(3)指示灯不亮的检修

指示灯的正常显示，给运行管理带来了很大方便，所以指示灯不亮，应及时修复。根据原理图 4－11 可以看出：指示灯不亮这个事件是由白炽灯、灯座、变压器和辅助触头 KM 组成的功能逻辑事件，只要有其中一个失效，指示灯不亮这个事件必定会发生，是一个串联系统，必须分别检查这 4 个元件。

2. 电动机正反转运行启动箱故障检修

在船舶上，一些机械需要电动机正、反转工作，如盘车机、通风机、舷梯升降机、吊艇机、机舱中的行车等，如果用于舷梯升降机、吊挺机和行车尚要加入行程开关（图 4－12）图中未画出。

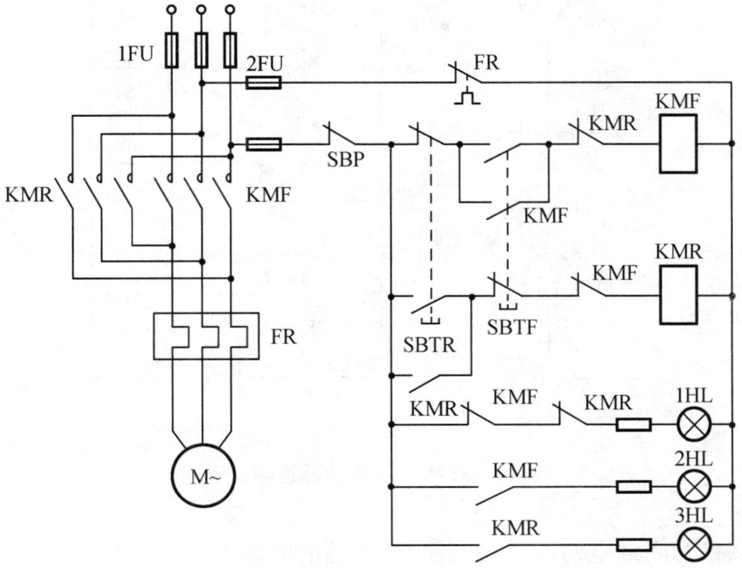

图 4－12　正反转拖动控制系统原理图

该启动箱的启动故障（电动机不能启动、电动机突然停转、噪声大、不能自保、指示灯不亮等）的检查步骤和方法，都和单向连续运行启动箱的检查相同。应该指出的是：故障若在正、反转两种状态都存在，则应检查它们的共同部分，如电源、热继电器、熔断器、停止按钮等。反之，只要检查正转或反转控制系统的有关部分线路和元器件即可。

此外，如果经常直接改变转向，加之对主触头保养不善，常常会造成主触头烧毛、过热、甚至焊死不能断开，在检查时也应加以注意。

3. 单速不可逆降压启动控制系统的常见故障检修

由于较大功率电动机直接启动对电网冲击很大，一般采用 Y－△启动方法或自耦变压器降压方法启动，以减轻它的启动电流对电网冲击。这里以 Y－△启动器为例，如图 4－13 所示。

Y－△启动器与直接启动的区别在于启动时须把电动机的定子绕组接成“Y”连接，当电动机的转速达到稳定时，再将定子绕组改接成正常运行的△连接，所以这种启动箱需增设一套定时改接功能，它是由时间继电器 KT 和接触器 1KM，2KM 来完成。这种启动箱除了直接启动的控制箱常见的故障外，还有时间继电器的动作是否准确、可靠，即在启动过程中，改接是否过早，或者是否过迟，甚至不能改接等故障。

（1）改接过早

改接过早，电动机启动第二次冲击电流过大，也会冲击电网。造成这种故障的原因除了时间继电器 KT 的延时时间过短外，还有电动机启动困难，启动时间过长。因此，应首先用手转动电动机的转轴，检查电动机的阻力矩是否过大。只有确实证明时间继电器的延时

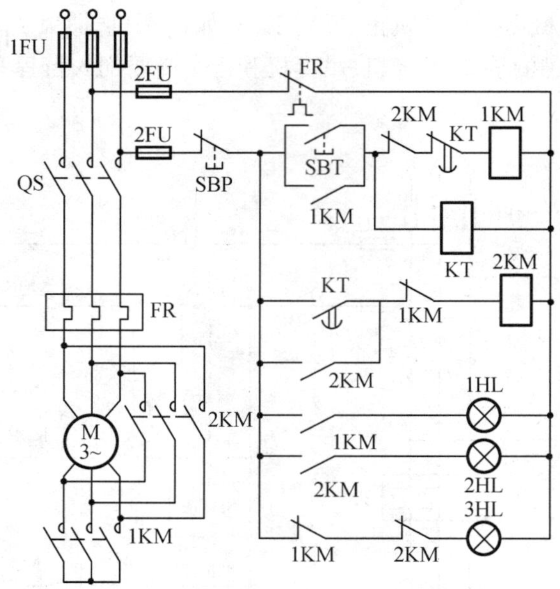

图4－13　Y－△启动器接线原理图

过短时，才能调整时间继电器的延时旋钮，增加延时时间。

(2)改接过迟

改接过迟，虽然冲击电网小了，但是，延长了电动机的启动时间，电动机处于欠电压状态运行，增加电动机的发热，这也是不允许的，必须调整时间继电器延时，减少延时时间。

(3)不能改换

不能改换，不仅影响电动机带动的机械不能正常工作，而且将导致电动机过热，使热保护继电器动作，若是采用自耦变压器启动，不能改接，将会造成自耦变压器线圈烧毁。图4－13中，用指示灯来显示启动控制是否改接成功，有的线路同时采用指示灯和音响信号。即启动改接成功，电动机转入全压运行，则指示灯亮，音响信号停止。

不能改接的故障，大多是时间继电器KT、接触器2KM本身故障，以及它们线圈回路的故障造成，必须重点检查这些线路和元器件。

任务三　泵辅自动控制系统维修

如图4－14所示，为船舶上使用的多种用途的泵辅，根据其服务的对象不同可分为两大类：一类是服务于船舶动力装置的泵，如循环水泵、冷却水泵、燃油泵等；另一类是服务于船舶系统的泵，如消防泵、压载泵、舱底泵、卫生泵、淡水泵、通用泵等。由于服务对象的不同、船舶自动化程度的不同，因而对不同的泵辅有不同的自动控制系统。本任务介绍泵辅自动控制系统、技术要求、日常维护及系统维修实例。

一、船舶机舱泵辅自动切换控制系统介绍

通常泵辅自动切换控制电路具有以下基本功能：

图 4－14　船用泵辅

1. 手动启停控制

可手动控制任一台泵辅的启动、停止。

2. 自动启动控制

使一台泵辅自动启动运行，另一台备用。

3. 自动切换控制

当运行泵辅出现故障时，自动发出声光报警信号，备用机组立即启动投入工作，原运行泵辅自动停机。

4. 顺序自动启动

电网因某种原因失电后，所有泵都停止运行，电网恢复供电后如果各组泵辅都同时启动，电流很大，因此会对电网造成冲击，所以各组原来运行泵辅应按事先设定的时间顺序逐台启动，防止电网超负荷。

二、典型的泵辅自动控制系统维修

1. 泵的自动控制系统的技术要求

由于船舶自动化程度的不同，对泵的自动控制系统的技术要求也不同。一般除了启动箱的常规要求以外，还需有如下要求：

- 在集中控制室内对各组泵能够进行遥控启动和停止；
- 自动控制时，同组泵能够进行自动切换；
- 在电网失电后恢复供电时，各组泵辅能够依据主次按顺序逐台重新自动启动；
- 泵能够就地控制；
- 泵自动控制系统应设置报警功能。

2. 泵的自动控制系统的日常维护

泵的自动控制系统的日常维护内容除与启动箱要求维护内容一样外。还应在日常维护中增加如下内容：

- 开航前应检查自动切换操作是否正常，是否能够进行遥控（如果设有遥控功能的话）；
- 要定期检查时间继电器、压力继电器的整定值；
- 同组两台泵运行时间应基本相同；
- 经常检查各零件有无松动或脱落现象。

3. 泵的自动控制系统的常见故障检修实例

由于泵的服务对象不同，船舶自动化程度不同，因而有不同的自动控制系统。所以，不同系统就有不同的故障。以典型的泵辅自动切换控制电路为例，来说明系统工作原理及故障检修方法。

图 4－15 为某轮泵的自动切换控制线路原理图，图中元器件如下：

- SA——手动、自动切换控制开关，打在“0”位置，为手动切换操作，不能自动切换；打在“1”位置，1 号机组为运行机组，2 号为备用机组；打在“2”位置，2 号机组为运行机组，1 号为备用机组；
- KT_1——时间继电器，用于延时压力监视投入；
- KT_2——时间继电器，用于压力波动延时自动切换，防止频繁误动作；
- KP——压力继电器，用于监测出口压力，进行自动切换；
- 3KA——自动切换继电器。

其工作原理如下：

（1）手动操作

将控制开关 SA 置于“0”位置，如启动 1 号机组，按下 $1SB_2$ 使 1KA 得电，其常开触头 $1KA_1$ 闭合自锁；常开触头 $1KA_2$ 闭合使 1KM 接触器得电，1KM 的主触头闭合，使 1 号机组电动机启动运行，1KM 的辅助触头 $1KM_1$ 闭合，计时器投入计时，同时运行指示灯亮。

（2）自动切换操作（以 1 号机组运行，2 号机组备用为例）

将控制开关 SA 置于“1”位置，即选择 1 号机组为运行机组，2 号机组为备用机组，当 1 号机组发生故障时能自动切换到 2 号机组启动投入工作。

按下 $1SB_2$ 使 1KA 得电，其常开触头 $1KA_1$ 闭合自锁；常开触头 $1KA_2$ 闭合，使 1KM 主接触器得电，1KM 的主触头闭合，1 号泵电动机运行；常开触头 $1KA_3$ 闭合，使得 KT_1 时间继电器有电，开始启动延时，在延时时间内若机组运行正常，泵输出端建立压力，则压力继电器 KP 动作使得 4KA 中间继电器有电，其常开触头 $4KA_1$ 闭合形成自锁，在 3KA 回路中的常闭触头 $4KA_2$ 打开，防止启动延时引起误切换。当启动延时时间到时，KT_1 的常开触头闭合，此时 4KA 常闭触头 $4KA_2$ 已打开，不会使 3KA 得电。如果在启动延时时间内，没有建立起压力，压力继电器 KP 不动作，无法使中间继电器 4KA 得电，它的常闭触头 $4KM_2$ 保持闭合状态，启动延时时间到后，KT_1 常开触头闭合（说明 1 号机组启动过程中有故障），就会使 3KA 有电，自动切换到 2 号机组，即 3KA 有电，它的常开触头闭合，使得 2KA 有电，其常开触点闭合接通 2KM 主接触器，其主触头闭合使 2 号机组投入运行。同时 2KM 的常闭辅触头 $2KM_1$ 打开使 1KA 失电，1KA 的常开触头 $1KA_2$ 打开，使得 1KM 失电，1KM 的常闭辅触头 $1KM_2$ 闭合，提供 2KA 的自锁回路。

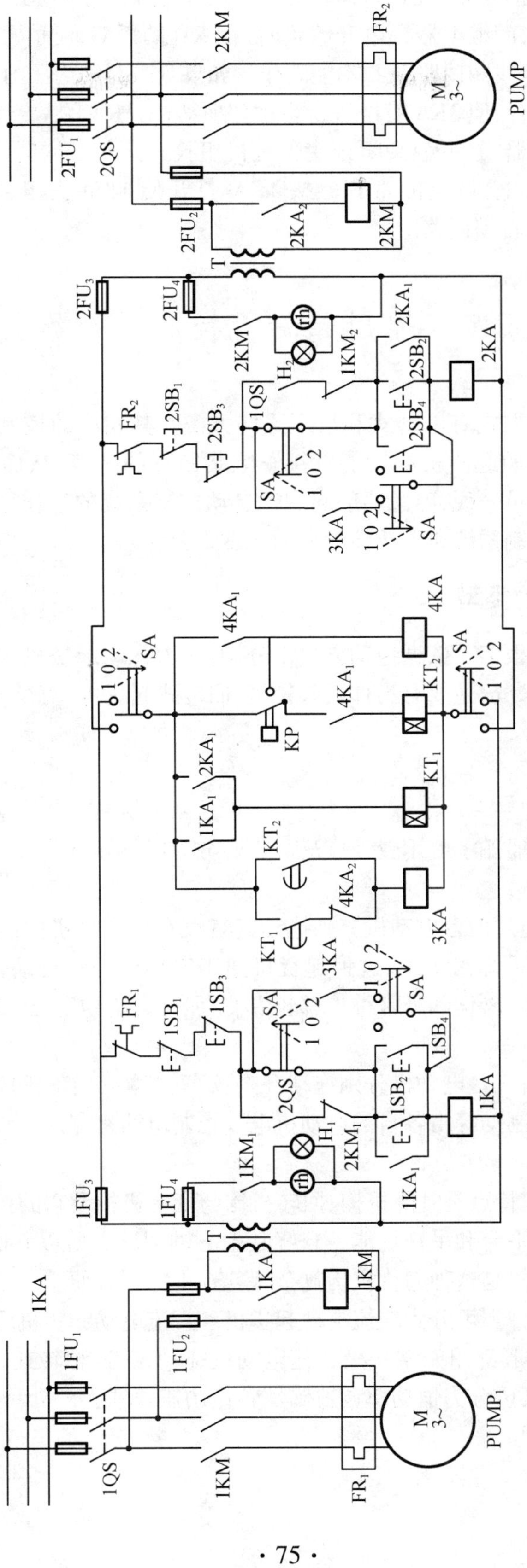

图4－15　某船舶泵的自动切换控制电路

如果1号机组启动时正常，在正常运行时机组发生故障，此时管路出口压力变低，压力继电器释放，则使KT_2时间继电器得电开始延时，在KT_2的延时时间内，如果压力恢复则压力继电器动作，断开KT_2线圈回路，KT_2不能动作。如果延时时间内压力不能恢复，则延时结束后KT_2的常开触头闭合，使3KA有电进行自动切换动作，3KA的常开触头闭合，使得2KA有电，接通2KM主接触器，其主触头闭合使2号机组投入运行。同时，2KM的常闭辅触头$2KM_1$打开，使得1KA失电，1KA的常开触头$1KA_2$打开使1KM失电，1KM的常闭辅触头$1KM_2$闭合，提供2KA的自锁回路。

任务四　船用起货机控制系统维修

船舶起货机的驱动方式有电动式和液压式两大类。其相应的控制回路为电气控制回路和液压控制回路。船舶起货机的性能直接影响装卸货的速度，从而影响船舶的营运成本。因此对机电管理人员来说，熟悉船舶起货机自动控制系统的工作原理，具备熟练分析、排除船舶起货机自动控制系统典型故障的能力非常重要。

一、船舶起货机的类型

船舶起货机的类型很多。依据拖动方式来分，有电力拖动起货机和电动液压起货机两种；从机械结构的形式来分，主要有吊杆式起货机、回转式起货机（克令吊）和行走（门吊）式起重机几种类型。

1. 电动起货机

电动起货机在现代船舶上应用较为广泛。主要分为以下几种：

(1)双杆起货机

如图4－16所示，通过两台电动机分别拖动起货绞车。电动机的启动、调速、正反转和制动控制是由电气控制系统来实现，这种起货机便于实现遥控和自动化。它工作平稳、噪声小，可以设计较为紧凑，操作和日常维护都较方便，但具有货物定位、变幅麻烦等特点。

(2)单杆起货机

如图4－17所示，由三台电动机分别拖动升降绞车、变幅绞车和回转绞车，每台电动机的启动、调速、正反转和制动等由各自的电动机电气控制电路来完成。

(3)克令吊

如图4－18所示，其特点是升降机构、回转机构与变幅机构及它的控制设备均在同一个工作平台上，并且绞车、平台和吊杆均能一起绕其中心轴回转。所以它的操作比较灵活、起货速度快、生产效率高，但是这种起货机构复杂、紧凑、维护不方便。

电动起货机按电源种类可分为交流电动起货机和直流电动起货机两大类。

交流电动起货机一般都用笼型变极变速电动机拖动，有三种转速，交流电动起货机按中速到高速的调速情况，可分为恒功率调速和恒转矩调速两种。

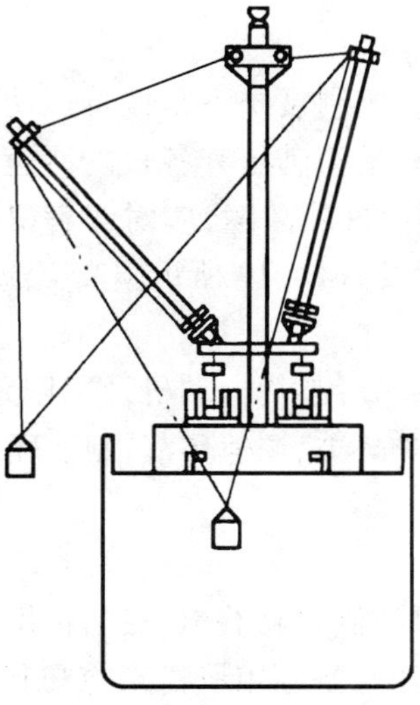

图4－16　双杆起货机

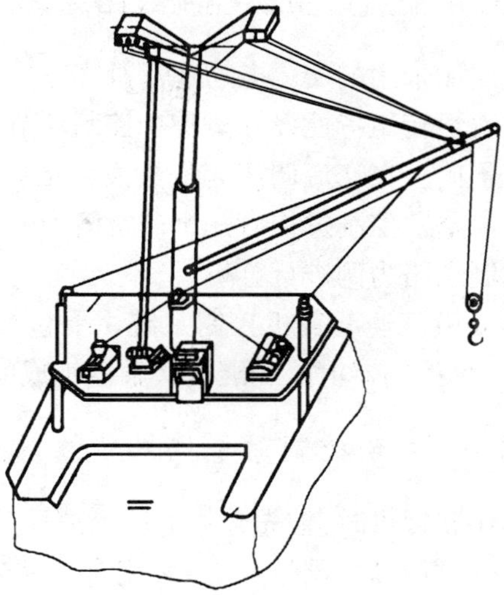

图4－17　单杆起货机

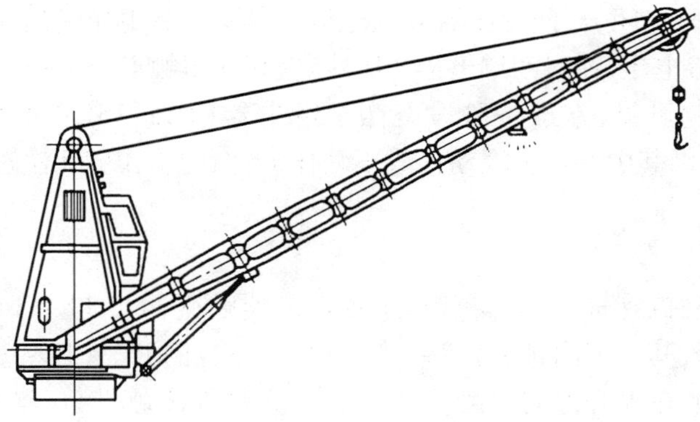

图4－18　克令吊

2. 电动液压起货机

电动液压起货机是一种较新型的起货机，其应用日趋普遍。主要优点：便于实现无级调速和微动转动；启停时对电网的冲击小，能平稳地频繁启停和换向；此外还易于实现过载保护，又能吸收冲击负荷。但液压系统对制造和管理的要求较高，价格也比一般电动起货机系统的要高。

电动液压起货机主要由油泵机组、油马达及各种控制阀等组成，通过管路连接构成液压传动系统，油马达也叫液动机，用以拖动起货机卷筒转动，油马达的转动是利用高压油来推动，油泵的作用就是向油马达提供压力油液，而油泵由电动机拖动，故称电动液压起货机。油泵、拖动油泵的电动机及其启动设备合称为油泵机组，各种控制阀用来控制和调节液压系统中油的压力、流量和方向等，以保证拖动系统平稳而又协调地工作。与发电机－电动机起货机的功能相似，油泵机组相当于发电机组，油马达相当于电动机，各种控制阀相当于控制设备，而管路相当于导线。

二、船用交流起货机控制线路原理分析

目前船舶采用的交流电动起货机多数采用变极调速，控制系统不是按着恒功率特性设计就是按着恒转矩特性设计。整个控制环节大致相同，只是为满足其各自的调速特性的要求而略有不同。在交流调速起货机发生故障时，为了尽快排除故障，应对起货机的机电系统和控制电路及控制过程有一个非常清晰的了解。下面以图4-19所示国产交流变极调速起货机控制电路为例进行分析。

交流变极三速起货机控制系统主要包括以下几个部分：起货电动机及主回路部分，控制部分（主令控制器电路和继电接触器组成的电路），保护环节，调速环节，制动环节。

1. 准备（主令控制器手柄置零位）

在操作起货机时，首先合上电源隔离开关GLK，这时控制电路获电，然后把电动机的风门打开，风门打开后，风门开关FK闭合。因为电动机工作时是利用风机来冷却起货电动机的，所以如果风门开关FK不闭合，起货电动机就送不上电，电动机也不会工作。随后把装在主令控制器上的电源开关K合上，这时LK1和LK4闭合通电。零压继电器LYJ和接触器1C获电动作，同时时间继电器4SJ及5SJ也获电动作。起失压保护作用的零压继电器LYJ动作后，其常开触点闭合，使变压器B通电因而其副边有电压输出。这一交流电压经全波整流后输出一直流电压，使时间继电器3SJ获电，其常闭触点（30-31）断开，避免电动机高速直接启动。由此可见，在准备阶段有四个继电器（LYJ，3SJ，4SJ，5SJ）和两个接触器（FSC，1C）动作。如果其中有一个误动作或不动作，下面的工作就无法进行。

2. 提升第一挡

主令控制器手柄扳到提升第一挡时，主令控制器触点LK2，LK4，LK5闭合。提升方向接触器ZC获电吸合，其常闭副触点（17-18）和（37-39）断开。（17-18）这对副触点称为互锁环节。它们保证在提升方向接触器ZC动作时，落货接触器FC绝对不能吸合。另外，ZC的常开副触点（14-15）和（13-21）闭合。（13-21）这对触点的作用是保证控制电路中电器顺序动作，即刹车接触器ZDC在ZC吸合后才获电吸合。由于1C已处于吸合状态，所以在ZDC获电吸合后，其常开触点（36-54）闭合，制动器线圈ZDQ得电松开刹车，电动机开始以低速启动运行，即28极绕组工作。在ZDC吸合时，其另一常开副触点（21-24）闭合，时间继电器1SJ通电开始延时。经延时一段时间后，其常开触点（24-25）闭合，强励接触器JLC获电吸合，其常闭触点（54-55）打开，电阻R3串入制动器ZDQ线圈回路中。采用1SJ和JLC是因为本控制系统采用ZYZ-6F型（配合JZF-H6电动机）直流电磁制动器，其额定吸合电压为DC 110 V，吸合电流为DC 10.35 A；它的维持电压为DC 20V，维持电流为DC 1.89 A。在这一挡中，又有四个继电接触器（ZC，ZDC，ISJ，JLC）获电动作，完成提升第一挡的工作。

3. 提升第二挡

主令控制器手柄从第一挡扳到第二挡，此时，主令控制器触点LK2，LK7，LK9闭合。其中LK7的闭合，使接触器2C获电吸和，电动机8极绕组通电，电动机以中速投入运行。

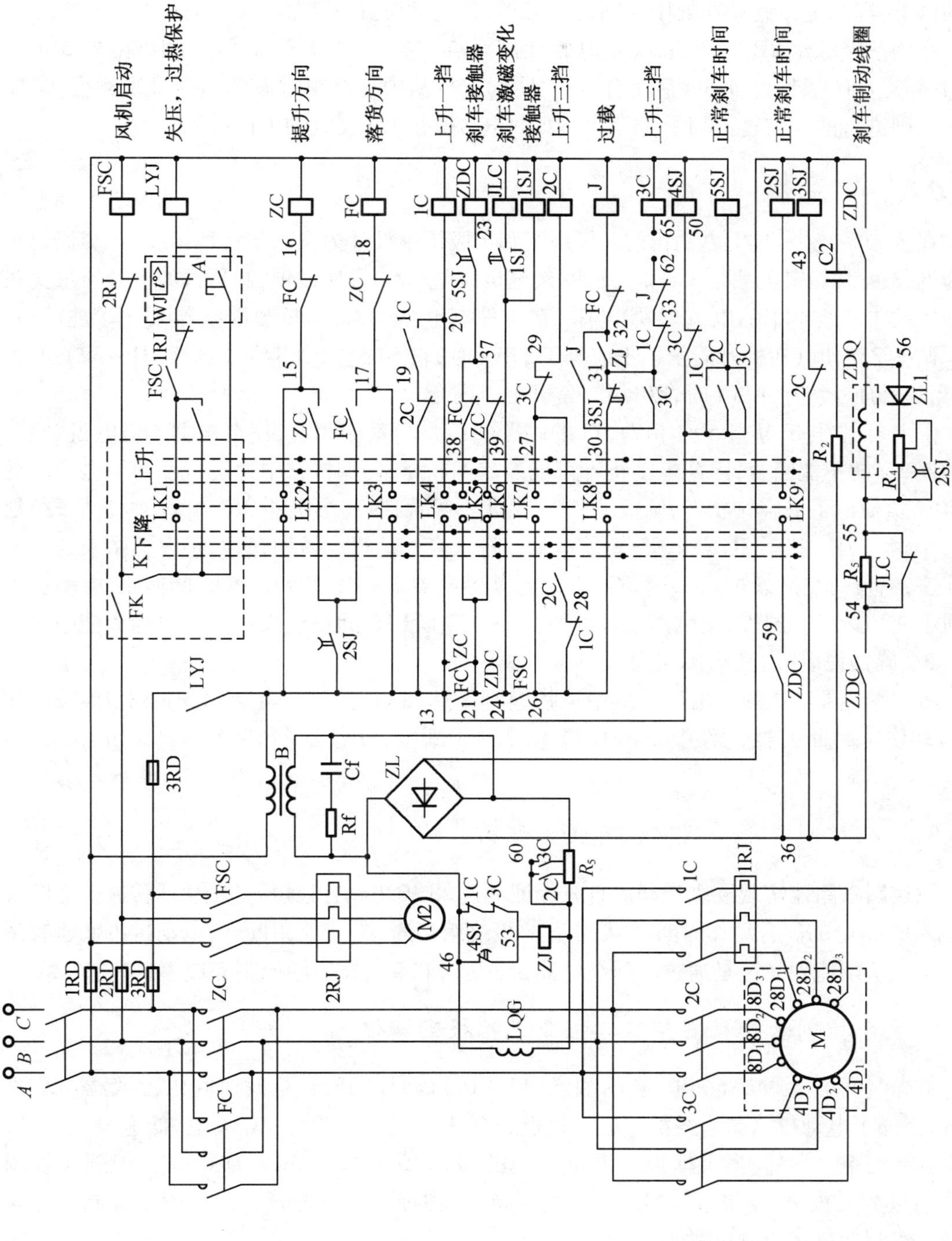

图4－19　某国产交流变极调速起货机控制电路原理图

触点 LK4 断开时,从(13 - LK4)回路看,1C 线圈应失电,但由于电路(13 - 19 - 20)支路使 1C 线圈继续有电,只有在 2C 获电后,使其常闭副触点(13 - 19)断开,才能使 1C 线圈失电。因此它和 1C 常开副触点(19 - 20)保证了中速绕组确实获电后,才能让 1C 失电,使电动机的低速绕组脱离电网。这一环节的作用是保证电动机在换挡时,不能中断电动机绕组的供电,即当电磁制动器处于松闸的状态下,防止货物自由跌落。

在中速接触器 2C 吸合后,又使其常闭副触点(36 - 43)打开,直流时间继电器 3SJ 失电,其触点(30 - 31)经 0.5 s 后闭合,这表明起货机从中速绕组过渡到高速绕组运行,是按时间原则进行的。在这一挡中,要注意 2C 获电、1C 和 3SJ 失电的工作过程。

4. 提升第三挡

在控制系统中,是把电动机的 8 极绕组和 4 极绕组设计为恒功率特性。以 3 t 交流起货机为例,8 极时额定负载是 3 t,则 4 极时额定负载是 1.5 t。所以说,起货机的提升质量会在电动机的中速绕组中的电流反映出来。在本控制电路中,采用负载继电器 ZJ 作为检测元件。调整 ZM 使其在提升质量小于或等于 1.5 t 时,它不吸合,则其常开触点(31 - 32) 不闭合;当提升质量大于 1.5 t 时,ZJ 动作,常开触点闭合。

由上可见,提升超过 50% 负荷,ZJ 的触点(31 - 32)就会闭合,使继电器 J 得电吸合后,接触器 3C 就不能吸合,因此电动机不可能加速到高速,仍保持在中速运行。如果提升质量在 50% 负荷以下或空钩状态,则负荷继电器 ZJ 不吸合,时间继电器 3SJ 在 2C 吸合后,经延时 0.5 s 后动作,接触 3C 获电吸合,使电动机进入高速运行。另外,假如起货机原来是运行在高速,当负荷突然超过 50% 时,ZJ 将吸合,使继电器 J 得电而断开 3C 线圈回路,电动机将返回中速挡运行。同理,接触器 2C 的触点(28 - 27)和 3C 的触点(27 - 29)也构成使中速绕组在 3C 确实得电吸合后,2C 才从电网上脱离。

时间继电器 4SJ 的作用是当从中速挡换到高速挡的过程中,避免出现的冲击电流,使 ZJ 误动作。因此换挡过程中,在 3C 得电时,4SJ 断电,其触点(46 - 53)延时闭合,使 ZJ 断电。

5. 主令控制器手柄从零位直接扳到第三挡

该控制电路能实现逐级启动。首先保证低速 28 极绕组有很短的接通时间,这就是经接触器 ZDC 得电的固有动作时间,然后中速 8 极绕组接通,28 极绕组断开,电动机由低速换到了中速。从中速到高速是通过时间继电器 3SJ 延时 0.5 s,按时间原则完成。

6. 主令控制器手柄直接从二挡或三挡扳回零位

首先时间继电器 2SJ 失电,它的触点(13 - 14)延时断开,在延时时间内,接触器 ZC 不失电,保证了电动机从高速经再生制动转换到低速。延时完毕后,ZC 失电,低速绕组失电,再生制动结束。另外,当手柄扳到零位时,虽然 ZDC 失电动作,使 ZDQ 失电,但刹车线圈 ZDQ 通过 ZL2 放电,使得电磁制动器仍能维持一段时间,保持松开状态。所以说制动是采用了三级制动过程,其过程如下:

(1)单独电气制动,即再生制动过程;

(2)电气与机械的联合制动,即再生制动加机械(电磁制动器)制动;

(3)单独机械制动,即电磁制动器制动停车。

采用上述三级制动，大大地缩短了制动时间，减少了制动能量的损耗，同时也减轻了电磁制动器的负担，可以延长制动器的有效使用时间。

7. 落货

落货各挡（从零位突然扳到第三挡，或从第二、第三挡直接扳回零位时）的工作过程与起货时的工作过程基本相似，只是在落货时，反向接触器 FC 接通，ZC 不接通，电动机反转。在重载运行（落货）的情况下，电动机是在再生制动状态下运行。另外，如果起货机在卸落额定负载时，定子电流为电动机额定电流的 1/2 以下。因此，在落货第三挡不需要负载继电器控制，是因为 FC 的常闭副触头（32－22）断开，使继电器 J 不获电动作。实验表明，起货机在下放 3 t 重物时，4 极电流仅为 35 A 左右，比它的额定电流 55 A 要小。

8. 主令控制器手柄从下降第三挡直接扳到上升第三挡或反之

假如开始时，手柄处在下降第三挡，时间继电器 2SJ 线圈有电，其常开触点（13－14）是闭合的，接触器 FC 和 3C 有电，此时电动机是在高速（4 极）落货方向运行。当手柄突然直接扳到提升第三挡时，2SJ 和 ZDC 失电，但 2SJ 有一段延时。在其延时时间内，FC 仍有电，因而能保证完成落货第三挡到零的停车过程。在 2SJ 延时结束后，使 FC 失电，ZC 接通，再来完成由零位到提升第三挡的自动逐级启动过程。

9. 保护环节及其功能

（1）应急切断。遇到紧急情况时，需要立即将控制电源切断（主令控制器上的开关 K），即断开控制电源的开关 K，使电动机停止运转。

（2）过载保护。热继电器 2RJ 是为保护冷却风机电动机而设置的。当该电动机过载时，经一定的时间 2RJ 动作，使风机接触器 FSC 失电，风机电动机脱离电网。另外，一旦风机停转，是不允许起货电动机继续运行的。该电路用 FSC 的副触点（24－26）来控制加速接触器 2C 及 3C 等，使它们失电，确保电动机中速与高速绕组不通电。但为了把吊在半空中的货物慢慢地落到地面，此时仍保持 1C 通电，使低速绕组仍能工作。

热继电器 1RJ 是用来保护起货电动机的。在低速绕组过载时，经一定的时间 1RJ 动作，切断控制电源及主电源，一般 1RJ 设置过载电流达到 2IN 时，能在 15 s 之间工作。

（3）方向接触器 ZC，FC 除了设置电气连锁外，还装有机械连锁装置。

（4）失压保护是由零压保护继电器 LYJ 来完成的。短路保护由熔断器（1RD ～ 4RD）来完成。温度继电器 WJ，安装在电动机内部。当电动机的温度超过 130 ℃ ±10% 时，其 WJ 动作，使 LYJ 失电，电动机停止运行。操作人员可通过按钮 A 来检查 WJ 的工作状况。

三、交流电动起货机的常见故障分析与处理

交流变极三速起货机的常见故障及发生故障的可能原因和处理方法归纳如下：

1. 上升和下降各挡都不来车

发生这种故障的原因及排除故障的方法：

（1）电源回路发生短路，或电源没能送到主回路和控制回路。查测电源回路，检查熔断器，检查电源开关，检查短路点。

(2)刹车没打开或打开不到位。检查制动器,使它动作,而且间隙要调整合适。
(3)主令控制器失控。检查主令控制器的机械传动机构和触头位置。
(4)风门未被打开,或风门开关接触不良。检查风门开关及其回路。
(5)热继电器触点断开或接触不良。检查热继电器,复位及修复。
(6)零压继电器触点断开或接触不良。检查零压继电器及回路。

2. 有提升(或下降)而无下降(或提升)

发生故障的原因可能是:
(1)方向接触器的线圈短路或断路。
(2)方向接触器的主、副触点接触不良。
(3)主令控制器的 LK_3(或 LK_2)触点接触不良。
排除故障的方法是逐一查测修复。

3. 主令控制器手柄从第三挡扳到零位,电动机仍然运转。手柄反向操作,电动机运转方向不变

发生故障的原因可能是:
(1)时间继电器 2SJ 失控。
(2)传动机构卡死或延时时间过长。
(3)逆转矩控制电路失控。
应该逐一检查,排除。

4. 落货时滑程故障的原因

落货时滑程故障的原因可能是:
(1)制动环节失控或制动时间调节过长,即 2SJ 延时时间过长,超过再生制动时间。
(2)检查 2SJ 的延时工况,按要求调整,一般 2SJ 的延时时间常设定在 0.7 s 左右,不能大于 1 s,目的是保证电动机有足够的再生制动时间。

5. 轻载情况下,高速上不去

故障的原因可能是:
负载继电器 ZJ 的整定值调的不对,应重新调整 ZJ 的动作值。

6. 电磁制动器打不开,电动机堵转

故障的原因可能是:
(1)电磁制动器线圈断路、短路或接地。
(2)时间继电器 5SJ 线圈断路,应该逐一查测,排除。

7. 电磁制动器不释放(制动)

故障的原因可能是:
(1)刹车片卡死或 ZDC 主触点卡死。
(2)加速接触器 1C,2C 和 3C 的副触点没断开。应逐一检查,修复。

8. 电磁制动器打开后又释放

发生这种故障的原因可能是：

换挡过程中没能保证1C、2C、3C同时有2只吸合，时间继电器5SJ延时时间太短。另外，经济电阻太大及反作用弹簧力太大也会出现制动器一打开就释放的现象。

要调整好5SJ延时时间，经济电阻不应串入太大，弹簧的强度应该调节合适。

9. 电磁制动器的温升太高

故障的原因及排除故障的步骤：

(1)刹车线圈匝间短路。测刹车线圈，修复。

(2)摩擦片间隙太小，或间隙不均匀。调整刹车间隙。

(3)经济电阻太小或串人时间太迟。调整经济电阻阻值，调整1SJ的延时时间。

10. 摩擦片磨损太快

发生这种现象的原因及排除故障的方法：

(1)摩擦片间隙调整的太小。调整好间隙。

(2)摩擦片材料耐磨性差。换质量好、耐磨的摩擦片。

(3)电动机没有进行再生制动，造成电动机高速制动，即2SJ失灵或延时时间过短。调节2SJ延时时间(0.25 ~0.7 s之间)。

(4)摩擦片间隙调整的不均匀，造成受力不均，长期高速摩擦，使之变形。重新安装刹车 盘，使之间隙均匀。

11. 重载时刹不住车

发生这种故障时，要检查电磁制动器的反作用弹簧。因为弹簧力不强或断裂是造成故障的主要原因。另外，摩擦片太光滑或间隙过大，也可能造成刹不住车。

任务二　锚机、绞缆机控制系统维修

一、锚机、绞缆机的类型及电力拖动基本要求

1. 锚机、绞缆机的类型

锚机、绞缆机是船舶必需配备的重要甲板机械，它们主要用来使船舶安全地停泊于锚地或系泊于码头及浮桶。锚机与绞缆机的形式根据船舶类型及布置有多种多样，如卧式锚机(带系缆滚筒)、立式锚机、立式绞缆机和卧式绞缆机等。有些船舶锚机、绞缆机为电力拖动，称为电动锚机和电动绞缆机，而电动锚机和绞缆机又分为直流拖动和交流拖动两种类型，其控制方式一般都与本船的电动起货机的控制方式基本相同。图4－20是船舶锚机、绞缆机实物图。

目前，大多采用交流三速锚机和绞缆机，或者采用G－M系统锚机和绞缆机，但两者拖

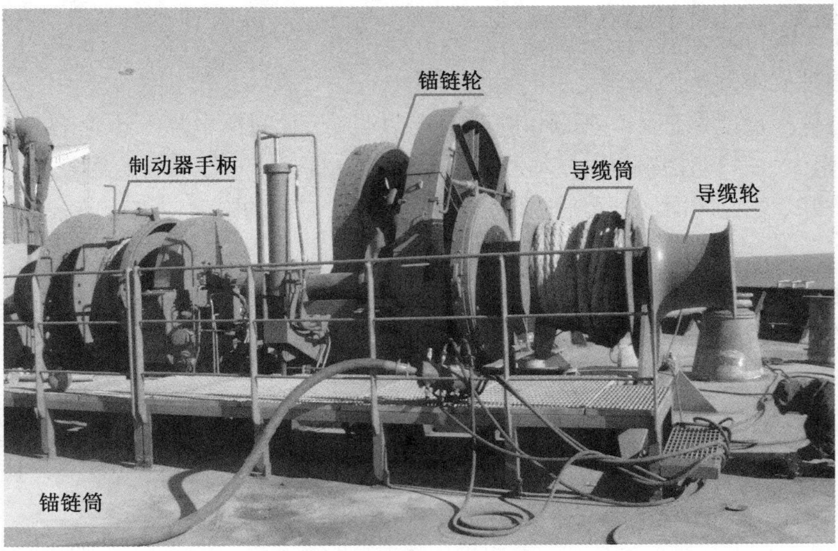

图 4－20　船舶锚机、绞缆机

动控制系统大体是相同的。现代大型船舶及工程船舶由于其功率较大,因此采用液压传动系统,即采用的是电动液压锚机和绞缆机。由于电动液压锚机和绞缆机控制系统一般比较简单,这里主要讨论电动锚机和电动绞缆机的控制系统。

2. 锚设备的组成和布置

图 4－21 是锚的实物图。锚设备的主要组成部分有锚、锚链、锚链筒、掣链器、弃链器、锚链轮、锚链管、锚链舱等,如图 4－22 所示。通常主锚位于船首的两侧舷,因为从船首抛锚停泊时,船体所受的风力、水流作用力最小。

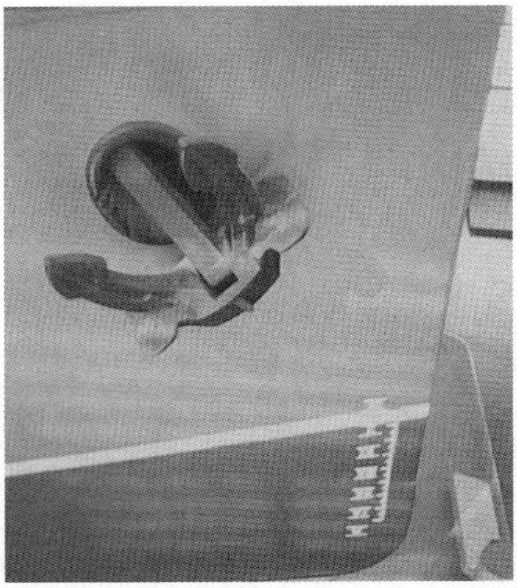

图 4－21　锚

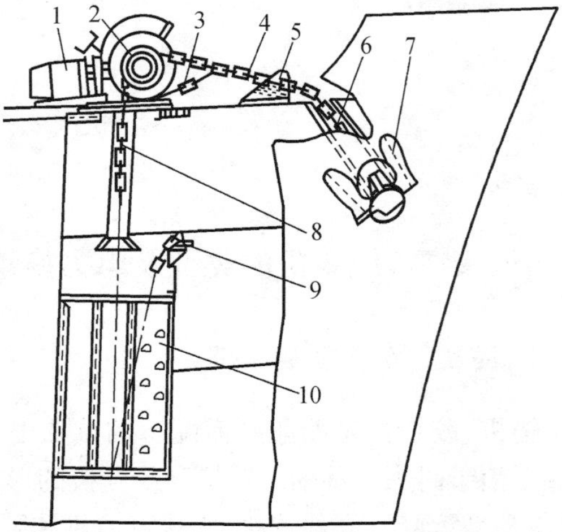

图 4－22　锚设备的组成布置图

1—电动机;2—绞盘;3—掣链钩;4—锚链;5—掣链器;6—锚链筒;7—锚;8—锚链管;9—弃链器;10—锚链舱

锚设备的布置应注意,锚链筒,锚链舱和锚机(或绞盘)相互位置要适当,操作要方便;应保证掣链器的位置恰当,为减少锚链工作长度,固紧锚链用的掣链器应尽可能靠近锚链筒,锚链管应安置在锚链舱中央,可略有倾斜,锚设备应与系缆和拖曳设备配合。下面简要介绍几个组成部分的作用:

(1)掣链器

转动螺旋掣链器手柄,使两边的爪臂分开或合拢达到止链或放链目的。

(2)锚链

锚链是连接锚和船体的链索。锚泊时,锚链将锚的抓力传递到船体上。用来起锚和回收锚。

(3)脱钩装置和弃链器

锚链末端应牢固地与船体连接,而在必要时又能迅速地与船体脱开。这就需要有脱钩装置和弃链器。

(4)锚链筒

锚链筒主要是供收放锚和收藏无杆锚使用的。

(5)锚链舱

锚链舱是收藏锚链的地方,通常位于防撞舱壁的前后部和艏尖舱。

(6)锚链管

锚链管是引导锚链出入锚链舱的装置,一般为管状。其内径约为锚链的7~8倍。锚链管应位于锚链舱顶的中央,呈垂直状。若受地位限制,可稍微倾斜。

3. 锚机、绞缆机对电力拖动系统基本要求

由于各类船舶的锚机和绞缆机,其拖动控制系统基本是相同的,不论是电动还是液压锚机或绞缆机,它们的技术要求也基本相同。其技术要求可归结为以下几点:

(1)电力拖动装置应能满足在给定航区内,单锚破土后,能收起双锚。

(2)电动机启动次数不宜过于频繁,应能连续工作30 min,且要满足30 min内启动25次的要求。

(3)电动机应具有足够大的过载能力,应能满足任何一种起锚状态所需要的最大转矩,并且能在最大负载力矩下启动。

(4)电动机在堵转情况下能承受堵转电流的时间为1 min(堵转力矩为额定力矩的两倍)。在堵转时,对直流电动机而言,应能使电动机自动转到人为机械特性上运行,对交流电动机而言,应能自动转换到低速运行。要求电动机具有软的或下坠的机械特性。

(5)为满足必需的起锚速度和拉锚入孔时的低速,要求电动机有一定的调速范围,一般要求在3∶1~5∶1。

(6)为适应甲板上的工作条件和短期工作状态,应选用防水式和短期工作制(一般为30 min)的电动机。

(7)在锚机和绞缆机的控制系统中,应设置按时间或电流方式逐级自动启动的环节。

(8)在电动抛锚时,由于是位能性负载,所以要求控制系统必须具有稳定的制动抛锚功能,将加速抛锚变为匀速抛锚。

(9)采用电气和机械联合制动,以满足快速停车及系缆时具有轻载高速性能。

(10)控制电路应有短路、失压、过载及断相保护环节。

(11)控制电路应具有应急保护环节。

二、交流三速锚机电气控制线路分析

交流三速电动锚机电气控制线路图如图 4－23 所示。

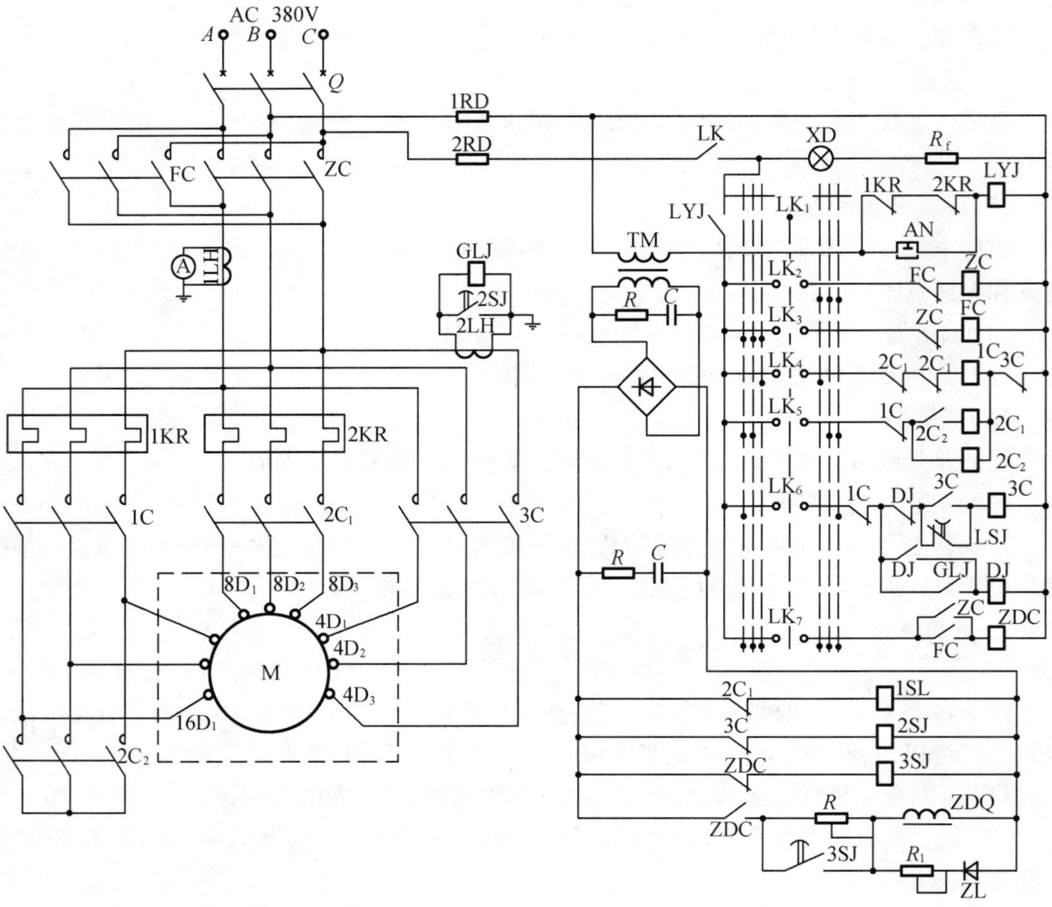

图 4－23　交流三速电动锚机电气控制线路图

1. 系统工作特点

控制系统中的主令控制器上正反转操作均有三挡位置，分别来控制三挡速度，拖动电动机采用交流三速鼠笼式电动机，其定子上有两套绕组：一套为 4 极，称为高速绕组；另一套是变极绕组，16 极低速是三角形（△）接法，8 极中速是双星形（YY）接法，从△改接成 YY 属于恒功率调速。由于低速与中速合用一套绕组，因此需要进行△与 YY 转换，为此多用了一个接触器。系统设计低速与中速可直接启动，高速则要通过中速延时启动。由于电动机的中速与高速是设计成恒功率形式，因此线路中设置了在高速挡过载时能自动转换到中速挡运行的保护电路。因为该保护是由过流继电器来反映负载大小的，为了避免高速挡启动电流使过电流继电器误动作，所以设置了一个时间继电器，暂时短接过电流继电器。另外，正反转是对称控制线路，系统采用了可逆的对称控制，用主令控制器来控制锚机电动机的启动、调速、停止及反转。

系统中设置有失压保护，在低速与中速挡位置设置了热保护，在高速绕组回路设置了过载保护（过电流继电器 GLJ 的动作电流设置为高速挡额定电流的 110% ）。方向主接触器 ZC 与 FC 之间以及 1C 与 2C 之间设置有机械联锁装置，目的是为了防止电源短路。控制电路采用熔断器做短路保护。

2. 系统的工作原理

（1）启动及运行

合上电源主开关 Q 和控制电路电源开关 LK，主令控制器面板上的电源指示灯 XD 亮，表示主电源及控制电源都已提供。

①主令控制器手柄在零位

主令触头 LK1 闭合，失压继电器（又称零压继电器）LYJ 得电，其常开触点（3 ~ 5）闭合，控制电路获电。

在直流回路中，1SJ 线圈获电，其常闭触点断开，使高速接触器 3C 线圈不能通电。2SJ 线圈获电，其常开触点闭合，保证了 GLJ 被短路而不起作用。3SJ 线圈获电，其常开触点闭合，短接线圈串联的电阻 R 为刹车接触器 ZDQ 线圈通电作准备。

②起锚第一挡

当手柄扳到起锚第一挡的位置时，主令触头 LK_1 断开，主令触头 LK_2，LK_4，LK_7 闭合，方向接触器 ZC 和低速接触器 1C 得电吸合，电动机低速绕组通电。同时 ZC 的辅助常开触点闭合，使得刹车接触器 ZDC 线圈得电吸合，这时刹车线圈获电，制动器松闸，电动机开始低速运转；此外，ZC 的常闭触点打开，使 FC 线圈不能获电，保证 ZC 与 FC 之间实现电气互锁；再者，ZDC 的常闭触点断开，使 3SJ 线圈失电，其触点延时打开，使刹车线圈串入经济电阻 R。

③起锚第二挡

当手柄扳到起锚第二挡位置时，主令触头 LK_4 断开，LK_5 闭合。低速接触器 1C 线圈失电，其常闭触点闭合。中速接触器 2C 线圈得电吸合，其常开触点闭合，使 $2C_1$ 线圈得电，电动机中速绕组通电，进入中速运转。要注意的是，2C1，2C2 和 1C 之间是通过各自的辅助触头进行电气联锁。另外，2C1 的常闭触点打开，使 1SJ 线圈失电，其常闭触点瞬时闭合，为高速接触器 3C 线圈通电做好准备。

④起锚第三挡

当手柄扳到起锚第三挡位置时，主令触头 LK6 闭合。中间继电器 QJ 不得电，高速接触器 3C 线圈得电吸合，使电动机高速绕组通电，电动机进入高速运行。此外，3C 的辅助常闭触点断开，使 2C1，2C2，2SJ 线圈失电，其中 2SJ 的常开触点断开，使过电流继电器投入工作，对电动机进行过载保护。

⑤停车

停车时，主令手柄扳回零位，电动机失电，制动器线圈失电进行机械刹车，使电动机快速停转。

（2）抛锚

主令手柄放在抛锚各挡时，工作情况与起锚时相同，仅仅是方向接触器 FC 线圈通电，ZC 线圈断电，使电动机反转。另外，深水抛锚时，电动机在锚重拖动下进入再生制动状态，实现等速抛锚，其他情况读者可自行分析。

三、锚机、绞缆机电气拖动控制系统常见故障与处理

锚机、绞缆机电气拖动系统在运行过程中，除了电气方面可能发生故障外，机械方面也可能出现故障，在此以图4－23所示交流三速电动锚机电气控制线路为例，简述电气方面可能发生的故障。

1. 锚机电动机温升过高

电动机的温升过高的主要原因有以下几点：

(1)工作条件恶劣。

(2)操作频繁。

(3)启动电流大。

(4)高速制动

在电动机发热严重时，热继电器1RJ，2RJ动作，保护电动机，但有时需要应急起锚，所以系统设置了紧急开关AN，按下AN可以强制起锚。

2. 系统高速上不去

出现这种故障常常是因为过电流继电器GLJ误动作或主令控制器触头及继电接触器的 触头接触不良。另外，如果时间继电器2SJ延时时间整定过短，过流保护太早介入，在启动时也会高速上不去。

3. 电磁制动器失灵

如果启动后又立即抱闸，说明电磁制动器线圈回路发生断路，应检查经济电阻是否烧断，接触器的触头是否有接触不良。如果ZDC吸合，刹车还打不开，应检查时间继电器3SJ是否正常动作。主令手柄在零位时，3SJ应该吸合，若3SJ正常动作，就应检查机械传动装置是否损坏。

其他故障检查可参照交流电动起货机的常见故障及处理方法。

四、锚机、绞缆机电气拖动控制系统调试

由于锚机、绞缆机电气拖动控制系统与起货机相似，所以，调试的方法与起货机基本相似，但也有它的特点。一般调试分三个阶段进行，即空载、负载和航行抛、起锚，下面分别介绍各阶段调试特点。

1. 空载试验

(1)先粗略整定各保护电器。失压保护继电器，可整定在80% U_N。过流继电器，交流整 定为110% I_N，直流的整定在稍大于$2I_N$。

(2)接通电源，主令手柄在零位，观察各电器动作情况，零压继电器和三个时间继电器应动作，其他电器不应动作，正、反转逐级操作，观察电动机的转向、转速是否与线路原理图和主令手柄位置相符，并注意观察各挡的启动电流、空载电流。

(3)分别将主令手柄从正、反转的高速挡快速扳回零位，观察电磁制动路能否迅速制动。

(4)在各挡转速下检查和监听齿轮箱、电动机和各轴承的声音是否正常,一切正常后,空载运行2 h,检查系统工作情况、轴承温升、电动机发热情况、锚机机械等,不应有异常现象,最后停车测量绝缘电阻。

2. 负载试验

在空载试验一切正常之后,方能进行负载试验,对在大修时,线路变动不大的,且锚和锚链没有检修,不能进行空载试验时,可以直接进行负载试验。

(1)将主令手柄扳向"起描"第一挡,电动机启动、低速运行,记录启动电流、工作电流、转速。再把主令手柄扳向其他各挡,同样记录,各挡转速应有明显区别。

(2)把主令手柄从高速挡快速扳回零位,观察制动器的制动性能,应符合规范要求。

(3)将主令手柄扳向"抛锚"各挡,记录电流和转速,观察能否再生制动匀速抛锚,以及制动器的工作情况。

(4)反复操纵主令手柄,观察电动机、齿轮箱、锚机各部件工作情况是否正常,有无异常声响和振动。

3. 航行抛、起锚试验

在试验过程中,要测量各挡转速下的电动机的电流和转速,当锚破土时,锚机承受最大的负荷,应准确地记录锚破土瞬间电动机的电流和转速。在锚破土之前,交流锚机应能运行在中速挡上。通常情况下,靠锚机本身的力矩能够拔锚出土。若电动机力矩不能使错破土,电动机将堵转,这时应靠主机冲车,使船体向前的冲力拔锚出土。

任务六　舵机电气控制系统维修

舵机是改变船舶航向或维持船舶已设定航向的重要设备。一旦失灵,船舶即会失去控制,甚至发生事故。因此,我国《钢质海船入级与建造规范》(1996)根据《国际海上人命安全公约》(SOLAS公约)的规定,对舵机的性能提出了明确的要求,其基本精神就是要求舵机必须具有足够的转舵扭矩和转舵速度,并且在某一部分发生故障时,应能迅速采取替代措施,以确保操舵能力,保证船舶安全。

船舶舵机的性能直接影响船舶的安全,从而影响人命安全。因此对机电管理人员来说,熟悉舵机自动控制系统的工作原理,具备保养、分析和排除船舶舵机自动控制系统典型故障的能力是非常重要的。

一、舵机的组成及操舵系统

目前,船上广泛应用电力拖动舵机及自动操舵装置(俗称自动操舵仪),如图4－24所示。舵机从驱动形式上可分为人力舵、电动舵、液压舵和电动液压驱动舵(俗称电动－液压舵),其中应用最广泛的是电动－液压舵。从控制形式上分为手动舵、随动舵、自动舵和自适应舵四种。自动舵和自适应舵是用来自动保持船舶在给定航向上自动航行的控制装置,实际是一种航向自动控制系统,其被控制量是航向。

图 4-24　船舶舵机

1. 舵机装置的组成

如图 4-25 所示，舵机装置主要由操舵装置、舵机、传动机构和舵叶四部分组成。

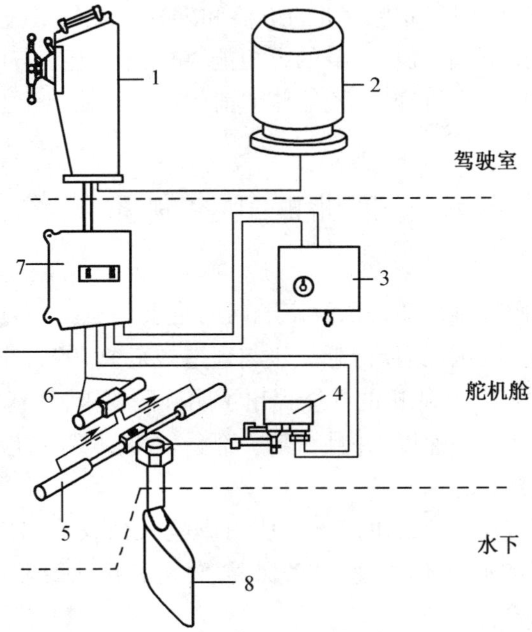

图 4-25　舵机装置主要组成示意图

1—主操舵台；2—电罗经；3—简易操舵台；

4—反馈装置；5—液压舵机；6—电磁阀；7—电源箱；8—舵

(1)操舵装置

它由安装在驾驶室的发送装置和位于舵机房的接收装置组成，这是操舵装置的指令系统。现代近海及远洋船舶上装备的都是自动控制的远距离操航设备，一般称为自动操舵仪或自动舵。操纵台分主操纵台和简易操纵台，它分别安装在驾驶室、舵机舱及船舶的所需的部位。而主操纵台则是自动操舵仪的核心部分，它安装在船舶的驾驶室的中央位置，操纵时需视野广阔，能够远距离地遥控舵机。

主操纵台上主要装有：航向刻度盘，航向匹配旋钮，照明灯及亮度调整旋钮，1 号主泵启动与停止开关，2 号主泵启动与停止开关，1 +2 启动与停止开关，自动、随动、应急三种方式功能的切换，灵敏度调节旋钮，比例调节旋钮，微分调节旋钮等。

(2)舵机(转航机械)

舵机位于舵机舱，一般在上下方向上贯通船舶的上下平台，它是转舵的动力机械，根据使用能源的不同可分为人力的、电动的和电动机液压的等等。

(3)传动机构(转舵机构)

它是用来将舵机所发出来的转矩传递给舵柱的设备。

(4)舵

舵垂直安装在螺旋桨的后方，它是一块浸在船舶尾部水中具有固定形状的钢板，被固定在舵柱上，用它承受水流的作用力，以产生转船力矩。

2. 电动液压舵机

(1)油泵电动机及其启动设备

在电动液压舵机中，油泵电动机是长期运行的，一般用普通三相异步电动机，其启动方式多为直接启动。

舵机由两台电动机 - 油泵机组互为备用拖动运行。每一台油泵电动机都从总配电板和应急配电板沿左、右舷分两路供电。对其电路故障的检查与一般电路的短路、断路和接地检查相同。备用电动机 - 油泵机组可以与工作机组自动切换。当工作机组出现故障时，另一台自动接通工作，同时故障机组被切除。在进出港、浅狭水道航行时，一般以两台机组同时并联运行。

(2)应急操舵装置

应急操舵装置有两套，一套在驾驶室，一套在舵机室。它是一种线路简单的电动舵操舵装置，通过应急操舵手柄左右扳动，可以直接控制电磁阀线圈电源的接通和断开，从而控制舵叶的偏转。

(3)随动操舵装置

自动操舵仪在自动操舵和随动操舵的转换都是罗经带动信号发送机与手轮带动信号发送器的转换。自动操舵仪中的相敏整流、放大器、可控硅等电路在这两种操舵方式下都是工作的。

3. 舵机拖动控制系统的技术要求

(1)舵机应由两路电源供电，即应急和主配电板，且应远离分开敷设。驾驶室内操舵装置和舵机应使用同一电源。

(2)为保证电 - 液压系统的工作可靠，电动油泵机组采用冷备旁待方案，各台机组可单独运行，互成自动切换冷备旁待，也可两台机组并联运行。

(3)舵机电动机应满足舵机技术性能的要求，在舵机舱和驾驶室、机舱集中控制室都能控制电动机，并有操纵转换装置，以防同时操纵。

(4)在船舶处于最深吃水和最大营运航速前进时操舵，应能使舵自一舷35°转到加一舷35°，并且自任何一舷35°转到另一舷30°的时间不得超过28s。

(5)舵角指示器指示舵叶位置的误差不应大于±1°。

(6)应设有如下保护报警装置：①舵叶偏转限位开关；②电源失电压报警；③过载声光报警；④采用自动操舵仪时，应设有航向超过允许偏差的自动报警装置。

二、PR-4系列自动舵

1.PR-4系列自动舵简介

PR-4系列自动舵在常规情况下，通过操舵方式选择开关，可任意选择自动、随动、单动(应急)操舵方式，且具有两套完善的工作系统，通过选择“位置选择开关”的No.1-OFF-No.2选择相应的工作系统，“位置选择开关”在OFF位置时，整个系统停止工作。

在自动舵模式下，控制系统中加入了PID(比例、积分、微分)控制。操作人员可以在面板上对舵机进行各种调节。PR-4系列自动舵还具有两种“增益”(高“增益”和低“增益”)模式，可通过“增益”调节装置进行“增益”的调节。

在“自动舵”和“随动舵”两种模式下，舵叶的控制是由操舵装置中的放大单元来完成的。任意给定一个舵机的工作舵角，舵机装置就精确地给出一个相应的要求的舵角。

单动控制时，不需要放大单元(即不需要控制电路)，只需要扳动开关接通(或断开)电源，使相应的左舵(或右舵)电磁阀工作，而直接操纵舵机左转(或右转)。单动舵工作时没有舵角显示，也没有引人反馈电路。

显示系统中，安装了运行状态指示灯和报警装置，能显示自动舵的每一个运行状态，指示灯布置在监视面板上。报警装置是声、光报警。

该系统主要由舵机操舵仪(两套)、电动机启动控制箱、液压系统、舵角追随装置和撞杆五部分组成。

舵机操舵仪由仪表板、自动舵开关板、监视面板、放大单元、电源单元、继电器单元等几部分组成。

2.PR-4系列自动舵的工作原理

图4-26为PR-4系列自动舵原理框图。

PR-4系列自动舵可通过开关板上的“操舵模式选择”转换开关选择三种不同的操舵方式。自动模式—航向传送器控制；手动—舵轮控制；单动—扳动开关接通(或断开)电源控制。

当船舶稳定在给定航向上时，启动电罗经并将电罗经的“模式选择开关”置于“运行”位置，再将操纵台的“操舵模式选择”转换开关转到“自动”位置，此时自动舵系统利用步进马达追随电罗经，由电罗经检测船舶是否在设定航向上航行。

当船舶偏离设定航向或利用航向控制装置改变了设定航向时，电罗经指示出航向偏差。通过电气同步传动，航向线性同步装置获得偏差信号。获得的线性同步信号即偏差信号被送到放大器单元的相敏放大器，经放大并转变成直流信号送到自动线性放大器。在自动线性放大器内综合自动舵调节面板上的控制设置(舵角比例调节、压舵调节、偏差警报调整、舵角限制调整、天气调整)送出一个最终的舵角指令信号到主放大器。在主放大器里，

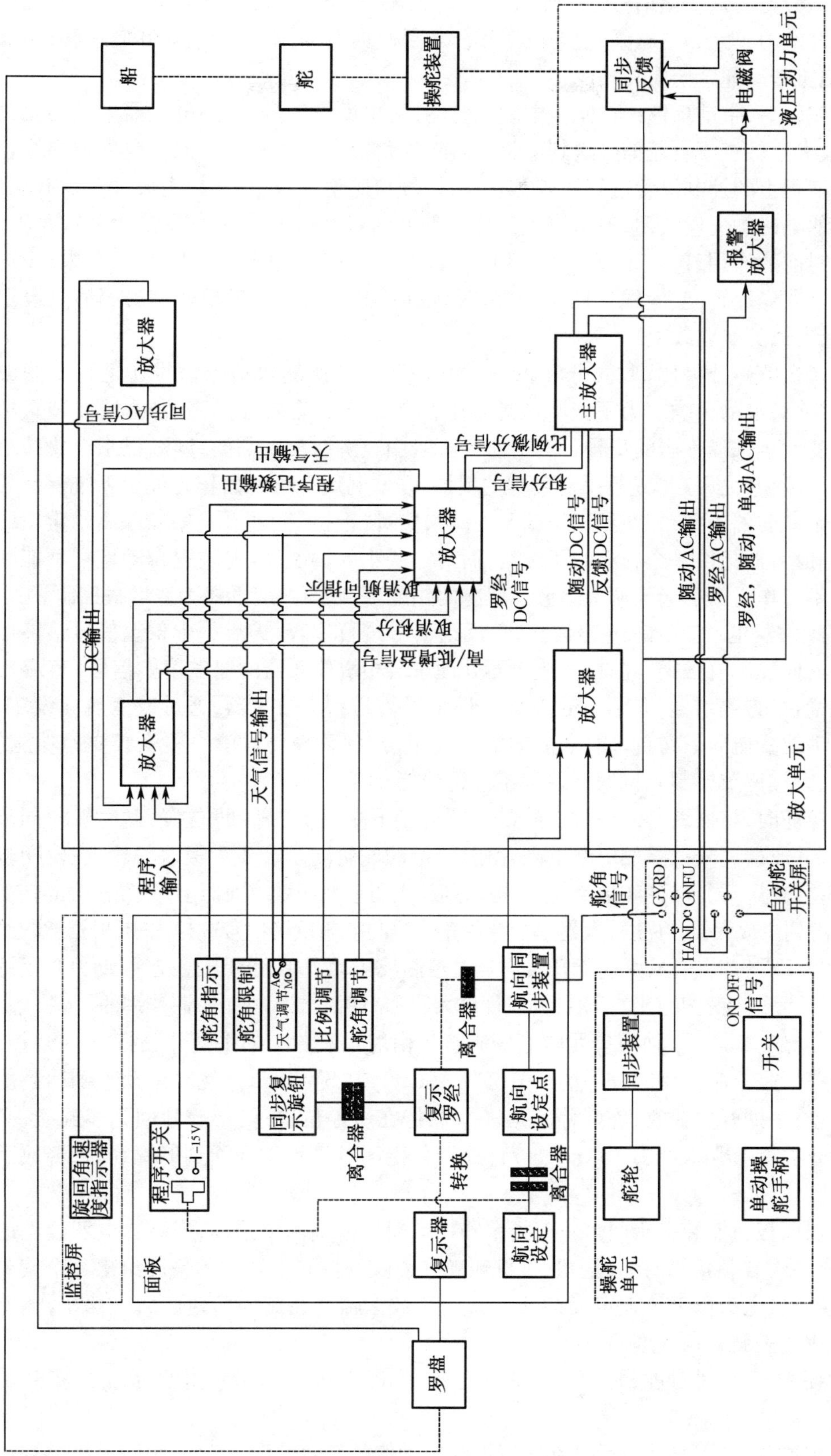

图4－26　PR-4系列自动舵原理图

舵角指令信号与舵角反馈信号进行比较,输出一个偏差信号给液压动力单元的方向控制电磁阀。打开动力单元的电磁阀,使舵机工作。如果航向右偏,舵机带动舵叶向左转;如果航向左偏,舵机带动舵叶向右转。

舵叶偏转后,带动反馈线性同步电动机转动,发出反馈信号,送到放大器单元的相敏放大器,经放大并转变成直流信号送到主放大器与舵角指令信号及自动元件放大器内综合自动舵调节面板上的控制设置进行比较,当航向信号与舵角信号平衡时,主放大器没有输出,动力单元的电磁阀失电关闭,舵机停止工作。舵叶暂留在艏艉线左(或右)边某一角度上。由于水流对舵的作用,产生恢复力矩。使船舶渐渐回到设定航线上。在此过程中,步进电动机追随电罗经反转,航向线性同步装置获得反向偏差信号,使舵反转。当船回到设定航向时,舵叶也回到艏艉线上。

舵角指令信号分为比例、微分和积分三种控制,同时,舵角指令信号还进行了滤波处理,可以排除海浪的影响。为了能有效地排除高频干扰更有效地修正航向,滤波装置可以根据船舶的大小选择不同的型号。为了能保证船舶经济航行的需要,即舵机系统要减小由于操舵时使船舶"之"字形航行引起航程的增加,采取利用平均舵角作为舵机系统保证船舶不偏离给定航向的依据,并使用压舵调节控制来应对"干扰"问题。当船舶偏离给定航线较大时,控制放大器提供一个较大的压舵角;而对一些小的偏航,压舵装置自动地在可能的压舵范围内不工作。由于天气调节降低了偏航的幅度,所以压舵应选择为双增益控制。

在主放大器里,舵角指令信号与舵角反馈信号进行比较,输出一个偏差信号给液压动力单元的方向控制电磁阀。高精度放大器处理来自相敏放大器的船舶偏航信号(直流),输出一个低增益(或高增益)信号。这个输出的信号被送到主放大器,通过改变航向设定,系统可以自动改变航向。在自动改变航向的过程中,控制系统要取消一些不必要的功能(如积分控制、天气调节控制),同时也取消了报警功能。

随动操舵时,将操纵台的"操舵模式选择"转换开关转到"随动"位置,此时航向同步装置被切除,并改接到随动操舵电路上来,由舵轮带动舵轮同步装置。扳动舵轮,舵轮同步装置获得偏差信号。同步信号(指令舵角)被送到放大器单元相敏放大器上,并经放大器转变成直流信号送到主放大器,在主放大器里指令舵角信号与舵角反馈信号进行比较,根据比较结果发出"ON－OFF"开关信号,由这个开关信号去控制液压动力单元的电磁线圈,动力单元的电磁阀打开(关闭),使舵机工作。而自动线性放大器和高精度放大器是不起作用的。

在单动操舵模式下,动力单元的电磁阀直接由舵机装置上的手柄开关打"P－S"控制,而放大器单元是不起作用的。手柄开关打"P"(left)或"S"(right),舵叶运动直到达到舵角限位时停止;手柄开关释放,舵叶停止运动并保持在所停位置;要使舵叶回到艏艉线,必须操作手柄开关打"P"(left)或"S"(right)直到舵角指示器显示舵叶回到艏艉线时,释放手柄开关。

在监视面板上安装了旋回角速度指示器显示船舶的旋回角速度,安装在电罗经上的同步电动机(一对自整角机)的发送机,根据船舶在舵叶的控制下转动的情况给出一个偏差信号,偏差信号被送到位于放大单元的旋回角速度放大器。在旋回角速度放大器里,偏差信号被转换成代表旋回角速度的数字量。

为方便航行期间对舵机工作情况的监视,监视面板上的指示灯显示舵机实时工作状态。

报警装置通过声、光装置通报在航行期间自动舵的失效情况。"光"报警是以监视面板上的红灯显示提供一个可视的报警信号;“声”报警是一个铃声警报。任何一个自动舵的失效情况发生时,指示灯闪烁,警铃发声。按下消音按钮,警铃停止,指示灯保持红灯。当自动舵失效故障排除,指示灯灭。舵叶达到舵角限位时,声、光报警装置仅以红灯提示操作者,指示灯不闪烁,警铃不发声。

当发生电源失电、船舶偏离自动舵允许的偏差、操作舵叶超过了舵角限制(仅以灯光报警)、过载、罗经电源失电、液压动力单元的压力低于设定值、电源缺相、电磁阀失效等情况,报警装置报警。

3. PR－4 系列自动舵的操作

PR－4 系列自动舵的操作非常简单,自动舵的启动和停止直接在舵机操作装置上进行。

通过改变自动舵系统的选择开关(No. 1 系统或 No. 2 系统)及模式选择开关(自动、随动或应急)进行选择。电罗经同样可以直接在舵机操作装置上进行启动和停止。

自动舵系统中有:速率调节、舵角调整、天气调整、偏差警报调整、舵角限位调整。

这些调整装置的控制旋钮位置(设定值)在船舶出厂时已经设置好,控制旋钮位置(设定值)的再调整是根据船舶的装载情况和海况并参考原设定值后的再调整。

(1)速率调节器调节方法

安装时的设定值是由厂方的随船工程师根据船舶的装载情况(满载、半载或空载)而设定的。

速率调节:设定值为 4。

天气调节:设定值为 0。

以此为参考,根据下述的程序可以获得一个最好的设定:

在下述每一种情况下船舶直线航行 30 min,比较航线记录仪的记录并选择最好的设定作为新的设定值:

①根据当时的货载情况设定调节值(该调节值是由厂方的随船工程师推荐的);

②在上述的基础上增加这个值。

在上述的基础上减小这个值。

(2)舵角调节器调节方法

在大多数情况下,舵角调节器可以设定在 4 的位置,如果反应良好则不需要再做进一步的调整,即

舵角调节器:设定值为 4。

天气调节器:设定值为 0。

在下述每一种情况下船舶直线航行 30 min,比较航线记录仪的记录可以选择最好的设定作为新的设定值:

①设定值:4;

②设定值:3;

③设定值:2。

如果变化不大,应设定为 4。

(3)天气调节器调节方法

①手动天气调节器

在良好天气条件下,设定为 0 位置。高设定的目的是希望获得最少的、不必要的动舵,

低设定的目的是希望保持航向的精确。对特殊的海况最好的设定是:指针的设定值等于自然偏航角的数值。

②自动天气调节器

转动天气调节器旋钮到自动位置。

(4)舵机偏差警报调节器

舵机偏差警报调节器控制旋钮设定的目的是为了设定一个偏航角的极限报警,当由于故障使自动罗盘或自动舵的读数大于设定航向的方位角度时(角度可以任意设定为5°~15°),偏航警报报警。一般情况下,偏航角度设定为10°~15°。

(5)舵角限位调节器

舵角限位调节器设定的目的是为了设定一个在自动舵操作时舵角移动位置的极限,15°对于航向的保持和正常的改变航向是完全可以满足需要的,但如果有大角度的航向改变就必须设定为30°。

三、舵机拖动控制系统的使用及维护保养

1. 了解舵机电力拖动控制系统维护的周期及保养的主要内容

舵机电气系统维护的周期、内容及要求见表4-1。

表4-1 舵机电气系统维护周期及内容要求

项目	周期	维护内容及要求
自动舵操纵台	1次/6个月	主操舵器传动部分加油
	1次/1年	1. 检查齿轮及微型轴承等传动部分的油质,如变质,则洗净后加油; 2. 必要时更换易损零件
随动控制系统	1次/航次	1. 对AEG式舵机,检查发讯器和受讯器的电阻、电刷、导电环;对滑环式舵机,检查滑环、导电滚轮;对手柄式舵机,检查复位触点及其他反馈装置; 2. 检查系统中的各连杆、弹簧等机件; 3. 清除装置内铜屑和灰尘
执行装置	1次/航次	一般性检查
	1次/3个月	1. 检查电刷、集电环的磨损情况,检查机械制动的开距及刹车片的磨损情况; 2. 对执行电磁阀进行解体检查,要求衔铁活动部分无卡阻、打毛现象,行程应符合要求,测量电磁阀线圈的电阻,若不符合要求应更换
舵角指示器	1次/3个月	检查舵角指示器的内部轴承磨损情况。清除灰尘并检查电源
	不少于1次/1年	1. 清洁仪器内部并对各摩擦部分、轴、齿轮(橡皮件除外)加油; 2. 检查仪器的密封情况; 3. 检查调光电阻及灯光是否适当

2. 开航前对舵机进行试验和校对

对舵时应注意以下各项：

(1)检查操舵台上的控制开关、按钮、指示灯及失压、过载报警、声光信号等装置，是否完整有效。

(2)观察两路供电转换使用情况，并用应急电源在驾驶台和舵机室分别操试。

(3)观察两套机组的转换运行是否可靠。

(4)用各种操舵方式在各操作台进行操试。检查应急舵操纵是否有效，并注意操舵装置的机械传动部件是否灵活可靠。

(5)观察控制系统工作是否正常。

(6)检查操舵装置、舵角指示器与舵叶实际位置的偏差。正舵位置时，偏差为0°，在大舵角下，偏差不大于2°。

(7)自动舵及电动舵机系统不应有跑舵、冲舵、不回舵及振荡等现象。

(8)检查舵从一舷35°转至另一舷30°所需时间是否符合规定。同时检查舵叶偏转快慢是否均匀，转舵时有无异常现象。

3. 航行期间的巡视检查

巡视检查应包括下列内容：

(1)查看机组的运行情况，电动机运转的声音、温升及换向器火花等应在允许范围内。

(2)检查制动器、电磁离合器、电磁阀、限位开关等动作是否可靠。

(3)观察各仪表读数、机组运行指示、舵位指示等装置的工作是否正常。

(4)有两套舵机拖动控制系统的船舶，应定期轮换使用。

4. 电动液压舵机日常维护注意事项

(1)对油泵电动机的维护与一般电动机相同。

(2)两台机组和启动箱应轮流使用，其各自运行时间应基本相同。

(3)经常检查各连接件有无松动或脱落等现象。

(4)备用的印刷电路板应经常互换使用，以保证其工作性能不变。

(5)禁止在自动舵电源没有断开的情况下，插、拔印刷电路板，否则可能损坏印刷电路板上的元件。

(6)禁止在印刷电路板没有拿掉的情况下，用摇表检查电路的绝缘，否则会由于电压过高而击穿板上半导体管和其他元件等。

(7)如果不是必要的话，不要轻易打开自动舵上盖板，防止灰尘、脏物侵入或碰坏小模数齿轮，从而影响自动舵齿轮传动精度和出现卡死的危险。

(8)主操舵台要定期检查，机械传动部分每六个月用润滑防锈油或航空仪表油加油一次，加油时必须注意微电机轴承上不能加入。

(9)印刷线路板上已调整好的电位器，没有特殊情况，应不予更改。

(10)执行电机(或电磁阀)要定期检查，要保证其活动部分没有卡滞现象。

(11)两套执行机构要轮换使用，以延长其寿命。

任务七　船用辅锅炉电气系统维修

锅炉是用来提供蒸汽的设备。随着船舶向大型化、自动化方向的发展,以柴油机作为主动力的船舶上,虽然蒸汽不直接用于主机,但是为了保证船用燃油的加热分离、主机备车时缸套水升温、滑油的加热、生活用热水等生产和生活需要,在船舶上都设有锅炉。向辅助设施提供蒸汽的锅炉称为辅助锅炉或辅锅炉。

船用辅锅炉蒸发量一般设计在 1 ~ 3 t/h 之间,气压一般在 0.7 MPa 以下。随着船舶向全自动、无人机舱方向的发展,现在船用辅助锅炉均设计成全自动化的。在使用中,只要准备工作完成,在自动运行监控状态下,锅炉就能够实现自动点火产生蒸汽。在整个工作过程中水位、蒸汽压力都实现自动控制与调节,锅炉的启动与停止都是自动实现的。如果在使用工作中出现故障,自动控制装置能够发出声光报警,紧急情况下会自动停炉。

锅炉既是船舶的重要设备又是高压危险设备,因此机电管理人员必须熟知锅炉的控制过程和工作机理,熟练地对锅炉进行操作和故障诊断,确保锅炉安全有效地运行,尽量减少故障的发生。图 4 – 27 为船用锅炉实物图。

图 4 – 27　船用辅锅炉实物图

一、船用辅锅炉系统的组成及控制系统的技术要求

1. 系统组成

安装在锅炉炉体及炉体附近电气附件一般包括锅炉排烟温度传感器、水位调节器(水位电极或水位电磁式浮子开关或水位变送器等)、辅助锅炉蒸汽压力变送器、辅助锅炉蒸汽压力开关、风油比例调节器、点火电极、火焰监视器(光敏电阻或光敏电池等)、锅炉水位灯、燃油低压压力开关、点火油泵电机、锅炉燃烧器、燃烧器风机、锅炉水油分浓度计、锅炉燃油泵、锅炉水输送泵(有的还有锅炉强制给水泵)等。这些电气附件在锅炉控制中完成相应的

控制功能。

辅助锅炉有给水、点火、燃烧三大附属装置。船舶辅助锅炉系统图如图 4－28 所示。

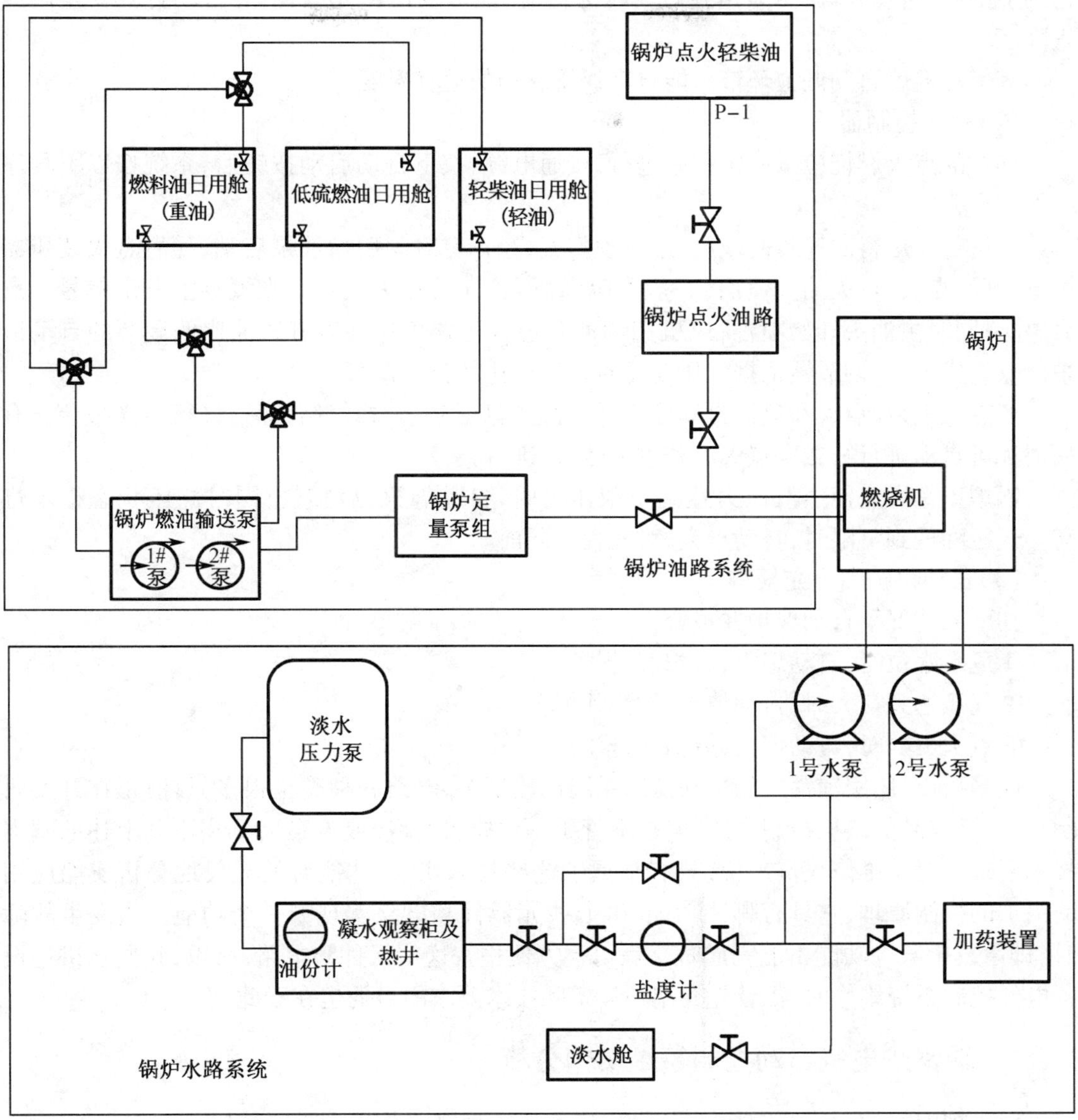

图 4－28　船舶辅助锅炉系统图

2. 船用辅锅炉电气控制系统的技术要求

主机为柴油机的船舶，一般都装设辅助燃油锅炉以便供热。我国船舶多采用 1.8 t/h 的自动燃油锅炉、气压为 294 ～686 kPa，对其控制系统的主要技术要求如下：①锅炉系统的控制箱应集中装设在锅炉附近；②锅炉控制系统应具有手动和自动控制，自动控制失效时，能很方便切换到手动控制；③自动燃油锅炉控制装置一般包括：

(1) 自动调节系统

①水位自动控制环节　锅炉内低水位时，水泵的自动启动给水；到达高水位时，自动停

止给水；当水位降到危险水位时，能发出声光报警信号，并使全部系统停止工作。

②蒸汽压力自动控制环节　锅炉内蒸汽压力下降到下限值时，能自动点火燃烧；压力达到上限时，自动熄灭；压力达到最大压力值时，能够发出声光报警，并自动打开安全阀放汽降压。

③燃油温度自动调节环节　能自动保持燃油的适宜温度。

(2)程序控制器

锅炉的点火燃烧应按一定程序进行，接通电源，按下自动启动按钮后，系统按以下程序工作：

风机首先运行向炉膛内鼓风，进行预扫气，经一定时间后燃油泵启动，随后点火变压器得电，开始点火，点火油头喷油(一般火等油原则)。若点火成功。光敏电阻发出信号。点火停止；同时主油头开始喷油，风机和燃油泵进入正常工作。对有风油比例调节的自动锅炉。点火成功后，调节器根据气压变化对风油按比例自动调节。

若点火失败，点火和喷油自动停止，同时进行后扫气。扫气结束后，进行声光报警。有的锅炉可自动进行第二次点火。若再失败，再进行报警。

锅炉正常燃烧使蒸汽压力达到上限压力时，自动熄灭，后扫气，同时高压状态指示灯亮。气压降低到下限时，自动点火燃烧，程序同前。

(3)自动保护和声光报警

在下列情况下自动保护并报警：

①危险水位时，自动熄灭，后扫气，报警；

②气压达到最大时，自动熄灭，放汽并报警；

③点火失败时，自动熄灭，后扫气，报警。

应当指出，船用辅锅炉的自动控制系统比较复杂，电路的种类也很多，目前正在开发研制，有些已成品的微机控制系统，但是不管哪一种控制电路(或方案)，都离不开上述的基本技术要求。对于维修人员来说，只有掌握了这些技术要求，才能有的放矢地分析实船应用的锅炉的控制原理；它具有哪些功能，由哪些元器件和电路实现哪一个功能。当发生故障时(即系统中某个功能不能完成时)，就可很方便检查这些元件和电路，所以，我们在讲述设备电气控制系统维修时，都首先介绍该设备和技术要求的目的也在于此。

二、辅锅炉电气自动控制系统实例分析

辅锅炉电气控制线路图如图4－29所示，下面对其工作原理进行分析。

1. 系统手动控制工作原理

(1)合上电源开关H_1，电源指示灯L_1亮，操作方式开关l_{a1}转到“手动位置”，按下启动按钮$1b_{10}$，使电源继电器ld_3有电并自锁，其常开触点闭合使手动控制继电器ld_2有电动作，切断时序控制器的电源及自动控制的相关线路，接通手动控制相关线路。

(2)如果使用重油，则把轻/重油转换开关lb_4置“3”挡，此时如果燃油温度低于整定值，则常闭触点$2e_2$闭合，使接触器$2c_1$有电动作，燃油加热器投入工作，直到温度达到整定值。

(3)合上燃烧器电动机手动控制开关lb_9使lc_1有电动作，风机BM运转进行预扫风，油泵打油使燃油在管路中循环。

(4)预扫风40 s后，按下点火按钮lb_{12}使点火变压器Z有电，点火电极产生火花，然后合

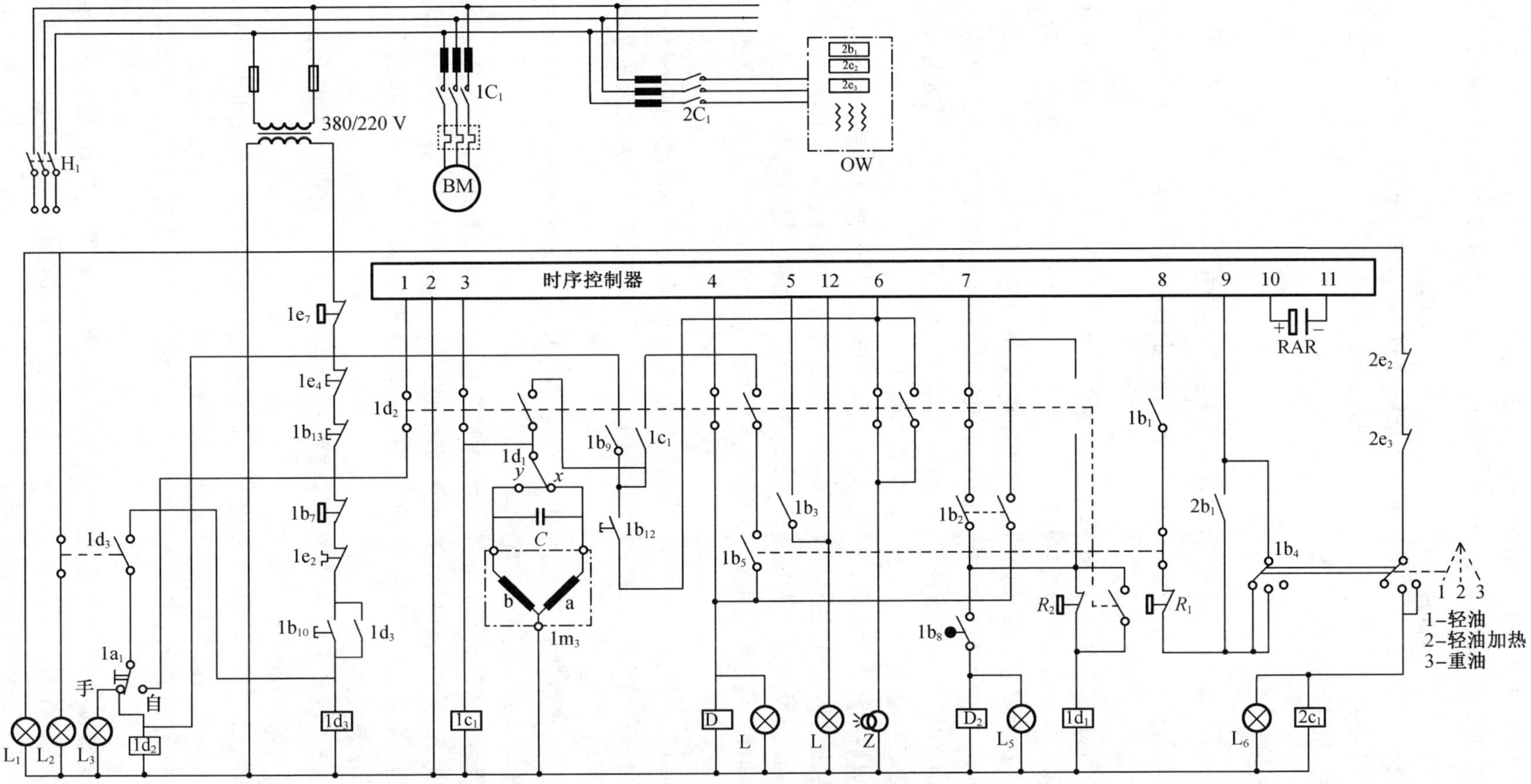

图4－29　辅锅炉电气控制线路图

$1a_1$-手动/自动转换开关开关；$1b_1$—喷油嘴1运行开关；$1b_2$—喷油嘴2运行开关；$1b_3$—遥控复位按钮；$1b_4$—轻、重油转换开关；$1b_5$—喷油嘴1的手动控制开关；$1b_7$—燃烧器法兰开关；$1b_8$—风门、喷油嘴2联动开关；$1b_9$—燃烧器电机手动控制开关；$1b_{10}$—启动按钮；$1b_{12}$—人工点火按钮；$1b_{13}$—遥控停止按钮；$1c_1$—燃烧器电机接触器；$1d_1$—风门伺服器继电器；$1d_2$—手动控制继电器；$1d_3$—电源继电器；$1m_3$—风门伺服器电机；$1e_2$—电机过载保护；$1e_4$—停止按钮；$1e_7$—极限低水位保护；$2b_1$—燃油低温释放继电器；$2c_1$—燃油力U 热器接触器；$2e_2$—油温调节继电器；$2e_3$—燃油高温保护继电器；BM—燃烧器电机；;D_1—喷油嘴1的电磁阀（通电关闭）；D_2—喷油嘴1的电磁阀（通电开启）；H_1—电源开关；L—电源指示灯L_1—L_6指示灯；OW—电加热器；R_1，R_2—压力继电器触点；RAR—光电池传感器；Z—点火变压器上喷油嘴 1 的手动控制开关 lb_5，使电磁阀 D_1 有电动作，喷油嘴 1 开始喷油点火。

（5）从观察孔看到火焰后，松开人工点火按钮 lb_{12}，切除点火变压器 Z，炉内转人正常燃烧。

（6）根据负荷情况，可以通过喷油嘴 2 运行开关 lb_2 来控制喷油嘴 2 的工作状况。

手动控制时，由于蒸汽压力开关不起作用，管理人员要及时注意压力表读数，炉内达到满压时要及时停炉，切断控制电源。

2. 系统自动控制工作原理

（1）首先合上电源开关 H_1，电源指示灯 L_1 亮，说明控制电路有电。

（2）将手动/自动转换开关 la_1 置于“自动”位置，若使用重油，其加热器的工作与前面所述相同。

（3）把喷油嘴 1 和 2 的开关 lb_1 和 lb_2 都合上，然后按下启动按钮 lb_{10}，电源继电器 $1d_3$ 有电动作且自锁，其常开触点闭合接通时序控制器电源（1，2），其常闭触点断开使红灯 L_2 灭。

（4）当燃油温度达到设定值时，燃油低温释放继电器 $2b_1$ 的触点由开启转为闭合，而锅炉 蒸汽压力继电器 R_1 的常闭触点因炉内低压是闭合的，从而使时序控制器的 8，9 被接通，使得 AR 继电器有电动作，但由于该回路中有两个电阻 W_1，W_2，使连锁继电器 RK 不能动作，ar_4 闭合后，短接了电阻 W_1，W_2 及继电器 RK 的线圈 I。

（5）ar_1 闭合为以后的动作做准备；ar_3 闭合后使燃烧器电动机接触器 $1C_1$ 有电，风机及油泵开始运行，对炉内进行预扫风，燃油在管路中循环，同时由于时间触点Ⅱ是闭合的，因此点火变压器有电，在预扫风的同时进行预点火；ar_{2x} 闭合使得时序控制器伺服电机开始转动。当凸轮转到 5 s 时，相应凸轮使触点 VY 断 开，VX 闭合，但由于 ar_1 已经闭合，不会使 AR 失电。

（6）当凸轮转到 17 s 时使触点Ⅲ闭合；当凸轮转到 20 s 时，触点 IV 闭合使电磁阀 D_1 有电，切断燃油循环回路，喷油嘴 1 开始向炉膛内喷油。由于点火电极早有点火火花等着，开始点火，此时，预扫风结束。

（7）若点火成功，由光电池 RAR 检测到并产生直流电压信号，经放大器 MV 放大后使熄火保护继电器 FR 动作，frY 断开，frX 闭合。

（8）当凸轮轴转到 37 s 时（也即第一个喷油嘴喷油 17s 后），触点 I 闭合，使风门伺服器继电器 $1d_1$ 有电，其触点 ld_{1x} 断开，Id_{1y} 闭合，使风门伺服电动机正转，风门打到最大位置自动停止，同时触动风门喷油嘴 2 联动开关 lb_8 闭合，使电磁阀 D_2 有电，第二个喷油嘴电磁阀打开，喷油嘴 2 开始喷油燃烧。

（9）当到了 41 s 时，触点Ⅱ打开，点火变压器失电，同时，触点Ⅵ也打开，时序控制器伺服电机失电停转，启动结束，转入正常燃烧。

（10）当锅炉内蒸汽压力上升到压力继电器 R_2 的设定值时，触点 R_2 打开，使继电器 Id，失电，ld_{1y} 断开，ld_{1x} 闭合，风门伺服电动机反转使风门关小到极限位置（可调）自动停止；同时风门喷油嘴 2 联动开关 lb_8 断开，燃油电磁阀 D_2 失电，喷油嘴 2 停止喷油，只有喷油嘴 1 工作。

（11）若蒸汽压力继续上升，达到压力继电器 R_1 的设定值时，触点 R_1 打开，使时序控制器的 8，9 端点断开，继电器 AR 失电，触点 ar_1-ar_4 复位，整个自动控制系统停止工作，风机、油泵停止，电磁阀 D_1 失电，燃油在管路中循环。

(12)由于 VIX 闭合,使时序控制电机 SM 在 41 s 位置开始继续转动,转到 VY 闭合 VX 断开,SM 失电停止转动。

(13)当锅炉内蒸汽压力降低到下限值时,压力继电器 R,和比又闭合,锅炉自动启动。

(14)若点火失败,也即时序从 20 s 转到 25s 时,光电池没有电压信号输出,此时熄火保护继电器 FR 不会动作,使得连锁继电器 RK 的 I 部分线圈只串联电阻 W_2 而有电动作,使 rk_1 断开,rk_2 闭合,从而切断了控制电源,整个控制系统停止工作,同时故障指示灯 L 亮。

(15)只有在故障排除后按下复位按钮 D,使继电器 RK 的Ⅱ部分线圈有电动作,RK 的触点又一次翻转使得 rk_1 闭合、rk_2 断开,时序控制器重新接通电源,时序控制电动机 SM 有电而从上次停止的位置开始转动,直到恢复零位后重新自动启动锅炉。

三、锅炉系统常见故障分析与排除

1. 无法正常点火燃烧

(1)在电路上初步判断点火变压器回路

用万用表检查点火变压器的端电压。有电压而电极端无火花产生,可判断是点火变压器已损坏。排除方法是维修变压器或更换新的点火变压器。

(2)点火电极出现问题

旋开燃烧器检查内部。电极表面是否有结炭污物,点火电极间距是否过大,点火电极与喷油嘴之间的距离是否合适。排除方法是清洁两电极表面形成的污物和积炭,校正点火电极之间的距离,同时校正电极与喷油嘴之间的位置和距离。

(3)喷油嘴堵塞结焦

打开燃烧器检查内部。喷油嘴周围充满了污垢是由于长时间的使用和质量较差的油而造成积物堵塞喷油嘴,或者由于油温过低、雾化不良所造成。排除方法是拆下喷油嘴用干净的油或者高压空气进行冲洗,然后清洁管路上的滤器,选用较好的燃油。

(4)火焰感受器积满灰尘

拆下火焰感受器观察是否有灰尘污物。排除方法是清洁火焰感受器。若上述方法仍然不能解决,应该确认火焰感受器是否老化或故障。排除方法是用手电筒代替燃烧的火焰,来检查火焰感受器工作是否正常,如仍然无效,更换新的火焰感受器。

2. 油温低报警

(1)预加热电源没有投入

打开控制箱检查电源是否供给或者电源供给电路是否出现故障、开关是否损坏、接触器是否老化损坏、加热器是否损坏。排除方法是检查线路,更换损坏的元器件。

(2)油高温控制开关误动作,而不能复位

根据报警记录出现过高温报警,确认是误动作而无法自动复位。加热回路无法正常投入工作,油无法加热,致油温低报警。排除方法是修复油温加热温度开关,使其工作正常。

3. 燃烧器突然停火

(1)自动程序控制器故障

根据时序控制器动作顺序,检测时序控制器每一工作点的输入 - 输出信号是否正常。

燃烧器上的凸轮开关部分工作是否有卡壳等现象。将锅炉控制改为手动控制，观察锅炉点火、燃烧是否正常。如果正常工作，可判断为时序控制器损坏，修复或更换新的时序控制器。

(2)锅炉蒸汽压力继电器损坏

用短接线短接压力继电器的触点，检查工作是否恢复正常。如果恢复正常则压力继电器损坏。排除方法是修复或更换新的压力继电器。

(3)锅炉蒸汽压力继电器设定值漂移

方法同(2)一样。设定值的漂移可造成锅炉突然熄火停炉，另外还可能使锅炉蒸汽压力过高、安全阀动作。排除方法是用合适的压力泵重新调整设定值，做好标记然后锁死，防止设定值改变。

(4)燃油电磁阀线圈烧坏或吸力不足，往复抖动

用铁制螺钉刀放在电磁线圈磁柱上，确认电磁阀线圈是否工作，吸力是否稳定，或者是电磁阀被卡死油路不通。造成燃油电磁阀损坏的最大可能是电源不稳定，或者电磁阀额定频率与电源频率不同。我们国家工频是 50 Hz，而在国外有些船舶上是 60 Hz，两种电源频率的变化经过一段时间就会造成损坏。

(5)造成突然停炉的其他故障

燃料油压力过低、水位太低、蒸汽压力突然升高、燃烧器电极过载、风压过低、锅炉水位极低等能造成突然停炉。出现上述停炉的原因，根据具体的锅炉设置，进行逐步的分析，最后确定故障点的存在，一一进行排除。

4. 无法点炉

(1)电源供电线路问题

检查相关设备有无绝缘的问题，检查供电线路中开关的接通状态，接线部位是否有脱落或松动，是否存在电源断路的情况。

(2)燃料油质量太差

燃料油质量太差或燃料油中水分含量太高都是造成锅炉突然停炉的原因。另外油路不通也是造成停炉的原因。在这种情况下检查燃油管路和更换燃料油，检查过滤器。如果堵塞，应清洗或更换新的滤网。

总之，由于油的原因造成的无法点火问题，要定期清洗滤器和燃料油柜，严格定期排放油柜底部的杂质和积水，另外燃料油加热需达到一定的温度。

5. 水泵自动切换报警

备用水泵启动运行，检查自动状态下的主用水泵是否过载停止。用手盘车查看水泵是否有机械堵转现象。另外就是水泵正常运转，但管路不畅，锅炉出现低水位，备用水泵启动，或者是锅炉水位控制器出现问题。这要逐项进行检查过载、堵转的问题，最后模拟实验锅炉水位控制器排除故障。

6. 其他故障

当然还有其他多种原因，这时就要结合整个锅炉系统和锅炉工作状态做出准确、具体的判断加以排除。

技能训练　舵机拖动控制系统认识与调试

一、实训目的

(1)熟悉船舶舵机电力拖动控制设备组成部件名称及功能;

(2)掌握舵机电力拖动控制系统的调试方法。

(3)针对舵机拖动控制系统中的典型故障,能够准确分析判断故障发生的原因和故障位置,并能较好地说明故障处理的方法或现场故障排除排除。

二、实训设备

舵机电力拖动控制系统一套(TC－DJ01 型船舶液压舵机教学实验台)。

三、实训内容

1.设备认识

以 TC－DJ01 型船舶液压舵机教学实验设备为例,对液压舵机电气控制系统有整体上的认识,并能说出各部分部件的组成名称及功能。

2.舵机电力拖动控制系统的调试

由于舵机拖动电气控制线路不同,其具体的调试办法也有所不同,但调试的内容是一样的,所以,无法针对某个线路讲述它的具体调试方法,而只能讲述舵机拖动电气控制系统的调试内容和一般的方法。

(1)初次通电前的准备工作

①清洁系统包括清洁控制箱、电动机接线盒、反馈装置、电磁阀和执行电动机等,同时检查自动操舵仪。

②熟悉图纸及舵机系统的工作原理,检查接线及安装情况。

③把系统中的熔断器按图纸要求的容量全部装好,指示灯泡应按规定数目安装好,并检查是否正常。

④检查绝缘电阻。主回路和控制线路的绝缘电阻值必须符合技术要求的规定。测量时应注意不得损坏各种半导体器件或印刷电路板。

⑤检查系统动作的灵活性,如电动机－油泵机组、机械执行机构、各种反馈装置、舵机装置、手柄等。

⑥准备好各种检查仪表。

⑦使舵叶处于零位。

⑧功能试验时,主机应停车。

(2)电动液压舵机电气系统的调试步骤

调试分为应急操舵、随动操舵和自动操舵三个阶段。在做应急操舵调试前,应先启动控制箱。在转换开关手动位置上启动电动机,一切运行正常后,再开始调试应急操舵。

①应急操舵的调试

首先在舵机室控制台操纵手柄,为此应把操舵仪上的相应开关扳向“应急操舵”和“舵机室控制”。操舵时先小角度,后大角度。操舵时应注意手柄扳动方向与舵叶偏转方向是否一致;机械装置动作是否灵活、限位开关动作是否准确。限位开关位置应能使舵叶在左、右35°处,若误差过大应予调整。

进行满舵操舵试验:从零向左或从零向右至满舵,再从右满舵到左满舵并相反,这时舵叶偏转应符合技术要求的规定。规范要求从一舷满舵到另一舷30°所用的偏舵时间不得大于28 s。

在舵机室调试完成后即可进行驾驶室应急操舵调试。合好相应开关,先核对舵角指示器工作是否正常。无误后,按同样步骤进行应急操舵调试。

②随动操舵的调试

把有关的转换开关扳向相应位置,转动操舵仪手轮,先做小角度随动操舵。检查偏舵方向是否与手轮转动方向一致;舵角指示器的指示舵角与实际舵叶偏转角度是否相等;反馈信号的相位是否正确等。然后做大角度操舵。偏舵情况与应急操舵一样。

如果发现系统不工作或跟踪角度不对等现象时,可以把反馈自整角机从舵机上拆下,在驾驶室内与操舵仪直接相连。可控硅或继电器输出处可接指示灯做负载。当手轮转某角度时指示灯亮,再用手拔自整角机转子到相应角度指灯灭。这时故障不在操舵仪,而在系统中其他元件或电路中,若指示灯亮,即为操舵仪有故障。

操舵仪有故障时,可先更换印刷电路板。若其他部分有故障可按控制线路故障检查法检查。正常后再继续调试随动探舵。

随动操舵调试中尚需检查系统有无振荡;偏舵角与舵角指示器的指示误差等。

③自动操舵的调试

系泊时可用人为改变航向的方法进行预调。

用随动操舵使舵叶置零位,即使舵叶处于艏艉线上。将压舵旋转钮置零位,灵敏度调节即天气调节置一般位置(灵敏度不可过高),转换开关扳向“自动”位置。

转动压舵旋钮即航向改变旋钮,舵叶应偏转给定角度。调节舵角比例调整旋钮,对一定偏航角时,偏舵角应按比例变化。

预调结束后尚需进行航行调试,航行调试中要进行航向改变、航向稳定性、微分、压舵等试验,其指标可按技术要求检查。

(3)自动操舵仪的调试要点

调试前根据接线图和原理图检查接线和布线是否正确;检查连接和焊接质量;还应接好各外接线路,如电源、反馈信号、分罗经等。

①测量电源变压器各输出电压数值是否正确,电源电压在额定电压的±5%范围内变化时,操舵仪应能正常工作。

②自整角机变压器调零位。如果零位不对,会使左、右舵偏舵灵敏度不对称。零位偏离大时,在自动操舵工作时船舶偏航角的信号会有误差。自动操舵仪安装时会有假零位现象,会产生要左舵来右舵或相反的故障。

③检查电源印刷电路板的各输出电压数值。若数值不对,应检查各元件的质量和焊接

情况。

④检查相敏电路。理论上讲当相敏电路无输入时,应无输出信号。但是由于电路不可能做到绝对对称,所以一般都有极小的输出,但若输出信号过大,则应检查该电路板上元件的质量和焊接情况。

⑤测量无操航信号时放大器的输入和输出,无偏航和操舵信号时,可控硅无输出或继电器不动作。若一边有输出信号时,应检查自整角机的零位或放大器的各元件有否损坏或质量不好等情况。

⑥随动操舵

给一小角度操舵角检查输出信号。给反馈信号后观察输出的变化情况。然后进行大角度操舵试验,记录各输入、输出的数据。

3. 常见的故障及修理方法

(1)手轮在零位,舵叶偏离零位

反馈装置松动或自整角机发送器松动使零位不准确;相敏电路有故障,元件参数发生变化,使电路不平衡;控制系统灵敏度过低也会发生舵位不准的现象。同时应检查舵机的机械部分工作是否正常。

(2)左右舵角不对称

自整角机发送器偏离零位;相敏电路输出信号不对称:放大电路三极管参数或特性变化。若操舵时舵叶不停,一直跑满舵,可能无舵角反馈信号,这时应检查反馈回路是否断路或有其他故障。

(3)随动操舵时只能单向来舵

相敏电路桥臂有断路、放大器或可控硅电路某元件损坏或断路;执行电动机或电磁阀线圈有损坏或不动作;电路中有虚焊,造成电路不通等。

(4)系统发生振荡

灵敏度旋钮调节不当,使灵敏度过高;检查灵敏度控制电路中的元件、线路有无异常;有时操舵速度过快会使系统振荡,一般随动操舵系统灵敏度调整到1°~2°。

(5)左右偏舵速度相差过大

检查左右电磁阀或执行电动机的工作有无异常;油路是否堵塞,使动作受阻或使电动机转速不正常。

(6)自动操舵时由罗经给出偏航信号,经控制系统作用使舵偏转,然后给出偏舵反馈信号自动对舵机进行控制。发生故障时,可先操作随动舵,若操舵正常,则故障发生在信号发送部分。这时可检查发送信号的自整角机的工作情况。

自动操舵仪的故障表现很多,下面介绍几个典型的故障及修理方法,见表4-2。

表 4-2　自动操舵仪的常见故障及处理方法

常见故障	维修方法
自动舵不工作	执行装置系统的电源电路作如下检查： ①在舵机房用手柄操舵时，检查电源工作是否正常。 ②在驾驶室用手柄操舵时，检查电路的电源是否正常。 ③操手动舵，检查液压源、机械传动、电动机电磁阀的工作是否正常。 随动、自动操舵系统的电源电路作如下检查： ①主变压器初级绕组供电是否正常。 ②变压器次级绕组输出电压是否正常。 各整流电路、稳压电路等线路端电压是否正常： ①若有异常，对电路进行修理、调试，元件损坏换新。 ②检查自动舵指令发讯部分。自动舵指令的发讯常用电位器或自整角机，自整角机舵令发讯包括：舵令发送机、接收机和相敏整流。旋转航向整定旋钮，自整角发送机和相敏整流应有输出。一般自整角机有 1 V 的交流电压输入，相敏整流应有 0.8 V 的直流电压输出，直流电压输出大小与旋转角度成正比，直流电压的极性取决于旋转的方向。根据这些原则检查自整角机指令发讯部分工作是否正常。 ①检查机械传动部分，观察齿轮的啮合状态。 ②放大电路和开关电路作如下检查：信号比较单元的检查；运算放大器电路的检查；脉冲形成与开关电路的检查；继电开关或可控硅电路的检查
自动舵不准确	检查舵叶机械零位是否准确。 ①检查分罗经跟随主罗经是否准确。 检查接收机机械传动，其阻力矩不得大于 0.01 N·m。 ②检查舵机的发送、接收、反馈装置。若采用自整角机，需对自整角机进行检查。首先对自整角机进行校零。其方法为：确定机械零位，松开自整角机外壳的固定件，用万用表测量自整角机的输出电压，用手轻轻转动自整角机外壳（注意：此时转子不能转动），直到接线之间的电压达到最小（0.1 V 左右）为止。若该点是稳定零点，即可紧固自整角机的固定件；若自整角机找不出稳定零点，可检查激磁绕组是否断路，整步绕组是否短路或开路，先排除 故障，再校零点。 ③检查相敏整流电路的输出是否平衡，即当相敏整流电路输入为零时，相敏整流输出电压不应超过 0.02 V，否则需调整。 ④检查电源变压器副边电压是否对称。 ⑤检查四个桥臂的二极管特性和电阻是否相同。 若以上检查都没有出现异常，可调整四个桥臂电阻和输出电阻，使之输出平衡。 ⑥检查放大电路。对集成运算放大电路，检查各结点工作电压是否正常；对分离件放大电路，检查各元件工作是否正常；检查放大器的灵敏度调节电路；检查开关电路、可控硅电路、电磁阀和执行电机的工作是否正常；检查自动舵比较环节工作是否正常；检查自动舵执行机构和传动机构运行是否灵活，部件磨损是否严重
自动舵不灵敏	①自动舵不灵敏与自动舵不准确有很大关系。 ②检查机械传动部分是否滑动。 ③检查液压源和执行电机等执行部分是否正常。 ④检查电子电路的增益

表 4-2(续)

常见故障	维修方法
自动舵不稳定	①检查放大器的增益,增益选择过高,系统易振荡。 检查开关放大器电路的继电器特性,其宽度不超过灵敏度的二分之一。继电器特性过宽引起系统的不稳定。 ②检查舵令的发送、反馈相位是否正确。 ③检查舵令信号的发送、接收、反馈的自整角机工作是否正确。 ④检查舵的旋转速度,旋转速度取得不合适,也会造成系统的振荡。 ⑤舵机液压系统油路漏油,有空气造成舵机爬行或振荡也能引起系统不稳定。

4. 自动舵修理后的检测与调试

(1)检测与调试的条件

①清洁修理现场,用目测和工具检查修理部分处理是否得当。

②检查电源、液压源和有关辅助设备工作是否正常。

(2)检测与调试

①测量系统的冷态绝缘电阻。

②用 500 V 的兆欧表测量操纵台内的电源接线柱对壳体绝缘,测量时拔掉放大板,系统处于接通自动工作状态,不送电,要求绝缘电阻大于 0.5 MΩ。

③检查自动舵发信机所发信号的极性。先不接通罗经接收机,调整航向匹配旋钮,给出船舶向右偏航的信号,观察舵角指示器是否为左舵,如果为左舵,说明自动舵发信机的稳定零点找得正确,如果为右舵,而且检查接线是正确时,说明稳定零点找得不对,可将发信机的外壳转动 180°,使发信机极性达到要求。

④检查自动操舵仪的灵敏度。用随动舵手轮或自动舵旋钮进行操舵,观察舵叶动作是否达到要求的灵敏度,一般转动 1°~2°指令舵角时,舵叶就开始动作,若达不到,可调节灵敏度旋钮。

⑤随动舵回零与对称性检查。检查随动舵回零与对称性时,把舵轮由零位向左或向右转动某一舵角,然后回零位,观察舵叶是否转动相应舵角回到艏艉线。其误差在小舵角(0°~5°)时不得超过 ±0.5°,大航角(5°~35°)时不得超过 ±1°。

⑥自动操舵回零与对称性检查。左右转动舵向匹配旋钮,给出某一指令舵角,然后回零位,观察舵叶是否转动相应舵角后回到艏艉线,误差不得超过 ±1°。

⑦测定舵角指示误差。在任意一个操舵部位,进行简单操舵,在 30°操舵范围内,每隔 5°测量记录各操舵部位上舵角指示器与实际舵角的读数,其误差值应不大于 ±1°。

⑧检查压舵调节的工作情况。当自动舵偏航时,应能发出偏航声光报警信号,并检查消音按钮是否工作正常。

⑨检查比例环节的工作情况。在自动操舵状态,给定 5°偏航角,将比例分别置 1,2,3,4,5 挡,转舵角相应增大。

⑩检查微分环节的工作情况。在自动操舵状态,将比例舵调到零或最小挡,突加模拟偏航角,应立刻有转舵角输出,转舵角大小应随着微分调节的不同挡次而变化。

四、实训总结

（1）船舶此系列舵机电力拖动控制设备组成部件名称及功能；

（2）如何对电动液压舵机电气系统的进行调试？

（3）当出现随动操舵失灵、灵敏度低、偏舵错误、舵角过大或过小等故障时，应检查哪些项目？

（4）左右舵角不对称是由什么原因引起的？

（5）自动操舵仪的故障表现很多，介绍几个典型的故障及修理方法。

（6）说明自动舵不准确的故障排除方法。

项目五　船舶电站维修

【项目描述】

船舶电站作为船舶电力系统的核心，担负着全船发、配电的重要任务，起着“心脏”作用。特别是电气化自动化船舶，各种工作机械及生活设施都需要用电来控制或拖动，船舶电站的重要性日益提高。作为从事船舶电气技术的专业技术人员而言，学习和掌握船舶电站维修技术，对于全面掌握船舶电站管理、维护与检修的专业知识，确保船舶电站供电可靠、安全稳定、经济运行尤其重要。

【项目目标】

1. 了解船舶电站维护的主要工作内容及特点；
2. 了解船舶电站发电机主要故障类型及特点；
3. 掌握船舶电站常见并车故障的处理方法；
4. 能完成船舶电站的一般维护和简单故障检修；
5. 能正确完成船舶蓄电池的充放电等维护与故障处理；
6. 会处理典型船舶柴油发电机组自控系统的一般故障。

任务一　船舶电站的维护

一、船舶电站主配电板的维护

配电板是用来接受和分配电能，并对发电机和电网进行保护、监测和调整的设备，它是由调节设备、信号装置、测量仪表、各种开关和保护电器等设备组合而成。

1. 配电板的基本要求与功用

(1)根据需要接通或断开电路(手动或自动)；

(2)当电力系统发生故障时，保护装置能按要求动作，切除故障设备、配电网络或发出报警信号；

(3)测量和显示运行中各电气参数，如电压、电流、功率和功率因数等；

(4)能对电站的电压、频率(原动机转速)，以及并联运行的各发电机组的有功、无功功率进行调整；

(5)能对电路状态、开关状态以及偏离正常的工作状态进行信号显示。

2. 配电板的维护周期及技术要求

(1)表面　检查测量仪表是否完好，指示是否正常，每4年应校验一次，检查绝缘监察装置是否完好,各种报警设施是否可靠正确报警;日常更应检查各指示灯指示是否正常,如有异常或损坏应及时换新。

(2)主开关　若每月一次,需检查各活动零件摩擦部分润滑情况,检查所有紧固件有无松动现象,可调部分有无变形或移位现象,及时换掉损坏件,检查各保护装置的整定值标记是否正常;若每半年一次,需检查操作机构是否灵活、可靠。清除灭弧罩及栅片上的积灰,栅片间不应有熔接现象。保持触头表面光洁,副触点良好。检查过载保护装置的工作是否正常,对电动储能合闸的执行电动合闸机构,应检查电动机及电磁铁、制动装置是否保持清洁,并检查磨损情况,失压脱扣机构是否正常、可靠。

对于过载、短路、欠压、逆功率整定值,每4~5年校验一次,并做好标记。

(3)并车电抗器及其接触器　通常每半年一次,需检查并车电抗器接线、并车接触器线圈接线、触头、并车电抗器回路中的熔断器是否完好。

(4)充磁装置　通常每半年一次,需检查整流二极管、变压器等设备工作是否正常,防止倒流。

(5)应急配电板　每月至少要试验1次,检查应急启动是否符合要求。同时每年进行一次效用试验,检查与主配电板的连锁装置动作是否正常。

二、船舶电站自动电压调节器的维护

维护周期每6个月1次。维护内容与要求:

(1)检查调压器的接线头接线是否良好,并检查线性电抗器的间隙大小,有无异常声响,有异常情况及时排除。

(2)检查调压器相与相之间、相与地之间的绝缘是否良好,一般要求绝缘电阻值不得小于0.5 MΩ。若阻值过低,应查找原因,采取措施,使之达到要求值。

(3)检查磁场变阻器的触点接触是否良好,有无短路或断路现象,如有异常,应查明原因及时排除。

(4)对调压器中的电子器件,应按维护电子设备的统一要求进行,插接式印刷电路板应检查接触是否良好,分立元件应检查其外观、引出线、焊接、电路导电钢膜是否有腐蚀。检查熔断器是否符合要求。对半导体整流器,应检查其保护装置是否完好,对于发电机的励磁硅整流器一般要求1~2年内进行一次清洁。测量正反相电阻,做好记录。如发现数值与原始数据或技术说明出入较大,应进行修理或交有关单位进一步测量特性,坏者换新。

三、船舶电站的日常管理

1. 电站运行中的监视与管理

(1)观察配电板上仪表读数,如电压、电流频率、功率、功率因数等并做好记录。

(2)根据工况决定发电机的并联运行或解列。

(3)观察并联发电机功率分配是否合理。如不合理,可手动调节使之合理。交流发电机各相电流不得相差15%,且每相电流不得超过额定值。当发电机超负荷时,若无分级卸载装置,应手动卸去部分次要负荷。

(4)检查运行中的发电机及调压装置是否有不正常的振动及声响,若有异常,应查明原因排除故障。

(5)检查发电机及轴承温度是否正常。轴承最高温度,滚动轴承一般不超过80 ℃,滑动轴承不超过70 ℃,电机的温升不应超过其绝缘等级允许温度。

(6)滑环与碳刷运行中不得出现有害火花。

(7)对故障待修及正常检修的电气设备,断开电源后,应在相应的开关上悬挂警告牌,以免造成触电事故或损坏设备。

(8)同步表及盘面兆欧表均按短时工作设计,故在手动并车或测量完毕后,应将开关打到零位。

(9)经常注意盘面兆欧表及绝缘检查装置所示的绝缘情况,如有绝缘不良,应及时查找原因排除。

2. 电站停止运行后的管理

(1)电站在将长期停止运行或发电机配电板将厂修之前应将绝缘测量并做记录,以备查考。

(2)配电板所有开关应打在断开位置,并锁好门锁。

(3)配电板停用期间,加热驱潮电阻装置应通电加热,严防油、水溅入发电机和配电板内

(4)使用交流电的船接岸电时,应注意电压、频率、相序的一致性。

(5)使用直流电的船接交流岸电时,应加全波整流,否则只能供给照明电源。

3. 船舶电站经过修理或长期停用后投入运行前的检查与要求

电站经修理或长期停用后,在投入运行前一定要经过检查,达到使用要求后才可正式投入运行,主要检查与要求:

(1)配电板主开关各种保护装置整定值的标志是否在原来正常位置,如有变动须调回正常位置。

(2)检查发电机、配电板绝缘电阻值,最低不得小于0.5 MΩ(检查时各分路开关应断开)。

(3)检查配电板上各电器及仪表是否正常,接线是否良好,特别是经过检修或改装部分应注意接线与图纸是否相符。

(4)试验主开关手动合闸是否良好。

(5)检查发电机内部是否有油、水、污垢及其他物件,并检查内外接线端子、电刷、刷握的位置及弹簧压力是否正常。

(6)盘车检查发电机转动是否有异常现象。

四、船舶电站发电机投入运行前的检查

对新安装的发电机或经检修及长期停用的发电机投入运行前应进行检查,以保证发电机安全运行。

(1)仔细检查发电机内部,不得有杂物存在,防止螺钉、工具、抹布等异物落入。

(2)用大约两个大气压的干燥压缩空气或吹风机清除发电机各部分的灰尘。为避免损坏线圈,不得使用金属吹管。

(3)检查发电机的润滑情况,润滑油和润滑脂的质量和数量必须符合维护要求的规定。

(4)检查发电机的与原动机的连接情况是否良好,同时检查两级轴线是否对中。

(5)检查转子转动是否灵活。

(6)集电环与碳刷是否清洁,电刷压力应在14.7 ~19.6 kPa。

(7)测量定、转子的绝缘电阻,用500 V兆欧表测量不得小于0.5 MΩ。

(8)如果情况可能的话,可用塞尺测量气隙,其最大与最小气隙之差与平均气隙之比一般不超过±5%,低速发电机不应超过±10%。

(9)检查接线盒中各接线是否牢固。

(10)检查各紧固件,有松动者应紧好。

(11)正式运转前应进行试车,使发电机空转,检查转向、振动情况,达到额定转速后再停机检查温升等是否符合要求。

五、船舶电站发电机运行中的监视

运行中的发电机,应根据配电盘上仪表指示情况,对发电机进行监视,以便及时发现异常情况,消除隐患,保证正常供电。

1. 发电机温升的监视

发电机运行时,由于铜耗、铁耗及机械等原因会使温度升高。发电机的温升过高,会加速绝缘老化,缩短发电机使用寿命。所以,对运行中的发电机必须严格监视各部分温度,使其不超过最高允许温度。

一般环境温度规定为50 ℃,不同的绝缘材料有不同的额定温升,由于使用环境温度的变化,实际允许温升可相应变化。环境温度升高时,允许温升降低,若环境温度低于50 ℃,实际允许温升可高些。

温升的测量,可用在电机定子槽内的或定子端部的测量元件来测取,也可通过测量绕组的电阻值来求取平均温升。但实际管理中,一般根据经验用手触摸或半导体点温计来粗略估计电机温升。

2. 发电机电压监视

运行中的发电机电压应工作在额定值。其允许变化范围不应超过±5% U_e。若端电压过高过低,都会影响电机、电器的工作,以致引起电机发热。如果过高或过低应查找原因并及时排除。

3. 发电机功率因数与频率的监视

由于船上绝大多数负载是异步电动机,而多数处于半载状态,所以船舶电站功率因数一般都较低,多在0.5~0.6。为了提高功率因数,节约能源,有些船舶加装电容器以提高电站功率因数。对于并联运行的多台发电机,希望各台功率因数基本一致,以提高电网系统的稳定性。

交流发电机正常运行时,电网频率的波动范围应保证在额定频率的±5%以内。

4. 绝缘电阻的监视

绝缘电阻可用配电盘上的兆欧表测量或在停电时间用摇表测量,每月至少1次。定、转子绕组的热态绝缘不应低于0.5 MΩ,若低于此值,应查明原因采取措施,使绝缘提高到允许值以上。

5. 其他部分的监视与检查

对运行中的发电机还须监视、检查机组转动情况、滑环与电刷工作情况,滑环表面是否有电刷粉末和污垢聚集,刷架及刷握上是否有积灰。应经常吹拂、清洁电刷、刷握、刷架及滑环等。

六、船舶电站发电机的日常维护

1. 一般维护

要注意防潮、防尘。发电机附近不应有水、油及污物堆积，不能有腐蚀性气体，以免损伤发电机绕组绝缘。

要注意不能影响发电机的正常通风冷却。要经常清洁通风孔道内的灰尘污物，保持畅通无阻。冷却空气的温度不得过低，以免绕组及其他导电器件上凝结水珠。

对因故短期停止运行的发电机，集电环可不必包扎保护，但要在电刷与集电环之间垫以绝缘纸板、石蜡纸或沥青纸，以防止电刷在集电环表面上形成斑点。

2. 拆装注意事项

发电机的拆装方面与异步电动机大致相同，但由于体积和质量较大，拆装时应注意不要碰伤。

拆卸端盖时，注意不要碰伤定子绕组端部；取出转子时，要在电机定转子间垫以纸板，以防损伤铁芯和绕组；在用钢索绑扎转子时，钢索不得碰到转于轴径、风扇、集电环及转子引线。绑钢索处必须垫以木板或橡皮垫；转子放置时，应放在硬木垫上，衬垫放在轴颈或转子铁芯下面，不得垫在集电环下面，以防集电环变形，转子取出后，集电环要用绝缘厚纸包扎起来，以免碰坏。

3. 发电机的烘干

新安装好的发电机，在运行前如绝缘低于允许值，须进行烘干。如绝缘值满足要求，可不必经烘干处理，但最初 24 h 内，以半负荷运行为好。

凡发电机绝缘电阻低于规定值时，必须进行烘干。如系表面受潮，可用带负荷干燥法进行烘干：凡是因水浸或蒸汽管道漏气而浸湿的发电机必须进行烘干。

船上可用的烘干方式：

（1）热风法

把干燥的清洁的热风吹入发电机中，对定转子绕组进行烘干。为防止转轴变形，周期地把转手转过 180°。干燥过程，应控制绕组表面温度。用温度计测量，绕组表面温度不得超过 85 ℃，进风口的风温不得超过 90 ℃。

（2）短路电流干燥法

把发电机输出端经电流表（接互感器）短接，调节转子励磁电流（可通过自耦调压器接外部电源到整流器上），使定子每相电流为额定电流的 50% ~70%。发电机可以在低于额定转速下运行，但转速应稳定。定子引出端也可经变压器短接，与变压器一起干燥。

干燥开始时，先保持定子电流在额定电流的 50% ~70%，运转 4 ~5 h，然后逐渐提高电流值，使绕组温度达到 75 ~80 ℃，并在整个烘干时间保持此值。温度调解可通过改变定子电流的大小来实现。

（3）带负荷干燥法

船用发电机如仅为表面受潮时，可用带负荷干燥法烘干。干燥时，发电机可先带 50% 额定电流负载运行，然后按 65%，85%，100% 的数值增加到额定电流。每一次负荷运行 24 h。在干燥的过程中应定时地测量各绕组的绝缘电阻。

干燥时注意事项：

加热干燥最好在清洁的空气中进行，干燥前用压缩空气将发电机吹拂干净，若绕组潮湿严重,需先用热风法进行干燥,经一定时间干燥后,再带负荷干燥,以免绝缘被击穿,干燥时,应多放些温度计,分布在发电机的各部分,以便掌握各部分的温度,防止局部过热。

加热应缓慢进行,以免线圈内部的潮气骤然蒸发而发生绝缘损伤。若干燥温度达不到要求温度时,也可在略低的温度下进行,但应加长干燥时间。干燥开始后,每隔 30 min 测量一次温度和绝缘电阻。当温度稳定后,每隔 1 ~2 h 测量一次,并做好记录。

电机干燥初期,由于绕组发热,水分蒸发出来,使绝缘电阻下降,然后又逐渐上升,上升速度越来越慢,最后稳定在一定的数值上。在恒定温度下,绝缘电阻保持 3 h 以上不变时,干燥工作即为结束。

不论何种方式,在干燥后,当线圈冷却到 60 ℃时,定、转子绕组的绝缘电阻以 500 V 兆欧表测量,应不低于 0.5 MΩ。

4. 发电机轴承的维护与保养

采用滚珠、滚柱轴承的电机,当运行约 2 000 h,需更换润滑脂一次。轴承用于灰尘多而又潮湿环境中时,应视具体情况经常更换润滑油。

启动长期停用发电机前,如装有滚动轴承时,必须先检查其润滑状态,若原有润滑脂已脏污或已经硬化变质,必须先用柴油将轴承清洗干净,再用压缩空气吹净,最后填入洁净的润滑脂,填入量为轴承室的 2/3,不可填得过多。

一般在电机解体后,都需更换润滑脂及检查轴承的好坏。其做法是,把转子放在支架或适当的垫物上,先用轻柴油把原润滑脂清洗掉,继而用汽油进一步清洗,再用压缩空气吹干,然后观察轴承表面是否有表皮剥落或斑痕,用手转动轴承,听其运转是否灵活均匀或有杂音。如果表面破损或运转有杂音,该轴承应换新。需换新的轴承可用轴承拉出器拆下,然后用手锤经钢棒或铜管把新轴承装到原来正常位置上,填好润滑脂,把整个电机组装好。

5. 集电环与电刷的维护

集电环的表面应保持光滑,并呈圆柱形。如果表面有铜绿及灼痕时,应用 00 号细砂布研磨。轻者可直接用手研磨,重者可在慢车下小心研磨。

如表面严重灼伤或出现较多较深沟槽时,应送厂光车。为使集电环磨损均匀,一年内必须更换其极性一次。更换极性后,为防止剩磁的消失,对激磁绕组可进行一次充磁。

碳刷系易损元件,应经常检查。若电刷磨损过多,应更换新电刷,新电刷的牌号必须与原来的电刷牌号相同。在同一极性刷杆应一起更换。新电刷应进行研磨,使其与集电环表面接触良好,再在轻载下(额定负载的 1/4 ~1/3),运转到其接触面光滑为止。

任务二　船舶同步发电机并车操作与故障处理

一、同步发电机并联运行操作

发电机并联运行时必须满足一定的条件,而且要按照一定的操作程序进行。

1. 同步发电机并联运行条件

(1)相序一致　待并发电机必须与电网相序一致(检查相序可用相序表)。出厂时,各台发电机的相序都已检查、校对一致,因此实际并车操作时,不必再检查相序。

(2)频率相等　待并发电机的频率应与电网频率相等。实际操作时,允许误差在

0.5 Hz 以内。

(3)相位相等　待并发电机电压初相位应与电网电压相位相同。实际并车操作时,允许待并发电机相位与电网相位相差 10 ~ 15 ℃。

(4)电压有效值相等　待并发电机电压有效值与电网电压有效值相等。实际操作时,待并发电机电压有效值与电网电压有效值之差允许在电网电压的 10% 以内。

2. 同步发电机并联运行操作方法

(1)手动准同步法

手动准同步法是一种最基本的并车方法。通过手动调节发电机的电压有效值、频率、相位,在满足并联运行条件下,由手动合闸进行并车。这种方法,并车条件要求严格,而且全部过程由手动操作,要求操作者的技术要比较熟练。它适合于并联运行操作不频繁的小型船舶电站,或做自动准同步法的备用方法。

手动准同步法并车操作步骤如下:

①检查并调整电网运行发电机及待并发电机电压有效值、频率,使之在额定状态(调节励磁电流实现调压,调节调速手柄实现调频);

②打开整步表(同步表)或同步指示灯开关,调节待并发电机调速手柄,使其频率略高于电网频率(要求频差在 0.5 Hz 之内,即整步表指针顺时针转一圈或同步指示灯明暗一次的时间在 2 s 以上,一般取 3 ~5 s),等待捕捉合闸时刻;

③当整步表指针即将接近同相位点或灯光明暗法全暗时段的中间位置合闸;

④待并发电机主开关合闸后,断开整步表(或同步指示灯)开关;

⑤增大刚并上的发电机组的油门,同时减少原电网运行发电机组的油门,进行负载转移,注意在转移负载过程中保持电网频率在额定值。

(2)半自动准同步法

电压及频率的调节由手动操作,而当达到准同步的条件,合上发电机主开关的操作,由自动同步装置自动完成。

(3)自动准同步法

自动准同步法是依靠自动并车装置来检测、调节待并发电机的频率、相位(电压有效值可由调压器来保证),使之满足并联条件时自动合闸的一种方法。这种方法方便、准确。对电网的冲击小,但设备复杂,维护技术要求高。它适用于并联发电机组数量多、功率大、要求高的船舶电站。自动准同步并车是自动电站的一个重要环节。

(4)粗同步法(电抗同步法)

粗同步法是待并发电机的电压有效值、频率、相位与电网的电压有效值、频率、相位接近时,使待并发电机串一电抗器并入电网,并拉入同步的并车方法。此法由于发电机经过电抗器并入电网,可以大大减小并车时因电压差、频率差及相位差所造成的冲击电流,因而对并车条件的要求可以放宽一些。

粗同步法并车操作步骤如下:

①检查并调整电网运行发电机及待并发电机电压有效值及频率,使之在额定状态(调节励磁电流实现调压,调节调速手柄实现调频);

②接通并车电抗器,使发电机经电抗器并入电网;

③发电机被拉入同步后自动合上主开关,同时手动或自动切断并车电抗器;

④增大刚并上的发电机组的油门,同时减少原电网运行发电机组的油门,进行负载转

移,注意在转移负载过程中保持电网频率在额定值。

二、并联运行发电机机组功率的分配与调节

1. 有功功率调节与分配

并联运行发电机组之间有功功率的调节与分配,是通过主配电板发电机控制屏上的手动调速开关调节柴油机的调速器伺服马达,从而改变柴油机油门的大小来实现的。

在电网负荷不变的情况下,在两台并联运行的同步发电机中,如果调节油门使一台发电机的有功功率增加,为了防止电网频率和电压的变化,必须相应地减小另一台发电机的有功功率输出,使其有功功率的减小量等于有功功率的增加量,此即称为负载的调节与分配。例如,两台同容量同型号发电机并联运行,假设 1 号发电机已带负载运行,2 号发电机刚并入电网,还处于空载状态,这就需要有功功率的调节和分配,将电网有功功率的一半转移给 2 号发电机。方法是:操作人员通过调速开关调节调速器上的伺服马达,并观察功率表和电压表,增大 2 号发电机组的油门,增加其输出功率,同时通过调速开关反方向调节调速器上的伺服马达,减小发电 1 号发电机组的油门,直到有功功率的分配均匀而频率又在允许值以内,调节结束。

当电网负荷减小时,一台发电机组的容量已满足需要,这时需要将另一台发电机组从电网上脱离出来,这称之为解列。解列时同样需要进行有功功率的调节,即将解列机组的有功功率全部转移到电网运行机组上。解列时(假设解列 1 号发电机),操作人员应向相反的方向通过调速开关调节两台发电机组油门的大小,并观察功率表和电流表。应使 2 号发电机的油门加大,1 号发电机的油门减小,直到有功功率全部转移到 2 号发电机上,调节完毕,断开 1 号发电机主开关,使之与电网脱高,解列结束。

装有自动调频调载装置的船舶,只要打开自动调频调载的工作开关,其有功功率的调节和分配就会自动进行。但是要注意自动调频调载装置的工作延时,是对原动机调速器动态调整的一种补充。

2. 无功功率的调节与分配

为了使发电机组保持稳定的并联运行,发电机组之间也必须平均或合理地分配无功功率。

并联运行的发电机组之间无功功率的分配是通过调节发电机的励磁电流实现的。两台同型号同容量的发电机并联运行后,若无功功率的分配情况是:$Q_1 > Q_2$ 这时就需要调节两台发电机的励磁电流,使无功功率平均分配。方法是适当增大 2 号发电机的励磁电流,同时相应减小 1 号发电机的励磁电流,直至两台发电机组之间的无功功率平均分担为止。

(1)判断两机之间的无功功率分配是否均匀方法

判断两机之间的无功功率分配是否均匀,可以采用以下两种方法:

①机组并联运行,两台发电机功率表(有功)指示基本相同而电流表指示相差太大时,说明无功功率分配不均;

②机组并联运行,两台发电机功率表(有功)指示基本相同而功率因数表指示相差较大时,说明无功功率分配不均。

(2)实现无功功率均匀分配的措施

欲使发电机组之间无功功率分配均匀,要求两发电机的外特性曲线斜率相同。在船舶中一般采用均压线或电流稳定装置两种方法来实现无功功率的均匀分配。均压连接方法

有直流均压连接和交流均压连接两种。

①直流均压线

图 5－1 是直流均压连接线路图。直流均压连接法又称转子均压连接法。它只适用于同容量同型号发电机的并联运行。它是将并联运行发电机的励磁绕组用两根均压线并联起来。均压线的接通和断开与发电机主开关相互连锁。图中 1KM 和 2KM 为均压线连接接触器，分由主开关 ACB 和 ACB 的常开辅助触头控制。有了直流均压线后，就能使励磁电流随无功负载的变化而相应变化，以保证无功负载分配均匀。

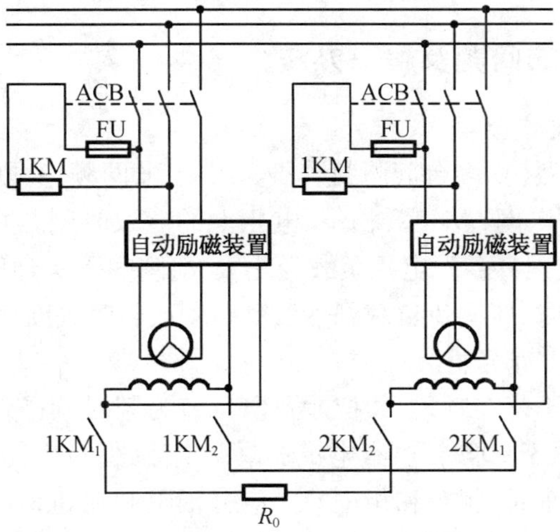

图 5－1　是直流均压连接线路图

②交流均压连接法

它又称之又称为移相电抗器均压连接法。它是将并联运行发电机电压调整器的移相电抗器并联起来。它适用于不同容量的发电机并联运行。这种方法使无功负载分配较好，且均衡电流较小，但并联合闸操作过程中冲击电流较大。

③电流稳定装置

在按电压偏差进行调压的励磁系统中，调差系数 KC 一般是很小的，甚至几乎是无差的。这样，在发电机并联运行时，就会使无功功率的分配不稳定。为了使调压特性曲线为具有足够倾斜度的有差调整特性，且相同，稳定平均地分配无功功率，所以在调压器上加装了可以改变调差系数的装置，因其作用就是利用电流信号，通过调压器作用，以使无功电流的分配稳定，故称作电流稳定装置。图 5－2 是电流稳定装置原理图。

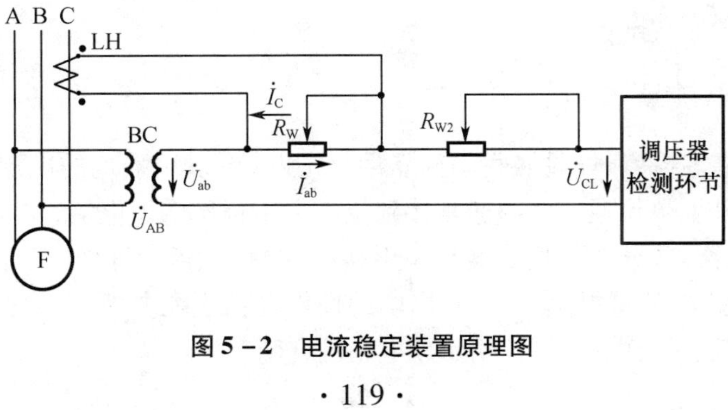

图 5－2　电流稳定装置原理图

(3)均压线连接的无功功率分配装置的故障处理

在发电机并联运行时,其无功功率的分配是由自动电压调整器来自动完成的。但是如果电器元件出现故障,也会使无功功率分配装置出现故障。

①检查均压线接触器是否通电动作,检查线圈本身、发电机主开关常开辅触点、熔断器、导线及相应接线柱等,或修复或更新。

②检查均压线接触器触点是否可靠闭合,或打磨修理或更新。如果触头接触不良,会使均压线断路,并车时不易并上,即使空气开关能合闸,发电机也不能稳定地并联运行,两台发电机的电流可能同时急剧上升,直至发电机的主开关保护动作而跳闸。

三、并车操作遇到的问题及解决办法

1. 电网参数波动太大

并车时,负载变动剧烈(如多台起货机作业),引起电网频率、功率、电压和电流大幅度波动,难以捕捉待并机与电网在频率、相位、电压上的一致时刻。并车时,常会因巨大冲击电流而使主开关跳闸 ,或因各台发电机负载变化太大,瞬间无法合理分配,而使逆功率装置动作。因此,在并车操作时,应避免负载剧烈波动时刻或暂时关断剧烈波动的负载。

2. 操作不当,不满足并车条件

准同步并车时,如果不是在频差、相位差及电压差为零时刻操作,引起冲击电流较大而使并车失败。当相位差大于90°时,虽有电抗器限制电流,但过大的冲击电流仍可使主开关跳闸。因此,在粗同步并车时,频差和相位差也应分别限制在0.5 Hz和90°之内,实际上要尽量使频差及相位差小些,最好使待并机的频率稍高于电网频率,其电压相位超前电网电压相位30°之内合闸。

3. 空载并车

两台并联发电机都处于空载状态时,很难稳定工作,电网稍有波动,就会出现逆功率引起跳闸。一般来说,电网上运行的发电机应带5%以上的额定负载时,再并一台较好。

4. 并车装置或均压线不正常

当并车装置或均压线有故障时,都会使并车失败。新建或经过大修的发电机,要重新检查相序及均压线极性的正确性,接线端钮是否良好。对于使用中的电站,应经常检查并车装置,如电抗器、电抗器接触器、均压线接触器的主副触头接触是否良好。

比较常见的故障,是均压线接触器接触不良,接线头松动,电抗器因接触器未脱开而烧坏等。

5. 未及时转移负载

对于无自动调频调载装置的船舶电站,发电机并入电网之后,应及时转移负载,否则会因电网波动而出现逆功率跳闸。

四、接岸电时注意事项

船舶进厂及靠港检修时,或某些船舶靠港停泊时,可以用陆地的电源来供电,称为“岸电”。接岸电时,陆上电源通过电缆通常接到位于主甲板层的岸电箱,岸电箱一般都有岸电电源指示灯、断路器(或开关加熔断器)、岸电接线柱、相序指示灯(或负序继电器)、表明船电的额定电压与额定频率的标牌。换接岸电的操作是在主配电板上进行的,在主配电板上除岸电开关外,还设有岸电指示灯,指示岸电箱已合闸。

1. 接岸电注意事项

(1)接岸电时,岸电与船电的电流种类应一致;

(2)接岸电时,岸电的额定频率、额定电压应与船电相一致;

(3)当岸电为三相四线制时,需将岸电的中性线接在岸电箱上并接船体的接线柱上。只有船体与岸电中性线相连后,才可接通岸电;

(4)合上岸电箱上的开关,只有当岸电相序与船电相序一致时才可到主配电板前进行转接岸电操作,由相序指示器(岸电箱上均装有)测定岸电相序和船电一致;

(5)船舶接岸电时严禁船舶发电机合闸供电,只有在岸电切除后发电机才可合闸供电,两者不可能同时合闸;

(6)经船级社(如 GL)认可,某些船舶设有船电与岸电并联设施,这仅仅是为了转移负载,仅允许船上供电系统和岸电电网做短暂的并联运行。

2. 换接岸电操作

(1)进厂坞修时,将岸上电力电缆接在岸电箱的岸电接线柱上,合上岸上配电开关,岸电电源指示灯亮(一般由船厂人员承担)。

(2)在船电供电情况下合上岸电箱上开关。由岸电箱上相序测定器指示岸电与船电间相序,当两个指示灯的亮暗关系与岸电箱上标志相一致时,说明岸电相序与船电相序一致。否则即相序不一致。若为负序继电器,则当相序不一致时,岸电箱的开关合上即跳闸。

(3)在主配电板前,当岸电指示器已表明岸电已通电时,分断发电机主开关,电网失电后立即合上岸电开关,此时船舶电网已换接成岸电供电。

3. 相序测定器

相序测定器为指示灯的原理线路,如图 5-3 所示。相序测定器指示灯电路的三相负载是不对称的。当接电容 C 的一相设定为 A 相时,则灯较亮的一相为 B 相,灯较暗的一相为 C 相。

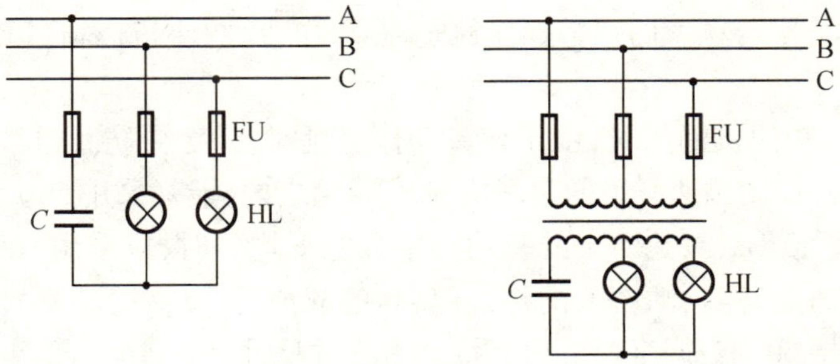

图 5-3　相序指示灯电路图

五、发电机并车故障处理

1. 并联机组无功分配不均,无法并车

两台发电机的有功功率基本相同,但电流相差很大,或功率因数表读数相差很大,造成并联机组无功分配不均,并联失败。

处理方法:

(1)采用均压线的不可控相复励系统,若均压线断开会发生此故障,此时应检查均压接触器。

① 检查接触器是否通电动作,检查线圈及相应发电机主开关常开辅触点等,若有问题修复或换新;

②检查接触器主触点是否可靠闭合,若有问题修复或换新。

(2)可控相复励调压系统或其他调压系统,调节发电机的电压调整特性线,在主配电板内部或发电机调压器板上设有调节电位器;调整该电位器使电流基本相同或功率因数基本相同。若调整无效,则是调压器出现问题,应当检修。

2. 操作不当,并车不成功

两台发电机,一台在网运行。另一台启动正常,用手动准同步法并车时,由于操作要领把握不住,并车失败。

处理方法:

(1)在主配电板前测看两台机组电压表的数值指示,一般均在许可范围内。只要发电机满足船级社规范要求,则电压差一定在 ±5% 以内,因此通常不需要考虑。

(2)初步调整待并机的频率;再打开同步表开关,观看同步表指针旋转方向与旋转速度。

(3)通过发电机控制屏(或并车屏)上调速开关(或调速按钮),按同步表的转向及旋转速度对待并机组做相应调整。通常我们希望待并机在正差频下进行并车,这样并车瞬间一方面不会发生逆功率,另一方面待并机一并上网即承担一定的负荷。同步表顺时针旋转表示待并机组频率高于电网频率,一般调整到同步表指针向快的方向旋转,且转一圈的时间在3 ~5 s之间(相应频差在0.33 ~0.2 Hz),即可准备合闸。

(4)并车时应考虑发电机主开关固有的动作时间。根据主开关合闸动作时间,选取合适的提前角,当同步表指针转一圈的时间在3 ~5 s之间,电磁铁合闸操作机构的可在57 min时合闸。

(5)并上车后应关闭同步表开关。

(6)进入负载分配与频率的调整操作程序,注意均功时电网频率的变化,可采用双手调节或单手调节。

调节两台发电柴油机油门时,由于设备动作有延时,一定要防止过度调节而造成逆功率或频率偏差过大,扳动调速开关的时间应在3 ~4 s之内,最好采用点动调节。操作时,如果电网频率保持在60 Hz,只是两机的有功功率分配不均匀时,应采用双手调节,即同步调节两机的油门(同时起、停),功率低的加油门,高的减油门,以保持功率转移过程中总油门不变,电网功率维持60 Hz;调至两机功率将要均分时及时停止,防止超调。功率均分后,如果电网频率又出现偏差,应再次进行双手调节,同步调高两机的油门(频率低时)或反之。当两机的功率不均分,电网频率也有偏差时,采用单手调节效果更好:如果电网频率高于50 Hz,应调低功率高的发电机的油门,转移功率的同时也调低电网频率;反之亦然。

任务三　船舶发电机主开关及电网系统常见故障的检修

船舶配电装置是用来控制、分配、保护、测量和调整发电机及负载的需要,船舶配电装置上装有不同用途的控制、保护和测量用的电气设备,常用的有:自动空气断路器、组合开关、万能式转换开关、励磁变阻器、逆功率继电器及各类电压表、电流表、功率表、功率因数表、兆欧表等测量仪表。

自动空气断路器也称为自动空气开关,有框架式与塑壳式两种类型。船舶发电机主开关大多采用框架式,配电开关大多采用塑壳式。通常在船舶电站主配电板中,发电机主开关是框架式空气断路器,其他配电开关大多采用塑壳式。

一、船舶电站发电机主开关(ACB)常见故障及处理

发电机主开关在电站中是一个重要部件。发电机与主汇流排接通与断开的协调工作就是由主开关来完成的。

框架式自动空气断路器(Air Circuit Breaker, ACB):自动(Automatic)是指此设备除可以手动合、分电路外,也可以自动合、分电路。

空气(Air):是指触点分断后的绝缘物质为空气;断路器(Circuit Breaker)就是开关。

框架式自动空气断路器,正常运行时作为接通和断开主电路的开关电器,在不正常运行时对主电路进行过载、短路和失欠压保护,自动断开电路。所以,框架式自动空气断路器既是一种开关(Switching)电器,又是一种保护(Protection)电器。

1. 国产主开关常见故障及处理

配电板上的载正常状态下主开关在正常状态作为接通或断开主电路的开关电器,在非正常状态,它又用作对主电路进行过载、短路和欠压保护电器。常见故障及处理方法见表 5-1。

表 5-1 主开关常见故障及处理

故障现象	故障原因	处理方法
主开关合不上闸	1. 失压脱扣器不动作; 2. 过电流脱扣器失调(即动作值太小); 3. 脱扣机构磨蚀严重,钩不住; 4. 热脱扣器动作后没有复位	1. 检查失压脱扣线圈是否断路,若断路应修复或换新,保险丝是否烧断; 2. 校正,调到规定值; 3. 修理脱扣机械或换新; 4. 停 1~2 s,待热元件复位
主开关合闸后电网无电压	1. 主触头烧坏,动静触头不接触; 2. 动触头连接线松脱或断线	1. 检查、修理或更换主触头; 2. 检查连线及连接处,接好或紧固螺钉
主开关跳闸	1. 失压脱扣器的脱扣钩握持不牢; 2. 失压脱扣线圈串联电阻过大; 3. 失压脱扣器反作用弹簧拉力过大; 4. 过电流脱扣器失调,动作值大小; 5. 负载突然加大; 6. 过载继电器的延时大小或无延时作用; 7. 逆功率继电器的线圈烧坏或接线错误,造成失灵	1. 检查脱扣机构; 2. 检查串联电阻及连线是否良好; 3. 检查、调小弹簧拉力; 4. 校核、调整到规定值; 5. 检查调压器及调速器动特性,或调小脱扣器弹簧拉力; 6. 检查、调整到规定延时值; 7. 改为正确接线或更换线圈

2. 国际常用型号主开关常见故障及处理

国际常用型号主开关，由于多采用英文标志，加之在结构上于国产不完全一致，故常见故障及处理方法不尽相同。通常可按照使用说明书(Instruction Manual)中故障处理表进行。表5－2所列为MIT－SUBISHI AE－SS、AE－SH型断路器异常现象处置方法，其他国外公司产品的处置方法也类似。

表5－2　MIT－SUBISHI AE－SS、AE－SH型断路器异常现象处置方法

异常现象的种类和状态	估计原因	处置方法
无法合闸	1. 不执行合闸操作； 2. 未解除 OFF 锁扣装置(CYL、CAL、挂锁)	应解除 OFF 锁扣鞍置（CYL、CAL、挂锁）
	3. 抽出位置不正确	应设在 DISCONNECTED、TEST、CONNECTED 三个位置中的一个；如果一次处置不能合闸，与厂家联系
	4. 插入了抽出手柄	应卸下抽出手柄
	5. 失压线圈 UVT 没电	给 UVT 通电。当 UVT 发生异常时，参阅(UVT 不吸引)
	6. 合闸弹簧未储能	1. 手动储能； 2. 如果不能手动储能，与厂家联系； 3. 如果不能电动储能，参阅“无法电动储能”
	7. 合闸线围不工作(可手动合闸)	1. 在不通电情况下，检查控制电路； 2. 在通电情况下，检查控制端子板下部的紧固端子的接触情况； 3. 如果紧固端子的接触没有异常，则应更换合闸线圈
	8. 可执行合闸操作，在合闸的同时跳闸 9. UVT 线圈出现故障	1. 检查 UVT 线圈是否出现故障； 2. 如果 UVT 线圈出现故障，则应更换 UVT 线圈
	10. 合闸挡闩与跳闸挡闩之间的弹簧脱落	与厂家联系
	11. 合闸挡闩与跳闸挡闩的安装螺钉松动	1. 重新拧紧； 2. 如果重新拧紧后仍不合闸，请与本厂家联系
	12. 因合闸操作后的储能而关闭	与厂家联系
	13. ON 按钮破损	与厂家联系
	14. ON 技钮无法按下	与厂家联系

表 5 - 2(续)

<table>
<tr><th>异常现象的种类和状态</th><th>估计原因</th><th>处置方法</th></tr>
<tr><td rowspan="8">2. 无法跳闸</td><td>1. 即使按了 OFF 按钮也不跳闸</td><td>与厂家联系</td></tr>
<tr><td rowspan="4">2. SHT 不工作(可手动跳闸)</td><td>在不施加电压情况下,检查操作电压</td></tr>
<tr><td>1. 在施加电压情况下,检查控制端子板下的紧固端子 S_+ 与 S_- 的接触情况;
2. 如无异常,则应检查 SHT 线圈</td></tr>
<tr><td>1. 卸下 SHT 线圈,拔掉连接器,然后在额定电压下检查 SHT 的工作情况,(通电时间不超过 5 s);
2. 如无异常,则应检查 SHT 线圈</td></tr>
<tr><td>当断路器处于合闸状态时,从连接器上拔下控制端子板的 S_+ 和 S_- 端子以及 SHT 线圈,然后检查连接器的导通情况;
如不导通,则应更换 AX 单元</td></tr>
<tr><td>3. OFF 按钮无法按下</td><td>请与厂家联系</td></tr>
<tr><td>4. OFF 按钮破损</td><td>请与厂家联系</td></tr>
<tr style="display:none"></tr>
<tr><td rowspan="5">3. 无法储能</td><td>1. 无法手动储能:手动储能手柄破损</td><td>请与本厂联系</td></tr>
<tr><td>2. 开关机构出现异常</td><td>请与本厂联系</td></tr>
<tr><td>3. 无法电动储能,未施加电压</td><td></td></tr>
<tr><td rowspan="2">4. 已知电压</td><td>1. 马达不转动
(1)检查紧固端子板下的紧固端子 M_+ 和 M_- 的接触情况。如果是 DC,还应检查电源的极性。如有异常,则应使接触紧固牢靠;如无异常,则应更换电动储能单元
(2)检查电动储能单元连接器的接触情况</td></tr>
<tr><td>2. 马达转动,但不储能检查能否手动储能。如无异常,则应更换电动储能单元;如有异常,则请与本厂家联系</td></tr>
<tr><td rowspan="5">4. 异常温度上升</td><td>1. 连接导体的固定处发生松</td><td>1. 重新紧固;
2. 如果发现导体变色或端子部分的压模被烧环,则应更换断路器更换断路器</td></tr>
<tr><td>2. 连接头的接压板簧损伤</td><td>更换框架</td></tr>
<tr><td>3. 触头的接触电阻增大</td><td>1. 清洁触头表面;
2. 如果清洁触头表面后,温度仍不下降,则应更换断路器</td></tr>
<tr><td>4. 触头磨损严重</td><td>1. 检查触头;
2. 如果与寿命有关,则应更换断路器</td></tr>
<tr><td>5. 通电电流很大</td><td>减少通电电流</td></tr>
</table>

表 5－2(续)

异常现象的种类和状态	估计原因	处置方法
5. UVT 不吸引(UVT 控制器出现异常)	1. 未给输入端子施加电压	1. 检查是否有输入电压; 2. 如果末施加电压,则应检查电源电路
	2. 跳闸端于 US_+ 和 US_- 发生短路(如果是 b 触头方式,则发生分闸)	1. 检查跳闸端子 US_+ 和 US_- 是否发生短路(如果是 b 触头方式,是否发生分闸); 2. 如无异常,则请检查输出端子
	3. 输出端子 US_+ 和 US_- 无输出	1. 检查输出电压。由于是开关电压,因此平均值约为 25 V; 2. 如无输出,则应更换 UVT 控制器;如有输出,则应检查 UVT 线圈
	4. UVT 线圈断开	1. 检查 UVT 线圈是否导通; 2. 如不导通,则应更换 UVT 线圈
6. 辅助开关不发生切换	1. 连接器断开	1. 检查端子(ATC)是否接触; 2. 如无异常,则应更换辅助开关
	2. 辅助开关工作部件折损	请与本厂家联系
7. 抽出手柄不动作	1. 抽出手柄无法插入	1. 先按 OFF 按钮,然后再插入抽出手柄; 2. 如果按了 OFF 按钮也无法插入抽出手柄,请与本厂家联系
	2. 锁定板无法推入	1. 将抽出手柄朝左右少许转动,然后在容易推入的位置将锁定板推入; 2. 如无法推入,则请与本厂家联系
	3. 锁定板在“TEST”和“CONNECTED”位置不凸起	更换抽出位置显示窗
	4. 锁定板虽在“TESI”和“CONNECTED"位置凸起,但不锁定抽出和插入操作	更换抽出位置显示窗
	5. 抽出位置显示宙不改变显示	更换抽出位置显示窗
	6. 抽出手柄不转动	请与本厂家联系
	7. 安全挡板(SST)破损,影响抽出和插入操作	1. 去除破损部件; 2. 更换破损部件
	8. 连接头破损,影响抽出和插入操作	请与本厂家联系
	9. 控制电路端子(ATC)破损,影响抽出和插入操作	更换控制电路端子
8. 安全挡板(SST)不工作	1. 安全挡板(SST)的隔栏破损	更换破损部件
	2. 安全挡板的杆折断	更换破损部件

表 5-2(续)

异常现象的种类和状态	估计原因	处置方法
9. 控制电路端子(ATC)在 TEST 和 CONNECTED 位置不接触	1. 控制电路端子的压模破损	与厂家联系
	2. 控制电路端子的插片破损	与厂家联系

二、发电机保护动作使主开关跳闸的判别

1. 发电机过载保护的判别

发电机过载致主开关跳闸,一般是发生在发电机单机运行在较大负荷下,在不察看发电机实际功率时启动大负荷运行,如启动空压机、压载泵等致发电机过载而跳闸;也可能发生在并联运行时,其中一台机组因机电故障保护立即跳闸,而分级卸载装置失灵或卸载后仍过载致运行机组出现过载而发生保护跳闸等场合。

2. 发电机欠压保护的判别

发电机欠压保护跳闸主要发生在调速器及燃油系统或调压器出现故障的场合。调速器及燃油系统故障导致欠压保护的判断依据是先出现转速下降(这可从柴油机声音听到)后发生跳闸,调压器故障导致的欠压保护可先出现电压下降(这可从照明灯的亮度变化看出)后发生跳闸。

3. 发电机逆功率保护的判别

发电机逆功率保护跳闸主要发生在并车操作合闸时刻掌握不当,导致待并机组主开关合上后跳闸,或并联运行时负荷分配操作调节方向调反,或并联时其中一台柴油机调速器损坏或燃油中断等场合会发生逆功率保护跳闸。

4. 发电机外部短路故障的判别

这里指的是按规范要求的对发电机外部短路保护,即发电机电流过大时主开关跳闸这一故障的判别。

(1)对于具有自动电站管理系统的电站　当发生发电机主开关跳闸主电网失电除报警外机舱没有任何其他反应且报警指示的是短路故障时,说明这时发生了发电机外部短路故障。

(2)对于常规电站　当发生发电机主开关跳闸,这一跳闸不是发生在同时启动几台大负荷时,也不是出现在利用船上起货机进行装卸货作业时;不是先出现转速下降后发生主开关跳闸,也不是先发生电压下降后再跳闸(从照明灯的亮度可得到判别)。这时一般可断定发生了发电机外部短路故障,但也不排除有关人员的操作失误如并车操作不当使发电机电流达短路保护整定值,也有可能是由于主开关本身故障引起跳闸。

三、主开关跳闸的应急处理

配电板主开关跳闸会造成全船停电事故。航行中的船舶,特别是机动状态的船舶,如不能立即恢复供电,会使船舶失去控制动力电源,船舶处于失控状态,极易引起触礁、撞船

等重大恶性事故，后果不堪设想。因此，遇到跳闸后，应迅速赶赴现场，果断地采取有效措施，力争在最短时间恢复供电。

主开关跳闸后，惊慌失措，应保持沉着、冷静、果断、准确。视跳闸前后的具体情况采取相应措施。

1. 可能引起跳闸的原因

(1) 负荷太大或电网发生短路，引起过载或短路保护动作而跳闸；

(2) 发电机主开关误动作而跳闸，即不属于主开关保护功能正常动作的跳闸。如由于剧烈振动，使失压脱扣线圈失电而跳闸等；

(3) 调整器失灵，使原动机的油门不能随负荷大小而做相应调节，转速过高或过低，使超速或低速保护装置或欠压保护动作而跳闸；

(4) 燃油系统渗水或燃油管系堵塞，关错燃油阀，使燃油中断等，使原动机停车；

(5) 装卸货时跳闸，多因数台起货机同时启动，过载而跳闸；

(6) 并车引起跳闸，应立即使任一台发电机合闸，再重新并车。

2. 采取的措施

(1) 遇到跳闸事故，机电主管人员应迅速奔赴机舱现场，一方面立即启动备用机组，另一方面同时观察配电板上电压表及频率表，如二表指示正常，可关掉一些次要负载或起货机，重新合闸，仔细观察各指示仪表的变化，一切稳定正常，可继续送电使用；如果电压表、频率表无指示，表明发电机组或调压系统有问题，需进一步检查，待备用机组启动成功后，合闸送电，再进一步检查故障机组。

(2) 如备用机组启动建立电压后，合不上闸，说明负载有短路可能，应先关掉所有负载，再逐一送电，可把短路负载筛选出来，再进行检修。

四、船舶电网故障处理

航行中的船舶由于各种机、电故障或操作不当等原因均可能会引起全船跳电。作为电气（或轮机）管理人员，当发生跳电事件后应能正确地处理，以避免由此可能引发的严重恶性事故（如船舶处在进出港、狭窄水道、特大风浪等场合）。对于普通电站的处理与具有自动电力管理系统的电站处理，两者有较大不同。

1. 常规电站电网失电后的处理

(1) 并车操作时发生电网跳电

首先检查原运行机组与待并机组的机、电状况，若由于是并车操作不当导致发电机主开关过流保护动作跳闸或逆功率保护动作跳闸。可复位过流继电器或复位逆功率继电器（视具体发电机控制屏而定，有些不需要），恢复正常后合上其中任一台机组的主开关，然后按功率大小及重要性逐级启动各类负荷，待发电机组带上约50%以上负荷时再将另一台机组按并车条件进行并车操作。

(2) 运行机组因机械故障发生电网跳电

首先应答警报、消声，若报警装置指示滑油失压或机组超速等，可启动备用机组，待转速、滑油压力、电压正常后合闸供电，之后按功率大小及重要性逐级启动各类负荷，最后检修故障机组。

(3) 单机运行时启动大负荷或几乎同时启动几个较大负荷时（如用船上起货机进行装卸货作业）发生电网跳电先应答警报、消声，复位过流继电器（视具体发电机控制屏而定，有些不需要)，然后合上发电机主开关，再按功率大小及重要性逐级启动各类负荷投入运行，之后启动备用发电机组，待一切正常后按并车操作要求进行并联运行的操作，并车完成后再启动大负荷投入运行。

(4)运行机组因发电机内部短路或失压保护动作发生电网跳电

常规电站大多无此报警功能，若机组仍在运行但电压很低或没有电压，说明是失压保护跳闸，则应停这一台机组，然后启动备用机组投入电网运行，最后再检查故障机组的发电机调压器；若机组仍在运行且电压正常，说明可能是短路保护跳闸，则应检查主配电板汇流排是否短路，排除短路故障后或确定主配电板没有发生短路故障时即可合闸供电。

(5)运行机组主开关误动作跳闸或因船舶电网选择性保护不良发生电网跳电

因无此报警功能，按上述短路保护处理方案检查，确定配电板没有发生短路后才可合闸供电。

(6)燃油供给故障(如调速器失灵、断燃油等)发生电网跳电

基本上没有这类监测报警功能，主开关仍系失压保护跳闸。现象：伴随着转速下降而跳闸停机。检查系统燃油供给系统，确定系统无故障后启动备用发电机组投入电网运行，然后检修故障机组的调速器及燃油供给系统。

2. 对于具有自动电站管理系统的电网失电后的处理

(1)除因短路保护导致发电机主开关跳闸断电外，对于其他各种机、电故障致主开关跳闸，自动电站管理系统均能自动处理，不需要值班轮机人员干涉，值班人员仅需按照报警指示故障进行相应检查、排除处理即可。

(2)若电网突然失电除警报外所有设备均停止运行。此时值班人员切忌启动机组、合闸供电，首先应查看报警指示。警报指示发电机短路，控制系统自动切换至非自动状态。应答后至主配电板后面仔细检查汇流排是否发生短路，找到短路点排除后或确定主配电板没有发生短路(船舶电网短路保护的选择性整定不当)才可按复位按钮，系统即恢复至自动状态，同时解除阻塞，此时值班人员可遥控启动值班发电机组投入电网运行即可。

3. 船舶电网绝缘故障处理

船舶电网通常都是采用三相三线绝缘系统，电力网中任何一点单相接地均属于不正常状态。虽然这种状态在短时间内不致出现问题，但是未接地的两线对地已是线电压，若再有一相接地，则形成短路，这是一种潜伏性的事故状态，必须及时发现予以消除。船舶在主配电板照明配电屏上装设有电网绝缘检测装置，常见的绝缘检测装置有“接地灯”(也称为“地气灯”)、配电板式兆欧表、电网绝缘检测仪等几种类型。船舶电网绝缘测量是在电网有电情况下进行的，不能使用便携式兆欧表。

配电板式兆欧表由测量机构(表头)和附加装置(整流电源)组成，通过转换开关可分别测量 380 V(440 V)动力电网和 220 V(110 V)照明电网绝缘电阻。如图 5－4 所示，若测动力电网的 C 相绝缘电阻，当电网绝缘下降时，漏电流将增大，漏电流经电源正极接线柱3——电网——绝缘电阻 R_x—测量机构—接线柱 4(电源负极)，漏电流越大，测量机构指针偏转越大，说明绝缘电阻越小。

当测量照明电网对地绝缘时，将转换开关从 0 位打到 220 V 位，从附加装置正端流出的直流电流经转换开关转到 220 V 照明电网，再经照明电网对地的绝缘电阻流到测量表头，最后流回附加装置的负端。动力电网对地绝缘的测量同照明网络。电网对地绝缘电阻越低，表头指针偏转就越大，当一相接地时，表头指针偏转最大，指示绝缘电阻值为 0。

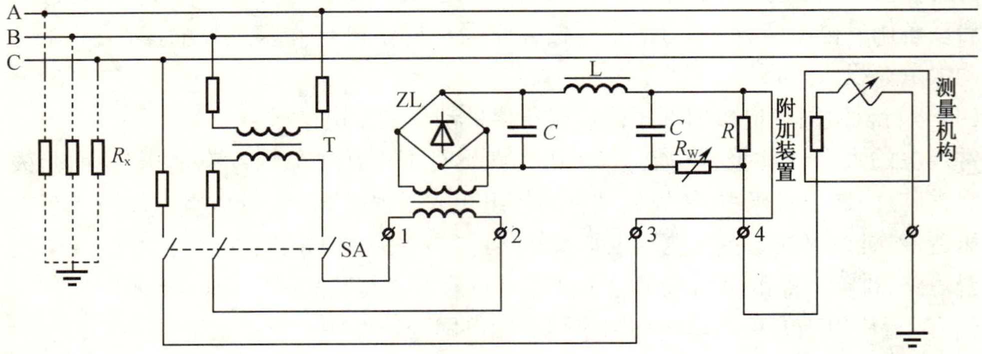

图5-4 配电式兆欧表测量电网绝缘示意图

对于新建造的船舶，各船级社规定：用于电力、电热和照明的绝缘配电系统，不论是一次还是二次配电网络，均应设有连续监测装置，用以监测相对于船体的绝缘电阻，且在绝缘电阻异常低时发出声、光信号。当对船体的绝缘电阻一旦下降至100 Ω/V以下时必须触发报警装置。

任务四　船舶发电机及励磁调压系统的常见故障处理

目前船舶采用的主发电机有有刷同步发电机和无刷同步发电机两种形式。而同步发电机的励磁调压系统的形式有：不可控相复励调压系统、可控相复励调压系统、可控硅励磁调压系统、无刷励磁发电机调压系统等。

对有刷电机而言，常见的故障有定子绕组断路、相间短路、匝间短路、转子励磁线圈断路、短路，电刷接触不良、电刷磨损过度等故障。对于一般短路故障，解体后肉眼可以看出。对于匝间短路，常见的有机壳局部发热严重，三相电压不对称的现象，一般不难判断，其主要原因一般是转子端部的热变形、线圈端部垫块的松动、小的导电粒子或碎渣进入线圈端部及通风沟等引起。转子励磁线圈短路一般可归结为励磁电流增大，通过测量励磁回路或解体电机后便可发现。

对于无刷同步发电机，它自带了一个转枢式励磁机和旋转整流子，一般故障有旋转整流子击穿或断路、转枢式绕组励磁线圈的短路或断路故障。分析故障原因时，要注意区分故障原因是属于主发电机还是励磁机，如果励磁电流为额定值，而发电机电压不为额定值，说明故障在于发电机。如果励磁电流不正常，则故障在励磁调压系统。

一、不可控相复励调压系统常见故障处理

1. 不可控相复励励磁恒压装置

不可控相复励自励恒压装置通常有三种类型：电流叠加型、电磁叠加型、电势叠加型。目前常用的为前两种类型，由于这种装置线路简单，维护工作量少，可靠性高等特点，中小型船舶中仍在广泛使用。

图5－5(a)、(b)、(c)、(d)线路既能反映电流大小,也能反映电流相位,统称为相位复励线路,简称相复励线路。

图5－5(a)是电流叠加相复励线路。发电机端电压经电抗器X产生的交流侧励磁电流 $\dot{I}_1$,电流互感器CT副边电流为 $\dot{I}_2$,这两个分量的电流在整流器的交流侧相加,形成总的交流励磁电流 $\dot{I}_1$,$\dot{I}_1$ 经整流后再给发电机励磁。由于 $\dot{I}_2$ 不仅随发电机负载电流的大小而变化其大小,其相位也随发电机负载功率因数的变化而变化,因此合成交流励磁电流既能反映负载电流的大小,又能反映负载的功率因数。

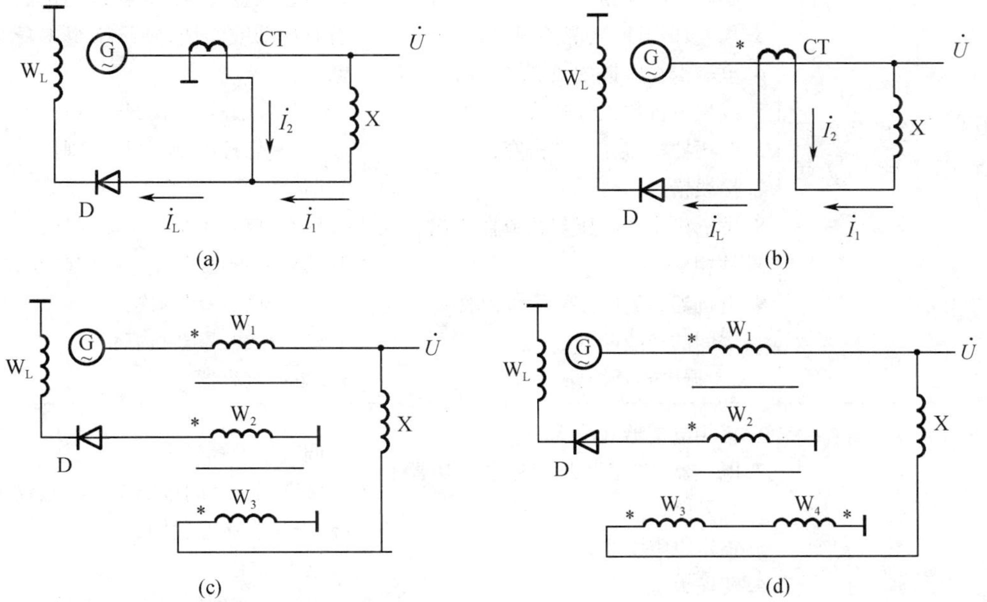

图5－5　相复励电路

(a)电流叠加相复励;(b)电势叠加相复励;(c)电磁叠加相复励;(d)带有电压曲折绕组的电磁叠加相复励

图5－5(b)与图5－5(a)线路相比,其不同之处是负载电流被转换为与之成正比的某一个电压信号,它与发电机端电压按相位关系移相后形成的电压分量合成,然后经整流器整流产生直流励磁电流。这种线路也能同时反映负载电流的大小和负载的功率因数,称为电势叠加相复励线路。

图5－5(c)是磁势相加线路,它是目前应用最广泛的线路。磁势相加线路的主要优点是:定子电压和转子电压易于匹配,可以增加其他绕组(如磁化绕组、曲折绕组等)以完成一些其他的功能,调整也比较方便。为了改进三绕组电磁叠加不可控相复励系统的性能,提高调压精度。在相复励变压器的铁芯上增加一个电压绕组 W_4,图5－5(d)是带有电压曲折绕组的磁势叠加相复励线路,其每相铁芯柱上的 W_1 绕组总是与其滞后相上的 W_4 绕组反向串联,即A相铁芯柱上的 W_1 绕组与B相铁芯柱上的 W_4 绕组反向串联、B相铁芯柱上的 W_1 绕组与C相铁芯柱上的 W_4 绕组反向串联、C相铁芯柱上的 W_1 绕组与A相铁芯柱上的 W_4 绕组反向串联。电流叠加和电磁叠加不可控相复励系统,结构简单,工作可靠,无运动部件,动态调整特性好,有一定的强励能力。但是静态特性与提高供电质量的要求相比,仍存在一定的差距。主要原因是对端电压变化后的调节与校正不能即时解决,而必须通过负载电流或功率因数的变化来调压,故称不可控相复励系统。

2. 同步发电机与不可控相复励调压器配合发电系统常见故障检修

不可控相复励调压系统元件少，线路简单，进行故障分析与检修时，须根据工作过程和具体故障现象对照工作原理图检查是哪个环节出了故障，它们常见的故障见表5－3。

表5－3　发电机和调压器常见故障处理

故障现象	故障原因	处理方法
发电机转速已达到额定值．但不能建立起电压	1. 没有剩磁； 2. 励磁绕组开路； 3. 集电环锈蚀、发黑不导电； 4. 电刷卡在刷握中或刷辫线断开； 5. 线性电抗器无气隙或气隙太小； 6. 调压器整流元件被击穿； 7. 接线错误； 8. 发电机剩磁电压与整流器输出电压极性相反； 9. 电抗器、谐振电容器和相复励变压器之间的连线断开； 10. 谐振电容器短路	1. 用外电源进行充磁； 2. 检查从整流器至励磁绕组的连接是否有松动或断线，励磁绕组本身是否断线； 3. 用0号细砂布打磨集电环； 4. 检查、修理电刷、刷握及刷辫； 5. 谓整气隙到适当大小； 6. 检查、更换击穿的整流元件； 7. 认真检查接线，更正接错的地方； 8. 调换励磁绕组的连接； 9. 检查连线，重新接好； 10. 更换电容器
发电机电压低于额定电压	1. 移相电抗器气隙太小； 2. 电抗器、整流器及相复励变压器有一相开路； 3. 整定电阻太小； 4. 转速太低； 5. 发电机励磁绕组有断路； 6. 电抗器或相复励变压器抽头有变动； 7. 电压表有误差	1. 调整增大气隙； 2. 检查三者之间接线是否有松动或断线，查出后接好紧固； 3. 调大整定电阻； 4. 提高转速到额定值，并校核频率； 5. 检查励磁绕组，修复或换新； 6. 检查并校核电压，重新抽头接线； 7. 校对电压表
发电机电压高于额定电压	1. 移相电抗器气隙太大； 2. 整定电阻的滑动触头烧坏、锈蚀、接触不良，或电阻烧断； 3. 电抗器．相复励变压器抽头变动； 4. 电压表有误差	1. 按需要调小气隙； 2. 检查、修复或更新电阻； 3. 按需要重新抽头接线； 4. 校正电压表
发电机再运行中突然不发电	1. 整流器击穿； 2. 励磁绕组开路； 3. 电抗器铁芯松动，以致气隙减小； 4. 电抗器或相复励变压器线圈短路； 5. 谐振电容器被击穿	1. 检查硅整流器，更换击穿的整流元件； 2. 检查从整流器至励磁绕组的连线是否松动或断线； 3. 将电抗器气隙调到所要求的数值，并固紧铁芯； 4. 检查、修理或换新线圈； 5. 更换击穿的电容

表 5-3(续)

故障现象	故障原因	处理方法
当负载增加时,发电机电压 大幅度下降	1. 移相电抗器、整流器、相复励变压器有一相开路; 2. 整流器中有开路; 3. 相复励变压器的电流绕组和电压绕组极性不一致; 4. 原动机的调速器性能不良; 5. 定子铁芯有位移	1. 检查三者之间连线有否断开; 2. 检查整流器及连线,使其接通; 3. 调换电流绕组或电压绕组,使他们二者的极性一致; 4. 检修调速器; 5. 将铁芯调回原位,固定好
发电机过热	1. 长期过载; 2. 励磁绕组或定子绕组短路; 3. 三相负载不平衡; 4. 定、转子相摩擦; 5. 通风道受阻	1. 观察发电机输出电流及功率,并将其控制在额定值以下; 2. 检查电机定、转子绕组,并修复短路绕组; 3. 检查是否有单相大功率负载或电动机单相运转; 4. 检查电机轴承和转轴、转子铁芯有否松动; 5. 清洁通风道,更换过滤网
轴承过热	1. 轴承磨损严重; 2. 润滑油(脂)太多、太少或变质; 3. 电机端盖或轴承盖装配不当; 4. 发电机组装配不良; 5. 转轴弯曲	1. 更换轴承; 2. 检查、加油或换油,润滑油量不得超过轴承空间的 2/3; 3. 重新调整安装; 4. 校正转轴

二、可控硅励磁系统的常见故障处理

1. 可控硅相复励励磁恒压装置

为了进一步提高发电机的静态电压调整率使其达到 ±1% 以内的高水平以满足船舶自动化的需要,在不可控相复励自励恒压装置的基础上再引进按电压偏差进一步进行调整发电机静态电压的部分即电压校正器(AVR)部分,由这两部分组成的发电机自励恒压装置称之为可控相复励自励恒压装置。可控就是指按电压偏差校正发电机电压,其实质是一种按负载电流的大小,性质与电压偏差实施复合控制的系统。这种装置的相复励部分大体都是由前面讲的相复励系统来承担。

采用可控硅 AVR 向励磁装置提供辅助控制信号,从而实现对电压偏差的调整,常用的两种方法如图 5-6 所示。

(1)直流侧可控硅分流的可控相复励装置

如图 5-6(a)所示,可控硅直流开关联在桥式整流器的直流侧,AVR 控制可控硅的导通角进行断续式分流,直流侧分流方案通用性较强,但所需可控硅容量较大,直流开关的关断电路也比较复杂。

(2)交流侧可控硅分流的可控相复励装置

如图 5-6(b)所示,用可控硅交流开关并联在励磁装置的交流侧起分流作用。为限制可控硅导通时的分流电流，在可控硅电路中应串联一适当的阻抗。可控硅交流侧分流可以在整个整流桥的交流侧分流，也可以在整流桥的某一桥臂上分流。

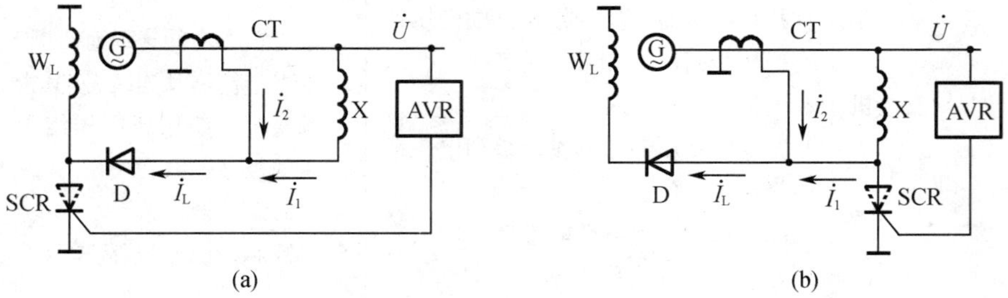

图 5－6　可控相复励装置结构图

（a）直流侧可控硅分流；（b）交流侧可控硅分流

W1—励磁绕组；CT—电流互感器；D—整流器；X—移相电抗器；

SCR—可控硅；AVR—自动电压调整器

2. 可控硅励磁调压系统常见故障的处理

对于可控硅励磁调压系统，发生故障时，首先检查晶闸管主电路是否正常，其次检查触发电路是否正常。检修时，在电路原理图和实物图上找到实现上述功能的元件，然后按照工作过程来检查哪个环节电路不能实现自己应有的功能。可控硅调压系统常见的故障可以归纳为：发电机转速为额定转速但不能建立电压、发电机在运行中突然失电、当负载增加时发电机电压大幅度下降等，见表 5－4。

表 5－4　可控硅励磁调压系统常见故障的处理

故障现象	故障原因	处理方法
发电机转速为额定转速但不能建立电压	1. 无剩磁或剩磁能量不足； 2. 励磁回路开路； 3. SCR 被击穿或开路； 4. 控制起压电路故障	1. 用外电源进行充磁； 2. 检查从整流器 SCR 到励磁绕组的连接是否松动、断路，励磁绕组本身是否断路； 3. 检查、更换击穿或开路元件； 4. 检查起压电路
发电机端电压低于额定电压	1. 检测回路故障； 2. 比较回路故障； 3. 触发控制回路，触发脉冲后移； 4. SCR 有开路； 5. 转速太低	1. 检查检测回路输出电压； 2. 检查比较回路输出电压； 3. 用示波器检查脉冲与输入电压是否正确； 4. 检查 SCR 工作状态； 5. 提高转速到额定值，并校核频率
发电机端电压高于额定值	1. 检测回路故障； 2. 比较回路故障； 3. 触发控制回路，触发脉冲前移	1. 检查检测回路输出电压； 2. 检查比较回路输出电压； 3. 用示波器检查脉冲与输入电压是否正确
发电机在运行中，突然不发电	1. SCR 击穿； 2. 励磁回路开路； 3. 无触发脉冲； 4. 灭磁控制回路故障	1. 检查 SCR； 2. 检查从 SCR 到励磁绕组的连接是否松动、开路，励磁绕组本身是否存在开路故障； 3. 检查触发控制电路； 4. 检查灭磁控制电路

表 5－4(续)

故障现象	故障原因	处理方法
当负载增加时,发电机电压大幅度下降	1. SCR 有一相开路; 2. 有一相 SCR 无触发脉冲; 3. 原动机调速性能不良; 4. 定子铁芯有位移	1. 检查 SCR 是否开路; 2. 检查触发控制电路; 3. 检修调速器; 4. 将铁芯调回原位,固定好

【例 5－1】 国产 T－2H 系列可控硅调压器发电系统故障的检修方法

T－2H 系列可控硅调压器发电系统原理接线图,如图 5－7 所示。首先找出实现测量、比较、触发、起压等功能电路,然后按表 5－4 的故障讨论具体检修方法。

1. 测量比较电路

测量比较电路由测量、滤波和比较三个环节组成。发电机输出端电压通过变压器降压后和无功分量在 R_{65}上电压信号叠加,得到反应发电机端电压和发电机无功功率的交流电压信号,通过桥式整流和 R_1,R_{61},C_1 组成滤波电路滤波,滤波后的直流电压经电压整定电阻 R_{62}再供给桥式比较电路进行偏差检测。其中二极管 D_1,D_2起温度补偿作用。

2. 移相触发控制电路

它是由单结晶体管触发电路组成。它的控制移相原理是:ΔU_K 控制 BG_1的导通程度来改变 C_5充电电流,从而改变单结晶体管的导通时刻,以达到 R_8上的触发脉冲前移或后移。比如说 ΔU_K增加时,BG_1导通电流增加,C_5充到单结晶体管峰值电压时间提前,单结晶体管提前导通,有脉冲电压,通过 BG_3和 BM 放大,输出给脉冲分配器,分别去触发 SCR。

3. 附加电路

①充磁电路　为了帮助起压。

②过电压保护电路　当发电机端电压超过整定保护值时,BG_2导通,使 C_5充不上电,无脉冲输出,SCR 就不能触发导通,没有励磁电流,主开关失电压脱扣跳闸。

③灭磁按钮　当发电机停机时,发电机的原动机转速下降,造成发电机电压下降,调压器输出更大励磁电流,易造成 SCR 过电流而击穿。为此,在停机时,按下此按钮,短接 C_5,使无脉冲输出。

该系统的调节过程:

当发电机启动至额定转速时,按下充磁按钮,使发电机起压,建立电压后,电压继电器 J 动作,切降充磁回路。当发电机端电压偏低时,测量变压器输出电压下降,通过整流,比较电路输出的 ΔU_K 增加,使 BG_1导通的电流增大,发出脉冲时间提前,经脉冲放大后,作用于晶闸管 SCR_1(正半波)、SCR_2(负半波),使 SCR 导通角 θ 增大,励磁电流增加,发电机端电压上升(启动恒压作用)。反之,当发电机电压偏高时,经反方向调节,使励磁电流减小,发电机电压下降(恒压)。

4. 故障的检修方法

(1)发电机转速为额定转速,但不能建立电压

这种故障,应检查充磁回路,即电压继电器 J 的常闭触头是否闭合好,隔离二极管是否开置路,充磁电池是否完好,然后检查发电机本身励磁回路,电刷是否接触良好,集电环是否有腐蚀、氧化物及不良导电物,励磁绕组是否开路。还有,整流桥的整流元件击穿和续流保护二极管击穿等,也不能建立电压。

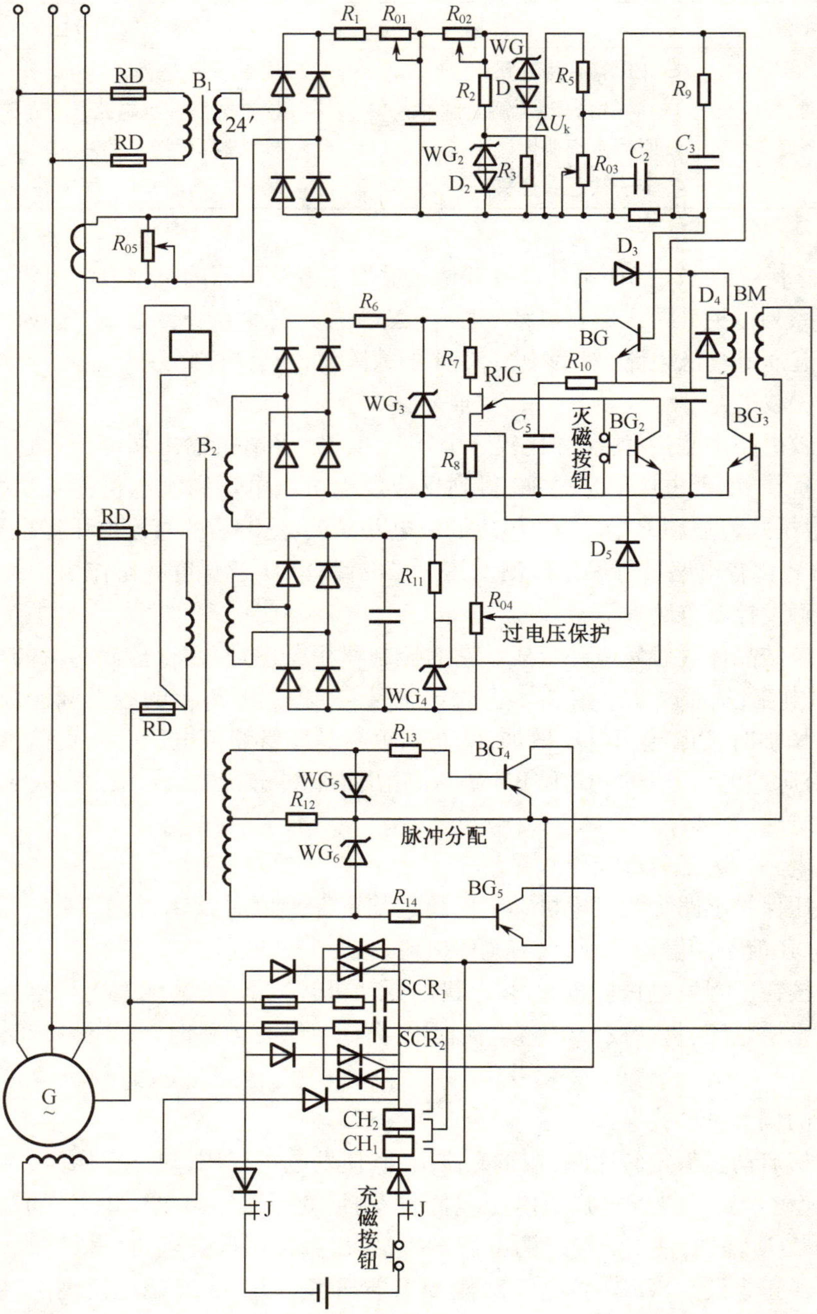

图 5-7　T-2H 系列可控硅调压器发电系统原理接线

(2)发电机电压偏低

这时，首先调节 R_{62} 和 R_{63}，若发电机电压有变化，但仍然太低，应更换 BG_1，取一个放大倍数比较大的管子，同时检查 C_5 是否变质，泄漏电流是否过大。比较桥元件的参数发生变化，也会造成电压低。

(3)发电机电压偏高

这时，首先调节 R_{62} 和 R_{63}，然后检查 ΔUK 后的滤波网路各元件参数和 R_{10} 是否变小。

(4)发电机在运行中突然不发电

发生这种故障时,先进行充磁发电,若不能发电,说明发电机本身励磁线圈有开路故障,应按"发电机转速为额定值,但不能建立电压"的检查方法进行处理。若能发电,说明可能是主电路的可控硅击穿造成,或者触发器停止工作。这时,首先检查整流主电路的可控硅是否击穿,然后,检查触发电路工作电源是否有输出,各个元件是否正常。

(5)当发电机负载增加时,发电机端电压大幅度下降

发生这种故障,说明电机在空载或轻载时,励磁电流的调节环节能够维持端电压在额定值,负载增加时,励磁电流无法补偿电枢反应的影响,造成端电压下降。显然,若整流主回路桥式全波变为半波(即有一个整流元件开路),或触发器只有半边工作,另一半波没有输出触发脉冲。所以,此时,只需检查可控硅是否存在开路故障,用示波器检查哪一半波没有输出触发脉冲,检查故障触发器的有关元件和电源。

总之,晶闸管调压器线路多种多样,故障现象也是五花八门,要求维修人员对于被检修的调压器线路原理、元件的作用等要做到心中有数,再通过故障现象和电子设备故障分析法来分析故障原因或故障元件,这样才能有效快速地排除故障。

三、同步发电机与可控相复励调压装置配合发电系统故障的检修方法

1. 可控相复励调压装置基本工作原理

为了进一步提高发电机的静态电压调整率,使其达到 ±1% 以内的高水平,以满足船舶自动化的需要,在不可控相复励自励恒压装置的基础上,再引进按电压偏差进一步进行调整发电机静态电压的部分即电压校正器(AVR)部分,由这两部分组成的发电机自励恒压装置称之为可控相复励自励恒压装置。可控就是指按电压偏差校正发电机电压,相复励则已如上节所讲的几种自励恒压装置。采用可控硅 AVR 向励磁装置提供辅助控制信号,从而实现对电压偏差的调整,常用的两种方法(如图 5－8 所示)有:

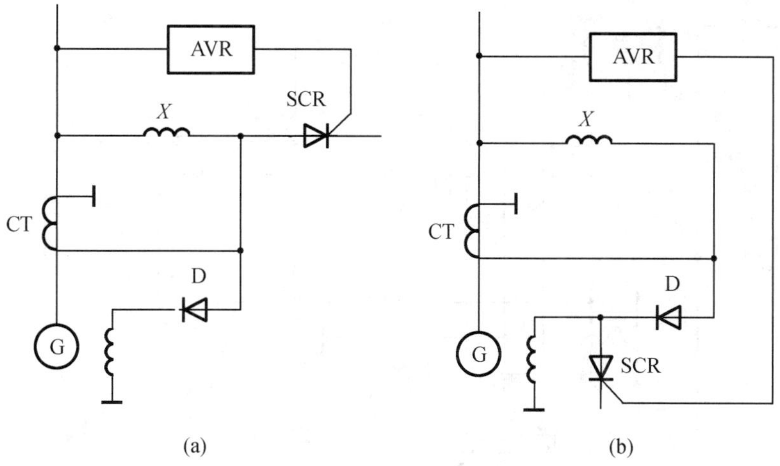

图 5－8　可控相复励系统单线图(可控硅分流)

(a)交流侧可控硅分流;(b)直流侧可控硅分流

(1)交流侧可控硅分流的可控相复励装置

如图 5－8(a)所示,用可控硅交流开关并联在励磁装置的交流侧起分流作用。为限制

可控硅导通时的分流电流，在可控硅电路中应串联一适当的阻抗。

可控硅交流侧分流可以在整个整流桥的交流侧分流，也可以在整流桥的某一桥臂上分流。该系统以 CRB 型可控相复励装置为代表。

(2)直流侧可控硅分流的可控相复励装置

如图 5 - 8(b)所示，可控硅直流开关联在桥式整流器的直流侧，AVR 控制可控硅的导通角进行断续式分流，直流侧分流方案通用性较强，但所需可控硅容量较大，直流开关的关断电路也比较复杂。该系统以 TZ - F 型可控相复励装置为代表。

2. 可控相复励调压故障处理方法

该系统发生故障，首先要区分故障是属于动态特性故障，如不能建立，突然不发电；还是静态特性故障，如发电机电压偏高或偏低。若属于动态特性的故障，就应检查相复励自励恒压部分；若属于静态特性故障，就应检查电压校正器。电压校正器与晶闸管调压器相似，它也有测量比较电路、控制触发电路和晶闸管整流主电路组成，所以，该系统发生故障，都可参照一、二部分检修方法来检修。下面举两个具体线路讨论其检修方法。

【例 5 - 2】 CRB 型可控相复励自励恒压装置。

CRB 型可控相复励自励恒压装置的原理如图 5 - 9 所示。该装置有两部分：一部分是电流叠加的相复励自励恒压装置；另一部分为晶体管式自动电压校正器 AVR，其原理如图 5 - 10 所示，其输出控制饱和电抗器 SRT 的电抗值进行交流侧励磁分流，下面主要介绍这部分的工作原理。

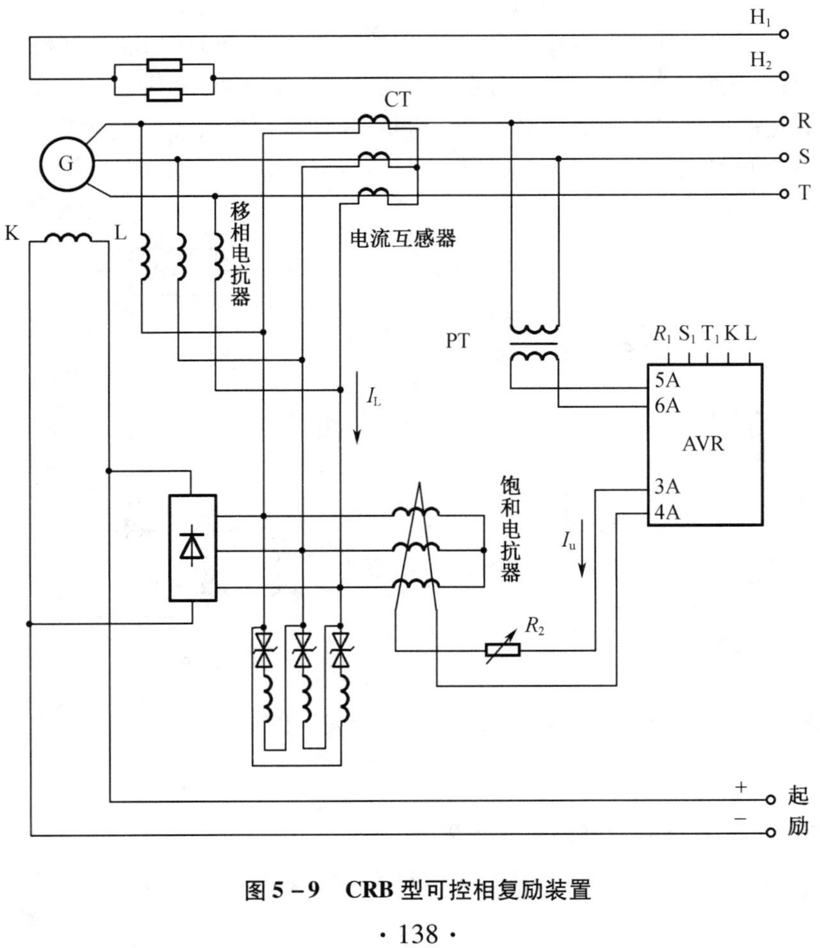

图 5 - 9　CRB 型可控相复励装置

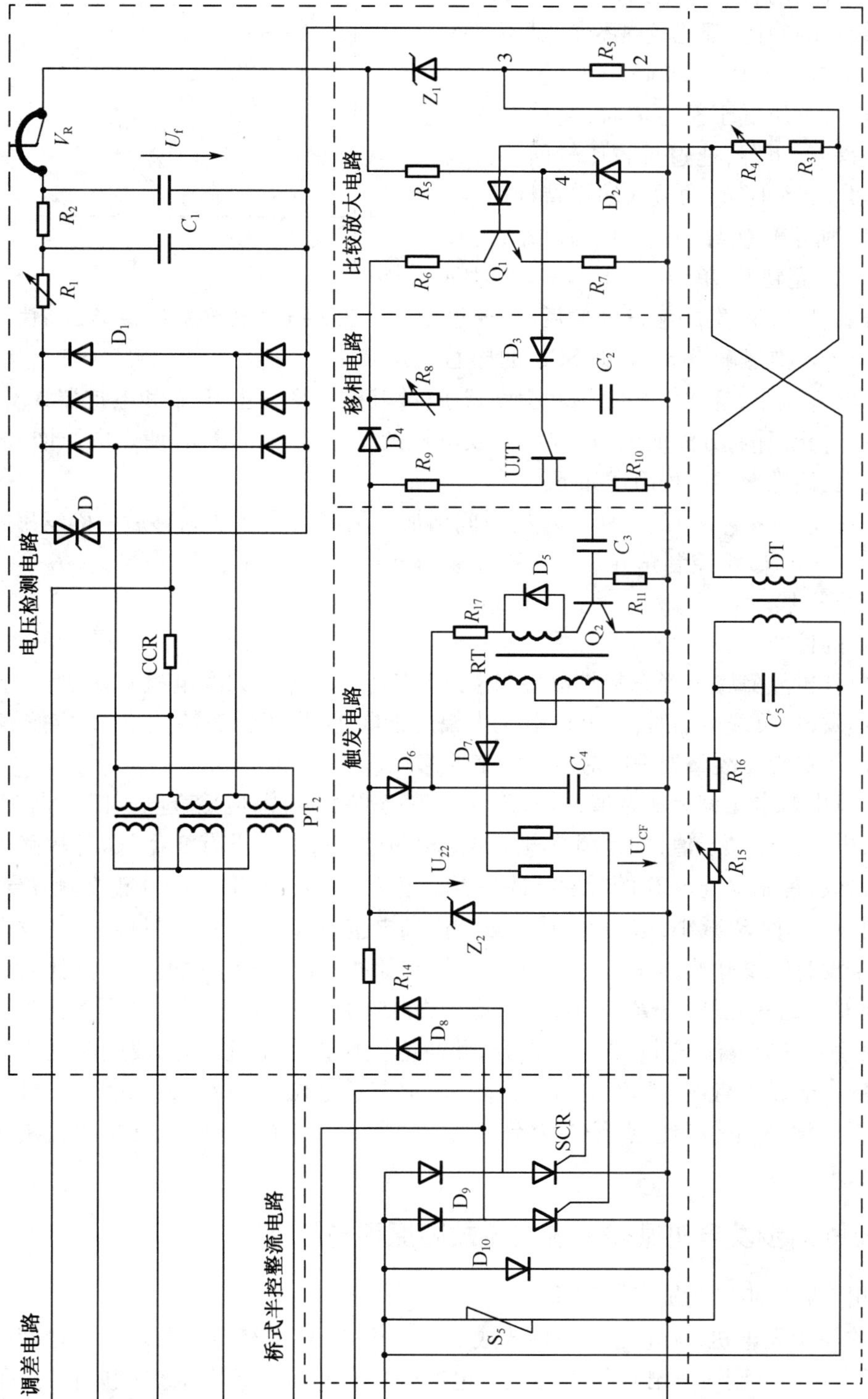

图5-10　CRB型可控相复励自励恒压装置原理

1. 校正器工作原理

校正器线路的各环节电路，大家通过以上几个具体线路的阐述，都比较熟悉了，就不一一阐述了，这里看一下其整个调节过程。

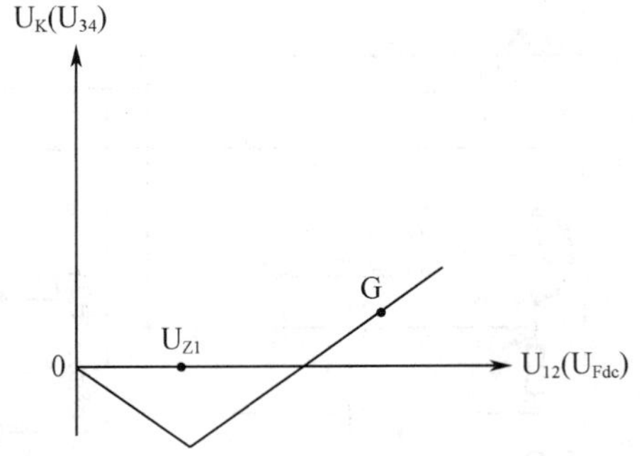

图 5－11　比较桥输入－输出特性

当发电机电压低于额定值时，通过电压检测，滤波获得 U_{12} 下降，通过桥式比较回路得到的偏差信号 U_K 减小（它的输入输出特性曲线，如图 5 －11 所示），Q_1 导通输出电流减小，使移相控制电容 C_2 充到 U_{JT} 单结晶峰值电压 U_P 时间后移，这样就使 R_{10} 产生的触发脉冲后移，通过脉冲放大器 Q_2，推迟触发 SCR，即 SCR 的导通角减小，输出 I_U 减小，这样使 SRT 饱和程度减小，故其磁导率 μ 上升，L 和电抗器 X_{SRT} 增加，在励磁电流 I_L 交流侧，分流的电流就减小，发电机的励磁电流就增加，使端电压回升，起着恒压作用。我们把上述过程简述如下

$U_f\downarrow\rightarrow U_{12}\downarrow\rightarrow U_K\downarrow\rightarrow U_{R7}\rightarrow U_{C2}$ 达 U_P 时间增加$\rightarrow U_{JT}$ 输出脉冲 U_{R11} 移后$\rightarrow R_T$ 发出触发脉冲 U_{CF} 后移→SCR 移相控制角 $\alpha\uparrow$→SCR 导通角 $\theta\downarrow\rightarrow I_U\downarrow\rightarrow X_{SRT}\uparrow\rightarrow I_{LF}\downarrow\rightarrow I_L\uparrow\rightarrow U_f\uparrow$（恒压），反之亦然。

2. 故障的检修方法

首先要分析故障属于静态特性故障，还是动态特性故障。如发电机不能建立电压；运行中突然不发电；负载增加时，发电机电压大幅度下降等，属于动态特性故障，应按表 5 －3 发电机和调压器常见故障处理的对应故障来检修。

对于“发电机电压偏离额定值”等故障，属于静态特性故障，应检查电压校正器 AVR，例如“发电机电压高于额定值，并且调节电压给定电位器 V_R，电压没有变化”这种故障说明电压校正器失效，首先检查 SCR 的触发脉冲是否正正常，应检查 SCR 是否能正常触发导通，如正常，应调节 R_1，使 R_1 减小，增加 I_U，从而减小饱和电抗器 X_{SRT}，使分流量增大，使发电机电压下降。若没有触发脉冲，此时，测 R_{10} 上是不是有脉冲，若也没有，说明单结晶体管振荡器故障，检查 U_{JT}，C_2 等元件，若 R_{10} 上有脉冲，应检查脉冲放大器 Q_2，脉冲变压器等元件。若是触发脉冲后移，造成分流减小，端电压上升，此时应该检查电压，检测滤波电路是否使获得电匿信号变小造成。与正常的发电机组比较，测取有关电位，如 U_{12}，$U_K \backslash U_{R7}$ 等。最后检查 Q_1 参数是否变化，R_8 电位器触点是否滑动等。一般限于船上的条件，通常采用整机比较和元件替代法来检修。

四、无刷同步发电机励磁系统常见故障原因与处理

1. 三相无刷同步发电机工作原理

普通的同步发电机，无论是转磁场式或是转电枢式，转子绕组和固定设备之间仍有电的联系，通常采用电刷——滑环接触连接。电刷——滑环需要经常维护；电刷磨损下来的炭粉会使电机的绝缘电阻下降；电刷下的火花会对弱电设备产生干扰。为了解决这些问题，从静止的自励装置又进一步发展成交流励磁机他励的无刷励磁装置。

为了改善动态性能，可以用可控硅整流元件代替普通的二极管整流元件。励磁调节不是调节励磁机的励磁电流，而是调节交流励磁机电枢输给主发电机励磁绕组的励磁电流，

交流励磁机则依靠永磁式副励磁机通过旋转二极管提供固定的励磁电流并保证可靠起励，如图 5－13 所示，上述整流二极管（图 5－12）与此处的可控硅（图 5－13）都与转子一起旋转，通常把图 5－12 的电路称为旋转二极管无刷励磁，把图 5－13 的电路称为旋转可控硅无刷励磁。

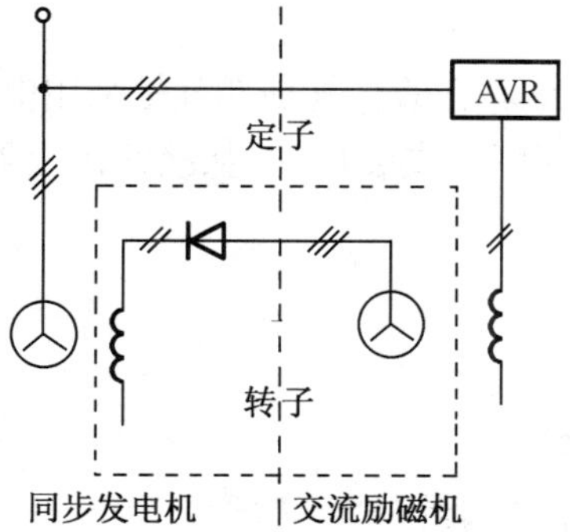

图 5－12　无刷励磁发电机原理图
（旋转二极管式）

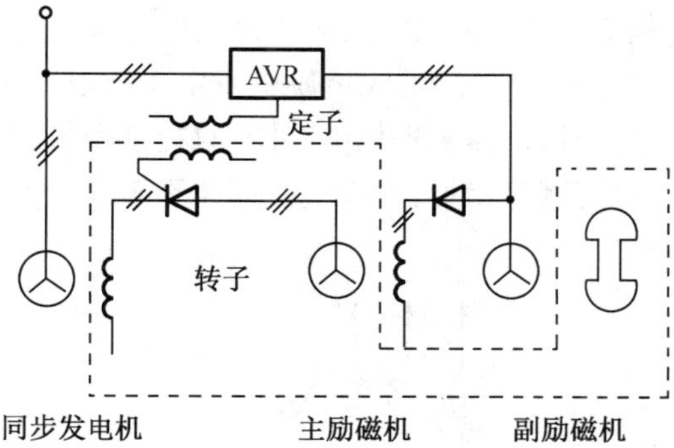

图 5－13　无刷励磁发电机原理图
（旋转可控硅式）

三相无刷同步发电机中的主发电机励磁绕组、励磁机电枢绕组及旋转整流装置同轴旋转，静止励磁系统提供直流励磁电流给励磁机定子绕组，在励磁机转子绕组上感应出三相交流电，再经旋转整流后提供给主发电机励磁绕组，最后在主发电机定子绕组上感应出三相交流电输出。

它的调节过程是：当发电机电压下降时，通过调压器 AVR 增加励磁机的励磁电流，使励磁机发出电压上升，通过旋转整流器，增加了发电机的励磁电流，从而使发电机电压回升，起恒压作用。它的调压器都是可控相复励型的，所以它的故障检修可参照可控相复励调压器的检修方法。

2. 无刷同步发电机励磁系统常见的故障与处理

无刷同步发电机励磁系统常见的故障与处理方法如下：

（1）旋转整流装置故障

旋转整流模块和过压保护模块是旋转整流装置的两个组成部分，旋转整流模块主要作用是把三相交流电经整流给主发电机励磁。过压保护模块是防止过压对旋转整流模块的损伤。

由于制造缺陷或安装接触不良造成发热使旋转整流模块和过压保护模块击穿是比较常见的故障。当旋转整流模块发生故障时，电压下跌明显，1 只二极管损坏，电压一般能跌至 200 V 以下。这种故障判断比较简单，用万用表检测即可。

（2）静止励磁系统元器件损坏

由于元器件质量缺陷或整机振动过大等原因，静止励磁系统也会发生元器件损坏、导线接触不良等故障，使励磁系统无法提供足够的直流电流，造成主发电机电压不正常。判断静止励磁系统有无故障时，需检测某一状况下通向励磁机定子绕组的电流是否与试验报告或铭牌上标注的标准值一致即可，若明显小于标准值，则可判定为励磁系统的故障。然后，再根据具体情况进一步分析检测是哪一个元器件损坏或哪条线路导通有问题，以便修理或更换。

发电机在运行状态，用万用表检测励磁机定子绕组的电压，来判断是励磁系统故障还是其他故障；断开旋转整流模块和过压保护模块元件各接线，用万用表测量线路的通断，查找损坏元器件。对于个别不容易检测的软击穿管子，也可以用换掉可疑件的办法来帮助判断。对判断出的元器件损坏，一般均可就地更换。如出现匝间短路，则需要进厂修理。

【例 5－3】 某船的无刷励磁发电系统

图 5－14 是某船的无刷励磁发电系统电路接线原理图。它的相复励部分是采用电流叠加型。电压校正器未提供电路图，只提供型号，“VZRAB－1”和安装尺寸，从接线图上看，它是控制交流侧分流量，并有充磁起压环节。

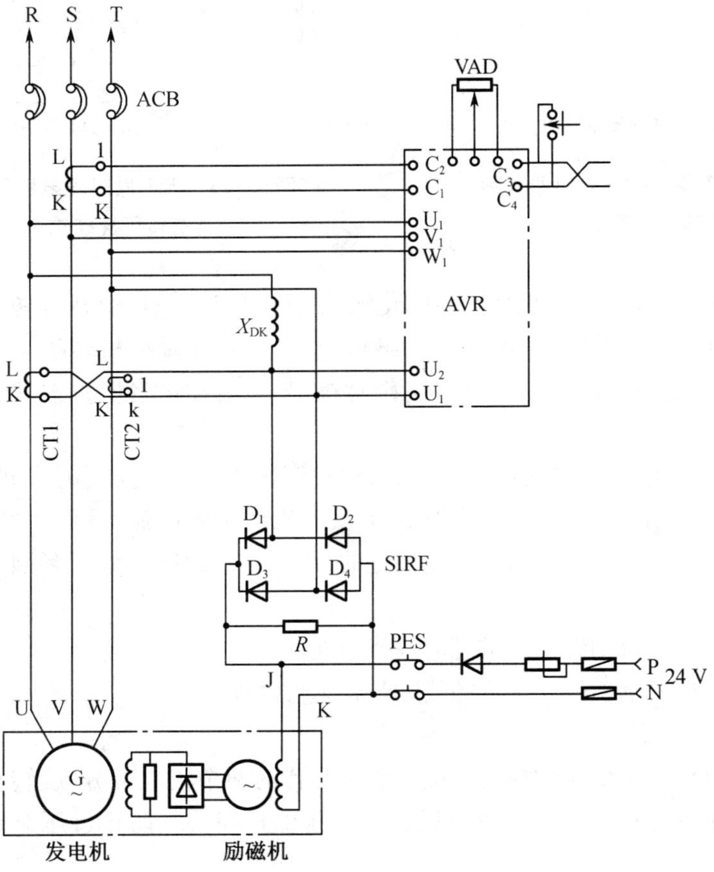

图 5－14 某船无刷励磁发电系统电路接线原理图

1. 工作原理

从电流互感器 CT_1 和 CT_2 取出发电机 R，T 两相电流（复励分量）与 RT 线电压经移相电抗器 DK 取出的电压分量（自励分量）进行叠加，经整流器 SIRF 整流，供给励磁机励磁，实现了相复励作用，提高发电系统的动态性能。

电压校正器 AVR，分别引入了电压和电流信号。当并联运行时，电压校正器的 C_3，C_4 端与另一台的 C_3，C_4 接通回路，进行差动电流互感器的无功功率分配调节。

2. 故障的处理

对于这种系统发生故障的检修，如不能建立电压，应得检查充磁起压回路和励磁发电机、旋转整流器等，此时最好把校正器的输出脱离相复励部分，以免引起错误判断故障所在。

对于静态特性故障，只有检查可拆的元件，若没有发现问题，更换备用印制电路板。

【例 5－4】 某船带有 RP 系列自动恒压校正器的无刷励磁发电系统

图 5－15 是某船带有 RP 系列自动电压校正器的无刷励磁发电系统电路原理图。属整流桥臂交流分流型。

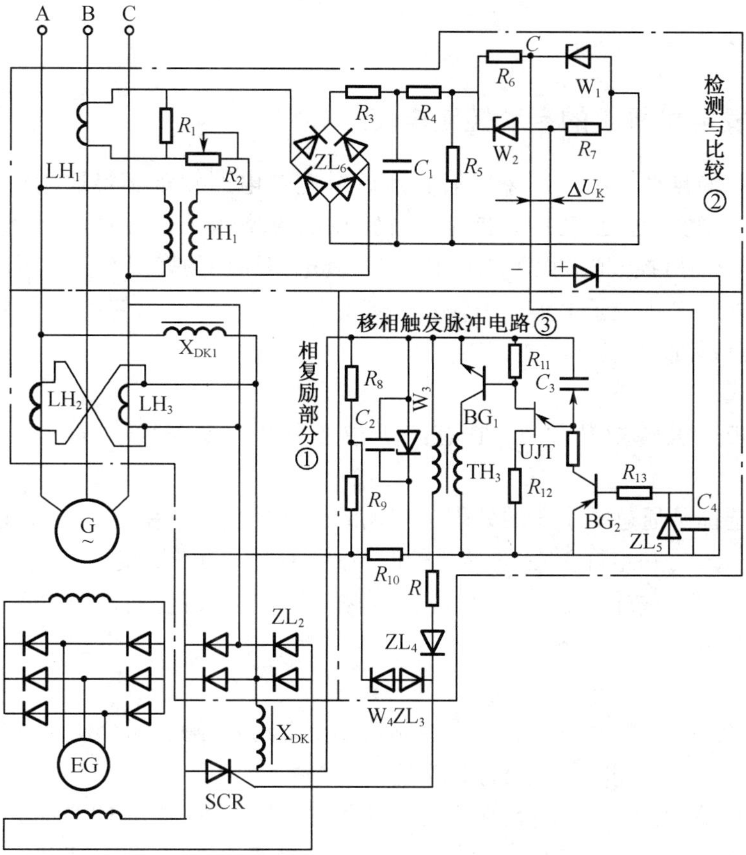

图 5－15　某船带有 RP 系列自动电压校正器无刷励磁发电机系统电路

1. 工作原理简介

发电机电压经过电压变压器 TH_1 降压后与电流互感器 LH_1 的有差调节电流信号叠加后，经桥式整流 ZL_6 获得脉动的反映发电机的动、静性能的直流电压信号，通过桥式比较，获得偏差信号 ΔU_K（其输入、输出特性与 CRB 型一样，即在稳压段 AU。与发电机的端电压成正比），ΔU_K 控制 BG_2 的导通程度，从而控制移相电容 C_3 的充电电流。若 U_G 上升时，就会使 U_K 增加，从而 BG_2 的导通电流增加，即充电电流增加，C_3 充到 UJT 单结晶体管的峰值电压时间提前，触发脉冲前移，使晶闸管 SCR 导通角增加，分流后的电流增加，励磁机的励磁电流减小，发电机电压下降，反之亦然。

2. 故障处理思路

这种系统发生故障，属于动态特性故障，应先把由校正器输出 SCR 脱开励磁机的励磁回路，看是否能起压或发电，若能，则说明分流 SCR 击穿。若只有相复励部分，还不能起压或发电，就得按“任务一”对应故障的检修方法来进行。同时应检查旋转整流器，对于发电机电压偏离额定值的故障，就得按“本任务 2”可控硅调压器的故障检修方法，这里不重述。

任务五　柴油发电机组自动控制系统常见故障处理

一、柴油发电机机组的自动控制电路

柴油机机组的自动控制电路采用有触点的继电器电路较难满足通用性要求。现多采用可编程元器件来实现控制功能。具有这种特点的典型例子是丹麦赛科（SELCO）公司生产的 M2000 型柴油机控制器（以下称控制器）。其电路原理图如图 5 - 16 所示。

控制器的外部接线端子 1 ~ 17 为输；18 ~ 32 为输出。图中只使用部分端子，实现柴油机自动启动/停机控制的基本功能。

1. 工作方式选择

控制箱面板上设转换开关 S_1，它有三个位置即手动（ MAN）、自动（AUTO）和关断（OFF）。

工作方式选择是通过端子 3 的处理来实现的，接电源正为“手动”；开路为“自动”；接电源负为“关断”。S_1另一组开关在“自动”位时接通，对外发出“机组可控”信号。置“手动”位时，允许启动指令由按钮 S_2输入，停机指令由按钮 S_3输入；置“自动”位时，允许自动指令输入；置“关断”位时，控制器不工作。

2. 自动启动/停机

自动启动/停机指令为触点信号，由控制器端子 2 输入，触点闭合使端子 2 接电源负，控制器执行启动功能；开关断开，执行停机功能。

自动启动时，端子 2 接电源负，在满足启动条件的情况下，端子 18 输入启动指令使启动输出中间继电器 K，线圈得电动作，其常开触点闭合接通启动电磁阀，机组启动运转。速度传感器 SG 检测的转速信号接入测速继电器 B，转速超过发火转速 33% 时，发火转速输入触点闭合，输入端子 9 接电源负，表示机器已运转，端子 18 输出被关断，停止启动，柴油机在调速器的作用下进油运转，并升至额定转速；另一方面输出端子 20 使运行信号中间继电器 K_2线圈得电动作，输出常开触点闭合，向自动控制系统发出运行信号，表示机组运行可以使用。

自动停机时，端子 2 开路，控制器执行停机程序。停机指令由端子 27 输出使停机输出中间继电器 K_4线圈得电动作，其常开触点闭合接通停机电磁阀（线圈），停机。停机程序具有“冷却停机”功能，即输入停机指令（端子 2 开路），空载运转一段时间，待机冷却后再输出接通停机电磁阀停机。停机后，电磁阀可以断电。这里有两个时间需要整定：停机电磁阀通电时间和空载运转时间。通电时间和空载时间由设于控制器内的程序开关整定。

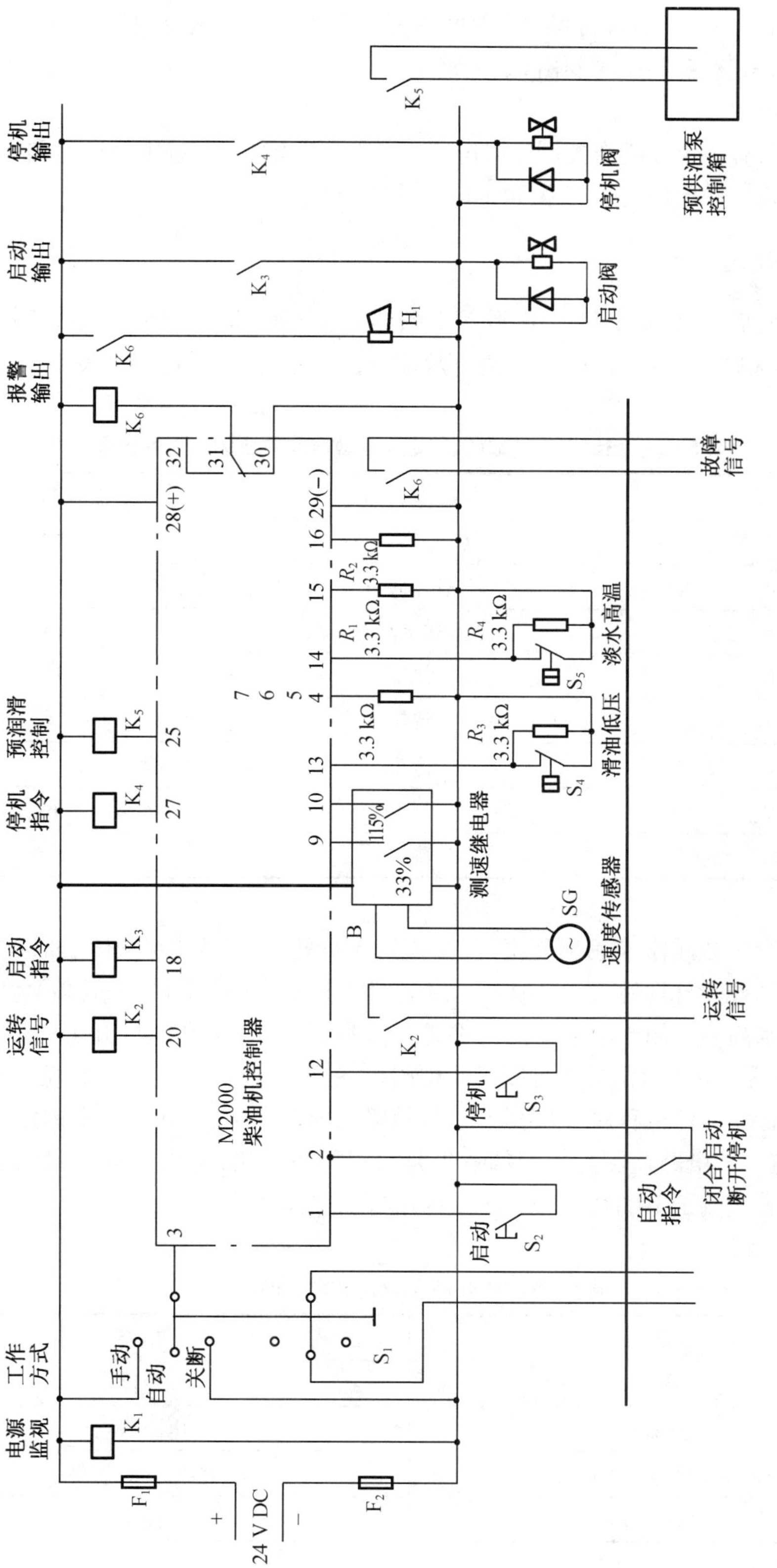

图 5－16　柴油机自动化控制电路原理

3. 重复启动 S_3,S_4

重复启动的次数、启动时间和间歇时间由程序开关整定。重复启动次数由 S_1,S_2整定;启动时间由 S_3,S_4整定;间歇时间由 S_5,S_6整定。

4. 预润滑控制

控制器内部有一个预润滑控制定时电路,从端子 25 输出,通过中间继电器 K_5输出控制预供油泵控制箱。输出固定为间歇 30 min、动作 2 min。

二、故障处理

控制器的面板上有 10 个显示条,除第 1 条即 1 号显示“运行”外其他都用来显示故障。2 号显示“启动失败”。3 号至 10 号是外部故障输入信号,各端子定义见表 5 – 5。

表 5 – 5　已经定义的故障、待定义的故障和对应的输入端子号

显示条号	故障名称	输入端子号
3	超速	10
4	滑油低压	13
5	冷却水高温	14
6	待定	15
7	待定	4
8	待定	5
9	待定	6
10	待定	7

柴油机运行参数越限应发出警报,呼唤值班人员处理,称为 1 级故障;如果参数越限已不允许运行,应立即停机,称为 2 级故障。由上面已定义的故障来看,一般必须设置超速、滑油低压和冷却水高温。用于限值监测的都是开关量(压力开关和温度开关)。控制器的特点是可以接收(常开)接通信号也可以接收(常闭)断开信号。超速信号从端子 10 输入,不受任何约束执行立即停机程序。4 号至 10 号故障的处理由端子 16 的状态确定。这个端子有两个功能:越控和电路监测。越控的意思是只报警不停机,电路监测的意思是故障信号电路断线时报警。端子 16 的状态和对应的功能表示见表 5 – 6。

表 5 – 6　端子 16 的状态和对应的功能

端子 16 的状态	功能
接电源正	越控
接电源负	电路监测
经 3.3 kΩ 电阻接电源负	越控/电路监测
开路	停机

电路监测一般采用断线报警。信号接点采用常开时,平时电路中没有电流,线路断开

也无法觉察,监测线路是否完好是在常开接点的两端并联一个电阻,让线路中有一个很小的检测电流流过,该电流可以被检测出来,又不会引起保护动作。

该电路是采用常开信号接点,为了监测电路断线,接点两端并联 3.3 kΩ 电阻。需要注意的是,电阻必须并在接点的两端,否则起不到监测作用。检测电阻的作用是构成检测电流回路。外部电路断开时,无信号输入的端子 4,5,6,7,15 都须用电阻接电源负,构成检测电流回路,避免报警。端子 16 经电阻接电源负,表示故障只报警、不停机;执行电路监测功能。

了解故障信号在什么时候起作用,是很有必要的。有的运行参数如滑油压力,机器不运行时表现出故障值(机带泵不运转就没有压力),机器不运行和启动时应予阻塞。这个控制器对除超速外的所有故障信号进行机器不运行和启动阻塞,在启动成功即超过发火速度后延时 8 s 解除阻塞,投入监测。

滑油压力和机器的运转是联系在一起的。滑油有压力说明机器已运转,如果滑油有压力而无机器运转信号,说明测速电路有故障,在这种情况下控制器发出“转速故障”信号,显示在 3 号超速显示条上,这个显示条显示两个故障,上面的大字表示超速,下面小字表示转速故障。在同一故障显示条上,快闪表示故障,慢闪表示线路断线,复位后长亮。超速显示条闪光表示超速,长亮表示转速故障。

故障除在面板上显示外,有一组转换触点输出,端子号为 30,31 和 32。正常时动作,常开闭合、常闭断开,故障时相反。这里用常闭控制中间继电器 k 向控制系统发故障信号,并控制声报警器。控制器由蓄电池供电,电源由继电器 K_1 监测,断电时向系统发出电源故障信号。

技能训练　船舶电站常见故障的判断与排除

一、实训目的

针对船舶电站运行中的常见故障,能够正确地分析判断故障发生的原因和故障位置,并能较好地说明故障处理的方法或现场排除故障。

二、实训设备

10 kW 以上船舶模拟电站一套,发电机组为 3 台或 3 台以上。

三、典型故障的处理

1. 发电机欠压故障的判断与排除训练

(1)故障现象

某船,在靠港卸货作业时,电站系统由 1 号和 3 号发电机并车运行时,突然发生跳电,报警装置显示为发电机欠压故障,当值人员及主要负责人员首先立即启动 2 号发电机组对船舶进行恢复供电,然后对 1 号和 3 号发电机进行了全面系统的检查,确定了是由于 3 号发电机组空载电压过低引起。

(2)故障原因分析及处理

发电机组空载电压偏低的原因,在正常情况下无外乎励磁系统的故障。该船电站系统中,同步发电机的励磁系统采用的是直流侧晶闸管分流可控相复励恒压装置,工作原理与任务5中图5-6所示一致。该励磁系统主要包括两大部分:相复励恒压装置和可控硅直流分流的电压校正器。所谓可控相复励自励恒压励磁系统,就是在按 I_f 进行不可控相复励调压的基础上,又加上了一个按 ΔU_f 进行调压的电压校正器。所谓可控,就是指有电压偏差的校正。在此,相复励装置的主要作用是:实现自励起压,主要负责动态电压调整。电压校正器的作用,主要是负责静态电压调整,进一步提高电压调整精度。相复励恒压装置的励磁电流是空载分量和复励分量叠加的结果,空载电压偏低可以通过调节移相电抗器的气隙、匝数或调节电压绕组的匝数,使励磁电流增加,电压升高。但经过调节之后,并没有解决问题,故障依然存在,经对励磁系统的各环节进一步检查发现,是整流二极管故障所致,更换后故障消失。

2. 自动空气断路器合不上闸的故障判断及排除

合闸失败故障原因分析包括手动和电控失败两类,可挑选以下两种开关中的一种进行回答:DW95合闸失败:手动失败,原因是失压脱扣器或线圈故障或无电、合闸手柄或传动机构故障、内部自由脱扣机构故障;电动失败,可能是合闸线路故障、失压脱扣器或线圈故障、合闸线圈或传动机构故障、内部自由脱扣机构故障。

发电机主开关为带电动操作装置的塑壳式开关。合闸失败:手动失败,原因是失压脱扣器故障或无电、控制模式在自动位、弹簧未储能(要手动储能)、锁扣装置上锁、内部机械故障;电动失败,可能是合闸线路故障、失压脱扣器或线圈故障、控制模式在手动位、弹簧储能装置故障、锁扣装置上锁、内部机械故障等。回答中应指出相关部件的具体位置。

3. 自动空气断路器脱不开闸的故障判断及排除

分闸失败故障原因分析包括手动和电控失败两类,可挑选以下两种开关中的一种进行回答:DW95分闸失败:手动失败,原因是内部机械装置(脱扣轴等)故障、锁扣装置上锁;电控失败,电动失败原因是分闸线路故障(可接在失压脱扣器或分励脱扣器线圈电路中)、内部机械装置(脱扣轴等)原因、锁扣装置上锁。

发电机主开关分闸失败:手动失败,原因是内部机械装置原因、控制模式在自动位;电控失败,原因是分闸线路故障(接在失压脱扣器电路中)、内部机械装置原因、控制模式在手动位。回答中应指出相关部件的具体位置。

4. 发电机外部短路故障的判断及排除

回答内容分为故障原因判别及应急处理两部分。

对于常规电站:当发生发电机主开关跳闸,这一跳闸不是出现在有关人员的操作失误上(如并车操作等),不是发生在同时启动几台大负荷时,不是出现在利用船上起货机进行装卸货作业时,不是出现在先出现转速下降后发生主开关跳闸,也不是出现在先发生电压下降后再跳闸(从照明灯的亮度可得到判别),这时一般可断定发生了发电机外部短路故障,但也不排除主开关本身故障引起跳闸。

若是短路保护跳闸,则应检查主配电板汇流排是否短路,排除短路故障后或确信主配电板没有发生短路故障时即可合闸供电;再按功率大小及重要性逐级启动各类负荷投入运行。

回答中应在主配电板处进行模拟操作。

5. 发电机过载故障的判断及排除

发电机过载主开关跳闸一般是发生在发电机运行在较大负荷下,在不察看发电机实际功率时启动大负荷运行,如启动空压机、压载泵等致发电机过载而跳闸;也可能发生在并联运行时,其中一台机组因机电故障保护立即跳闸,而分级卸载装置失灵或卸载后仍过载致运行机组出现过载而发生保护跳闸等场合。

若机舱报警则先应答警报,复位过流继电器(Over Current Relay,OCR,视具体发电机控制屏而定,有些不需要),然后合上发电机主开关,再按功率大小及重要性逐级启动各类负荷投入运行,之后启动备用发电机组,待一切正常后按并车操作要求进行并车投入电网并联运行,最后再启动大负荷投入运行。

6. 发电机逆功率故障的判断及排除

发电机逆功率保护跳闸主要发生在并车操作合闸时刻掌握不当,或负荷分配操作调节方向反了,或解列时油门调得过大,或两台发电机并联运行时其中一台柴油机调速器损坏,或燃油中断等场合会发生逆功率保护跳闸。

(1)如果跳闸是由于并车操作合闸时刻掌握不当,或负荷分配操作调节方向反了引起的,则应立即应答报警,然后复位逆功率继电器和过流继电器(视具体发电机控制屏而定,有些不需要),观察机组一切正常(电压、频率)后,合上任一运行机组的主开关,然后按功率大小及重要性逐级启动各类负荷,待发电机组带上相当负荷后,再将另一台机组按并车条件进行正确的并车操作,然后带上所有负荷。

(2)如果跳闸是由于两台并联运行机组中的一台柴油机调速器损坏或燃油中断等原因引起,则应立即应答报警,然后复位逆功率继电器和过流继电器(视具体发电机控制屏而定,有些不需要),观察非故障机组,一切正常(电压、频率)后合上其主开关,然后按功率大小及重要性逐级启动各类负荷。并立即启动备用机组,一切正常(电压、频率)后,按并车条件进行并车、均功操作,然后带上所有负荷,然后停止故障机组(视情况)。

7. 无功功率分配装置故障的判断及排除

现场指述题目。

并联机组无功分配不均的现象是:两台发电机的有功功率基本相同,但电流相差很大,或功率因数表读数相差很大。

处理方法:

(1)采用均压线的不可控相复励系统,若均压线断开会发生此故障,此时应检查均压接触器:

①检查接触器是否通电动作,检查线圈及相应发电机主开关常开辅触点等,若有问题修复或换新;

②检查接触器主触点是否可靠闭合,若有问题修复或换新。

(2)可控相复励调压系统或其他调压系统,调节发电机的电压调整特性线,在主配电板内部或发电机调压器板上设有调节电位器;调整该电位器使电流基本相同或功率因数基本相同。若调整无效,则是调压器出现问题,应当检修。

四、实训总结

(1)发电机欠压故障怎么处理?

(2)自动空气断路器的故障有哪些,如何排除?

(3)发电机的保护故障如何判断与排除?

(4)发电机并车无功功率分配装置故障的排除方法?

项目六　船舶常用报警系统维修

【项目描述】

船舶常用报警系统主要是指通用紧急报警系统、火灾报警系统、机舱组合报警系统、机舱监测报警系统及一些特殊场所的专用报警系统等,它们各自由不同的报警电路组成,构成整个船舶的报警系统。这些系统一旦发生故障,会影响到人员、设备、货物,甚至整个船舶的运行安全。本项目选取其中有代表性的船舶火灾报警系统、机舱组合报警系统和机舱集中监测报警系统的故障维修和调试方法加以介绍,其他报警系统可以借鉴。

【项目目标】

1. 掌握船舶常见报警系统的工作原理和运行维护方法;
2. 掌握船舶常见报警系统的故障分析与排除方法;
3. 培养船舶常见报警系统的运行管理及故障维修能力。

任务一　火灾报警系统故障维修

船舶火灾报警系统能在火灾初期,将燃烧产生的烟雾、热量、火焰等物理量,通过火灾探测器变成电信号,传输到火灾报警控制器。火灾报警控制器接收到火警信号后进行声光报警并显示出报警的区域位置,以便船员及早采取灭火措施;同时,系统还把该火警信号输出到船上其他一些报警系统中,以便将火警信号进一步传播,并发出联动控制信号,控制相应的防火设备,如关闭相应分区内的风机、防火门、启动自动灭火装置等。

目前船上应用的火警控制器主要有继电器接触器控制式、PLC 控制式以及微机控制式三种。火灾报警系统不论采用哪种主机,它们在系统构成上大致相同。

一、火灾报警系统构成及功能

较完整的舱室火灾自动报警系统主要由探测（含手动报警按钮）回路、报警控制器、区域报警屏、联动控制器、通信广播设备等五大部分组成,如图 6 - 1 所示。

1. 探测回路

在总线制编码传输型火灾报警系统中 ,一个中央控制单元可连接多个探测回路,每个回路中可安装多个探测器或地址单元。一个回路可覆盖船上几层甲板。一个探测器(或手动报警按钮)可单独使用编码底座占用一个部位号;也可数个探测器(或手动报警按钮)共用一个部位号,此时需选择一个编码母底座,子座采用普通底座。如有水流指示器、压力开关、阀门回馈信号灯开关量信号需进入总线系统时,可选用开关量编码盒,在报警器上单独占一个部位号。为了防止长期使用过程中可能出现的编码地址击穿、连接导线短路等故障

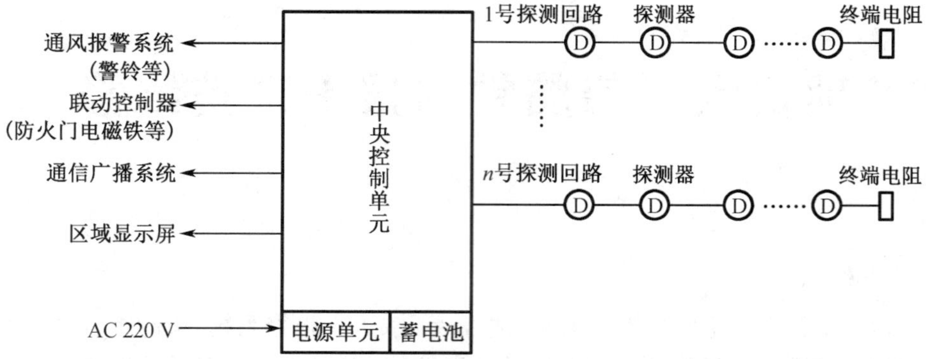

图 6－1　舱室火灾自动报警系统示意图

影响系统正常工作，在回路始端及分岔处加设短路保护器。与报警器、编码器件相连接的二总线，一般无正负之分。由于中央处理单元和探测器之间的通信信号在发送和接收时受过特殊处理，所以对其电缆要求不高，一般的二芯非屏蔽船用电缆即可。

探测器分布在被监测环境现场，它监测环境的有关物理量，将其转换成与该物理量对应电信号，并传递给报警控制器。手动报警按钮一般安装在人员经常出入的走廊、通道、楼梯口等明显的地方。船舶常用的火灾探测器种类如图 6－2 所示，其中感烟探测器和感温探测器使用较多。火警按钮和火警探测器外形如图 6－3 所示。

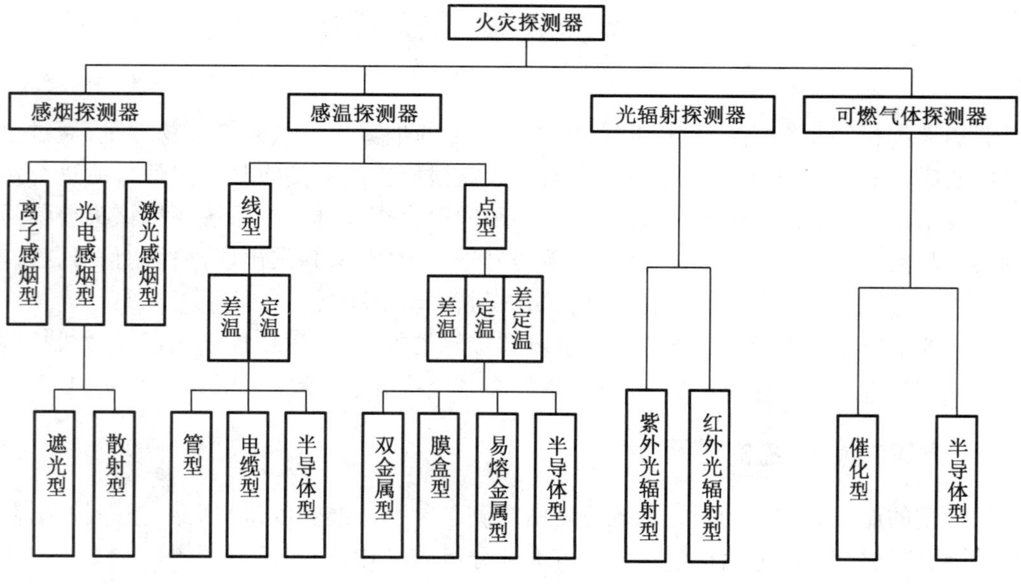

图 6－2　船舶常用的火灾探测器种类

2. 中央控制单元

中央控制单元一般安装在驾驶台或消防控制站内。它的作用是接受火灾探测器从监护现场发送来的火灾信号，经过处理后给出声、光火警报警信号，并显示出火警的部位，以便船员及早采取灭火措施。图 6－4(a)为英国 APOLLO 火灾探测器公司生产的某型号船用火灾报警系统中央控制器外形。

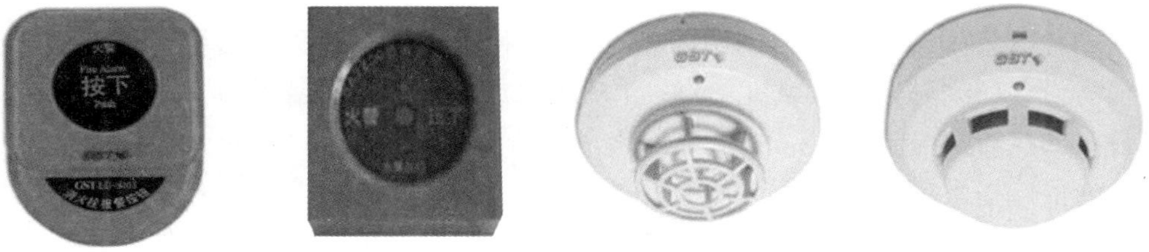

火警按钮　　火警按钮　　感烟探测器　　感温探测器

图 6－3　火警按钮及火警探测器

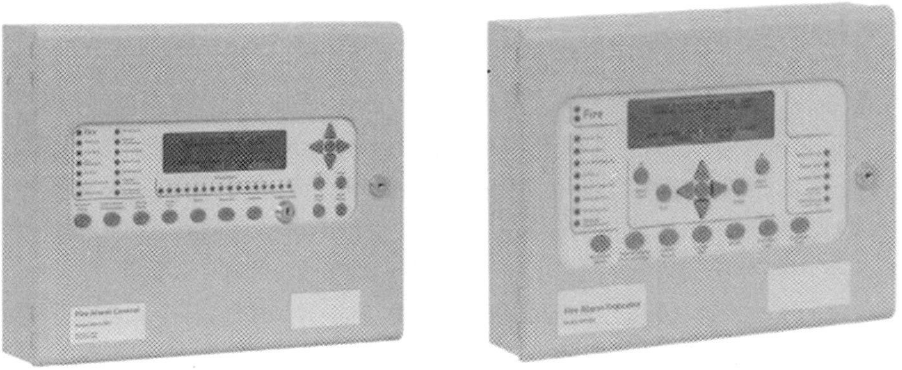

(a)　　(b)

图 6－4　船用火灾报警系统中央控制器

(a)火警系统中央控制器;(b)火警系统复示器

在报警控制器中,主要实现以下功能:

(1)火警发生时给出声、光信号,并指示出火警发生的部位。声响信号可手动切除,但不得影响下一次火灾报警。

(2)对报警指示设备的输入输出线路进行监控,包括外部断路故障(含探测器、警铃以及线路)、系统内部故障(含主、辅助电源故障、指示灯故障、接地故障和保险丝故障)以及主控制箱的门是否打开等,均能自动发出故障声、光信号,并显示出故障部位。火警声光信号与故障声光信号有明显的区别,消声功能与火警相同。

(3)火警与故障信号有记忆功能,只有在火警和故障已消除,并经人工复位后方能恢复正常。

(4)具备手动模拟测试条件,以便检测设备是否正常。

(5)每一分路可以切断,以便对某一分路进行检查维护,并且应有切断的光指示。

(6)主、副电源可以自动转换,保持不间断地供电。

(7)具备担负某些辅助功能。

(8)满足船用环境条件试验要求。

3. 区域报警屏

区域报警屏一般安装在机舱集控室内以及船员生活区走廊内。它可以接受报警控制器的信号,显示外围断路等故障信号;在火警发生时,可以指示报警部位并给出声光警报。在辅助报警屏上可以复位各种报警信号。图 6－4(b)为英国 APOLLO 火灾探测器公司生产的某型号船用火灾报警系统复示器外形。

4. 联动控制器

联动控制器安装在消防控制站内，连接报警控制器送来的火灾信号，通过输出模块向有关消防设备(包括防火门、风机、油泵、水喷淋系统、CO_2 释放装置等)发出控制命令，同时查询设备的执行情况。

5. 通信广播系统

通信广播系统主体部分安装在消防控制站内，喇叭及电话分机等器件安装在现场，可自动或手动发出语音报警信号。

二、火灾报警系统安装检查与通电调试

(1)火灾报警系统的安装检查。在整个系统安装完成后，先对系统的完整性、接线的正确性进行检查，然后准备进行通电调试。

在实际系统中，火灾探测器和控制器的接线方式一般采用并联。也就是说，若干个火灾探测器的信号线按一定关系并联在一起，然后以一个部位或区域的信号送入火警控制器，即若干个火灾探测器连接起来后仅构成一个探测回路，并配合各个火灾探测器的地址编码实现保护区域内多个探测部位火灾信息的监测和传送。目前在火灾报警系统中，对于火灾探测器采用三种接线方式：二线制、三线制和四线制，如图 6－5 所示。

图 6－5(a)是二线制接线方式，此电路电源线与信号线重合，各个火灾探测器如果状态正常，则通电后其内部接线柱 6,7 闭合，使电源得以送入下一个火灾探测器，在回路终端有一个终端设备(一般为电阻)，使得系统在正常监视状态时有一监视电流(微安级)，一旦火警发生，相应探测器动作，使电源两端电阻急剧下降，产生一较大的动作电流(毫安级)，由系统内部处理后给出声、光报警；如果某一回路中一个探头故障，则其内部接线柱 6,7 不能闭合，使电源端开路，由系统处理后显示该回路开路或探头故障。

图 6－5(b)是四线制接线方式，其工作原理与二线制接线方式类似，此种电路中电源线与信号线相互分开。不管采用何种方式，均要求可以实现能检测探测器脱落、探测器故障失效、线路开路故障、终端电阻脱落或故障失效、火灾报警等功能。

(2)在给系统供电时要一路一路分别送电，检查每一路单独供电时的工作情况。使用蓄电池为系统供电前要对其进行充电，测量电池电压。如果电压低则不能用电池供电，以免损坏电池。

(3)通电正常后，检查面板功能：先对系统进行测试(将各个测试按钮打到“TEST”位置)，检查每一个按钮、指示灯、蜂鸣器是否正常工作。

(4)检查各条外部回路：重点是检测各回路的火警探头是否正常，检查火警探头时需使用辅助工具进行。

①感温探头可使用加热枪或加热电吹风。用加热枪时，将加热面与探头集热金属片接触，直到报警发生；用电吹风时，风筒离金属片约 3 cm，直到报警发生。探头测试结束后系统必须复位。为了使探头快速冷却复位，可用一块湿毛巾盖在金属片上，当听到内部“咔嗒”一声后，探头就复位了。

②感烟探头可使用专用的测试气罐，但这种气罐成本较高，操作不太方便。在实践中一线工人总结出一个简单实用的方法：让会吸烟的同事用一段塑料软管(塑料套管)，将香烟直接吹到探头内，报警后还可以将探头内香烟吸出，快速复位。

③感火焰探头可用明火试验，将一约 5 cm 高火焰(打火机火焰)置于探头下方 5 cm 处，

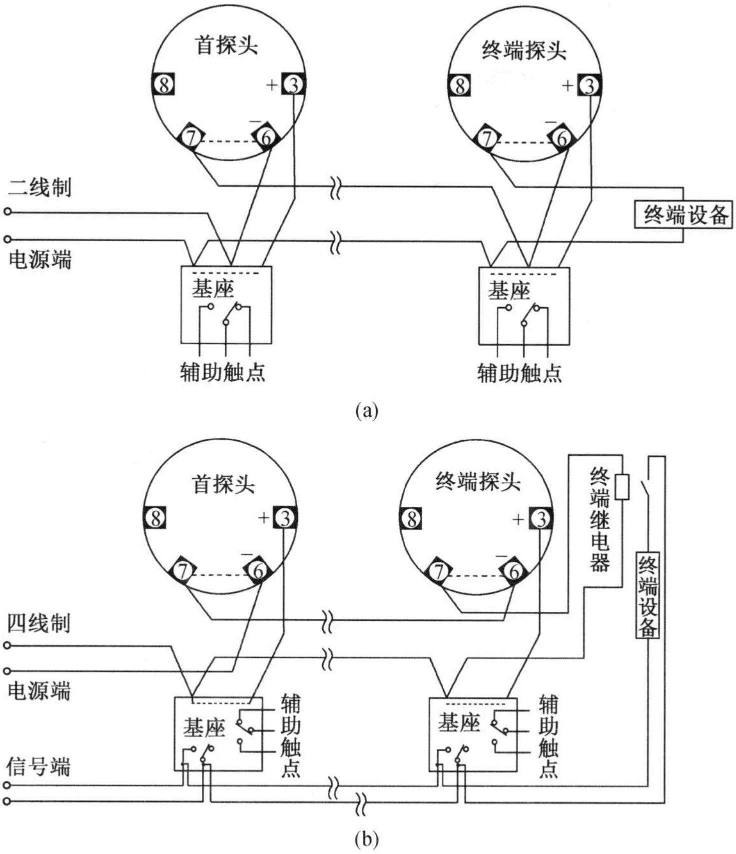

图 6－5　火灾探测器的接线方式

(a)二线制;(b)四线制

微微晃动即可触发探头,发出警报。

④在检查报警探头的过程中,可以将报警输出和联动控制功能开关打到“OFF”位置。在检查报警回路和报警响度时,要将报警输出开关打开,模拟一个火警信号,报警装置将启动。检查防火设备控制时,将外部控制开关打开,模拟一个火警信号,防火设备将启动。

三、火灾报警系统常见故障与处理

在火灾自动监控系统的实际运行过程中,控制器(中央单元)本身很少出现故障,而且即使出现故障,由于船舶检测维修设备有限,往往也无法解决。实际上,出现故障最多的是火灾探测器以及外围接线。火灾探测器故障主要有漏报或误报两种情况。漏报指的是火灾已发展到应当报警的规模但却没有报警,误报指的是没有火灾却发出了报警信号。

1. 火灾探测器漏报故障

探测器类型选择不当是造成漏报的主要原因之一。不同的火灾探测器都只对其对应的火灾信号比较敏感。一般对于火灾初期有阴燃阶段、易产生大量烟和少量热、很少或没有火焰的场合,应选用感烟探测器;对于火灾发展迅速、能产生大量热的场合,应选用感温探测器;对于火灾发展迅速、有强烈火焰辐射但发烟较少的场合,应选用火焰探测器。船舶各部位的火灾特点是难以准确预料的,但可以模拟试验的结果进行估计。不过火灾探测器的选型在船舶制造时就已经决定,船舶管理人员在实际维修更换火灾探测器时需考虑这一问题。

2. 火灾探测器误报故障

造成探测器误报有结构方面的原因,也有使用方面的原因。结构方面的原因主要与探测器的灵敏度有关,探测器的灵敏度过低会造成报警延迟,但太高了又容易发生误报,应当选择合适的报警范围。现在通用的探测器大都将灵敏度设为若干级,如定温探测器的一级灵敏度的动作温度为 62 ℃,二级灵敏度的动作温度为 70 ℃,三级灵敏度的动作温度为 78 ℃;感烟探测器的一级灵敏度表示单位长度的烟气减光率达到 10% 报警,二级灵敏度表示该减光率达到 20% 报警,三级灵敏度表示该减光率达到 30% 报警等。

使用不当引起火灾误报主要有以下因素:

(1)吸烟

这是大量事实所证明的,尤其是当房间顶棚较低(如机舱集控室和船员舱室等)而探测器的灵敏度较高时更容易发生。有时一个人吸烟就可干扰探测器的工作,三个人同时吸烟足以使探测器发出警报。由于吸烟过程多为阴燃,生成的烟颗粒较大,故更容易使光电型探测器误报。

(2)电气焊

在使用电气焊作业时产生的大量烟雾,很容易使火灾探测器发出火警信号。在机舱工作间以及修船厂修船时应特别引起船舶管理人员的注意。

(3)灰尘

灰尘对探测器的影响与烟颗粒相同,在安装探测器的房间内应当尽量减少空气中的灰尘,如果灰尘与油污混杂起来,还容易积聚在探测器的发射或接收元件上,产生长期不良影响。这一情况在船舶中较少出现。

(4)水蒸气

当室内的湿度较大时,水蒸气可进入探测器内,干扰探测器的工作。若水蒸气凝结在有关元件上,也会影响光线的发出和接收。造成室内水分过多主要有两种情况:一是室内存在水源或汽源,如厨房、洗衣间、房间漏水等。二是季节影响,如夏季,尤其是梅雨季节,容易出现室内湿度很大的情况。现在所用的大多数探测器适用于相对湿度低于 85% 的环境。

(5)炊事

做饭时常产生大量的烟气。尤其是炒、蒸、熏时产生的烟气量更大。这种烟中往往掺杂着油蒸气,对探测器的有害影响很严重。

(6)缺乏清洁

这一因素对探测器的影响是逐渐积累的,探测器必须定期清洁。

3. 探测器常见故障处理

(1)底座接线错误

探测器安装到天花板的底座上之后在报警控制器上即显示该区域报警,一般来讲说明底座上的两条接线接反了(无极性要求的探测器除外),要用万用表检查极性后换接过来。

(2)某区域误报警

当火灾报警器显示某区域报警,但该区域并无火情。则可能是探测器本身的故障,如场效应管输入阻抗降低,镅-241 片剂量较低,可控硅击穿等,此时应更换探测器。

(3)熏烟检查时对烟雾无反应

在进行定期的熏烟检查时,若对烟雾无反应,始终不报警,可能是场效应管损坏,也可能是可控硅或稳压二极管损坏。熏烟检查可用塑料管吹入香烟烟雾，用专用试验器检查更好。

任务二　机舱组合报警系统故障维修

一、机舱组合报警系统组成

在现代船舶中，一些较重要设备的报警，如：通用紧急报警、CO_2释放报警、火灾报警、电话呼叫、车钟呼叫、机器故障报警和轮机员安全报警等，除了有单独的报警板之外，还把报警信号传输到机舱报警灯柱和报警灯板，发出相应的声光报警，以便通知机舱工作人员，称为机舱组合报警系统。

机舱组合报警系统主要由两部分组成：一是报警继电器箱，也就是系统的控制电路，负责报警信号采集，同时输出信号驱动报警灯柱（板）。二是外围报警灯柱和报警灯板，也就是系统的报警装置，通常布置于机舱、舵机舱，分油机室、集控室、锅炉舱等噪声较大的场所。机舱组合报警系统组成框图如图6－6所示，系统实例如图6－7所示。

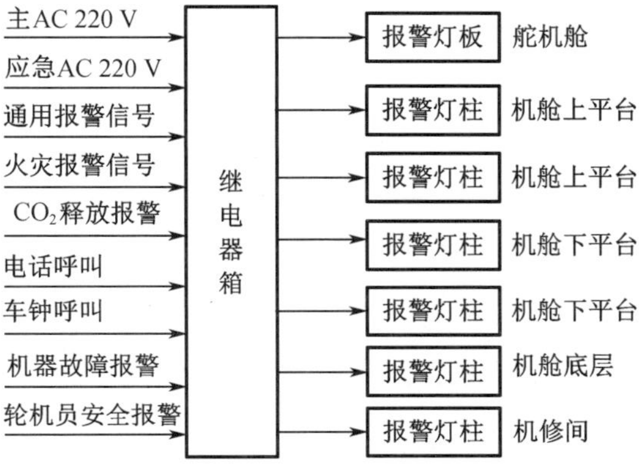

图6－6　机舱组合报警系统组成框图

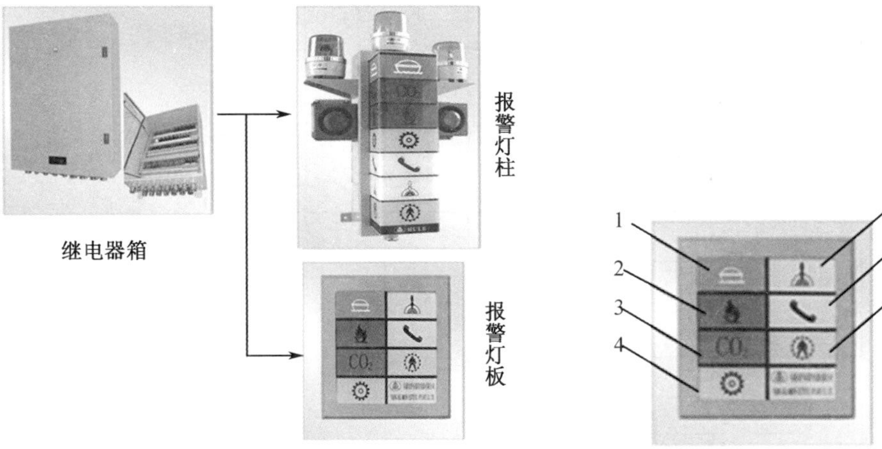

图6－7　机舱组合报警系统实例

1—通用紧急报警；2—火灾报警；3—CO_2释放报警；4—机械故障报警；

5—车钟呼叫；6—电话呼叫；7—轮机员安全报警

二、机舱组合报警系统控制电路工作原理

根据报警灯柱上报警笛和灯柱本身线路的不同，电路也不同。下面介绍一种具有能够

发出多种声调的电笛系统的机舱组合报警系统工作电路，如图 6－8、图 6－9 和图 6－10 所示。

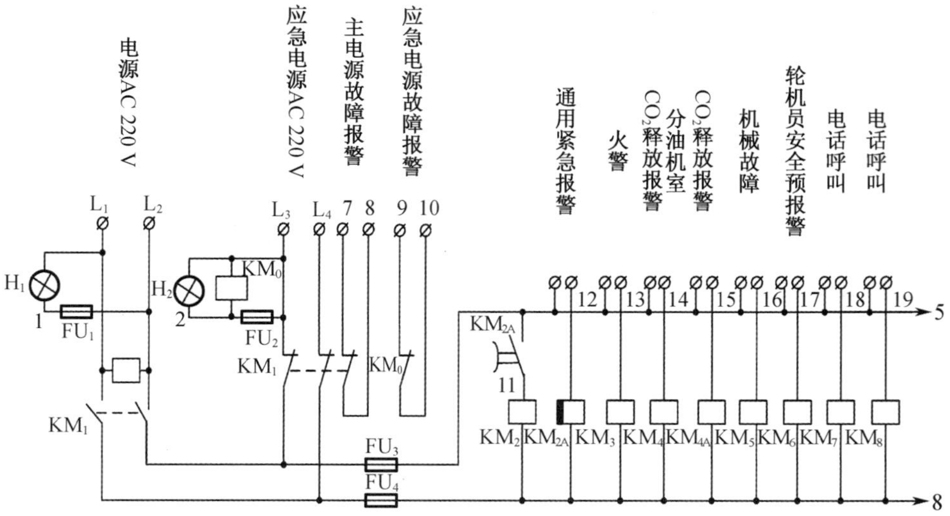

图 6－8　继电器箱原理图（一）

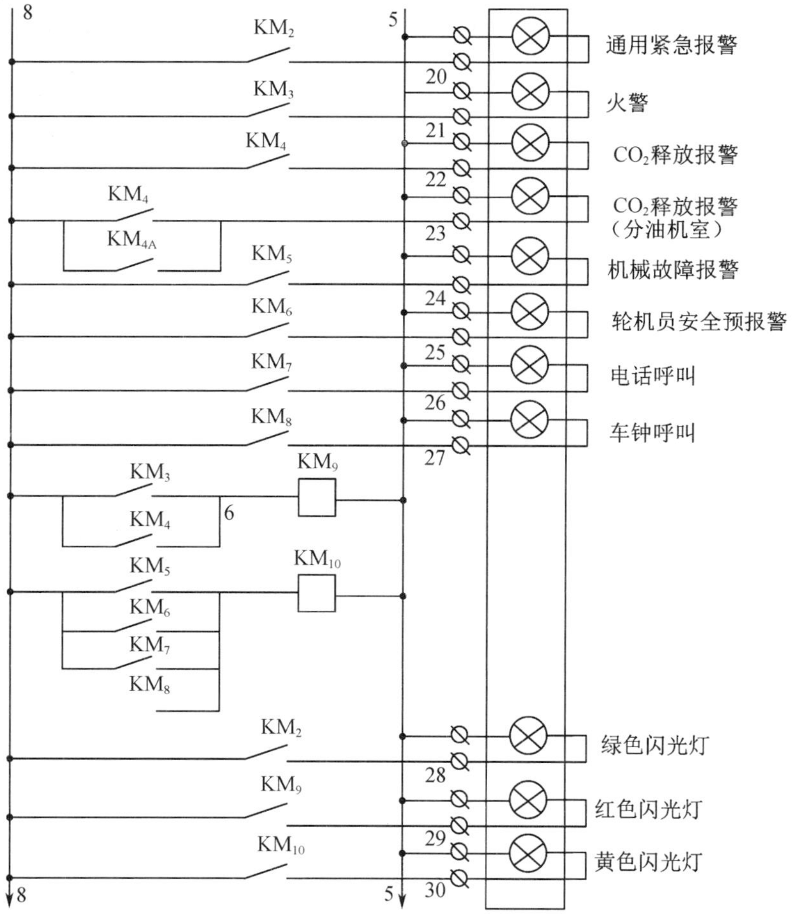

图 6－9　继电器箱原理图（二）

电路工作原理分析：

1. 两路电源供电，保证系统供电的可靠性

由图6－8可以看出，设计中采用双路电源供电，一路由主配电板供电，另一路由应急配电板供电。当主配电板供电时 H_1 电源指示灯亮，KM_1 继电器得电动作，其常开触点闭合，将主配电板的电源经 FU_3 和 FU_4 熔断丝送至控制回路中；同时 KM_1 继电器的常闭触点断开，切断应急配电板提供的电源。当主配电板供电中止时，KM_1 继电器失电，它的常开触点断开，切断主配电板供电线路，而它的常闭触点闭合，将应急配电板电源接入控制回路中，应急电源指示灯 H_2 亮，继电器 KM_0 动作，KM_0 的常闭触点(9，10)断开使应急电源故障灯熄灭，表示已由应急电源供电，反之则表示应急电源失电报警。同样，KM_1 的一个常闭触点(7，8)也有主电源失电报警的功能，通常这两个触点并联起来，送入机舱监测报警系统。

2. 报警过程分析

当电源供电正常时，车钟呼叫、电话呼叫、轮机号安全呼叫、机械故障报警、CO_2 报警、火灾报警、通用紧急报警中的任何一个报警信号输入后，它们所对应的 KM_8 ~ KM_2 继电器动作，继电器的触点会将电源送至报警灯柱上的相对应的灯和报警笛上相对应的音调，如图6－9所示。这些报警信号送来的是一个开关量的触点闭合信号，当闭合信号来时(如火警信号)，把接线点(5、12)短接(如图6－8所示)，继电器 KM_3，动作，其常开触点(8、21)闭合(见图6－8)，报警灯柱上火警灯亮。KM_3 的另一个常开触点(8、6)闭合，使继电器 KM_9 动作，KM_9 的常开触点(8、45)闭合，如图6－10所示。报警灯柱上的报警笛 E_1，电源得电，同

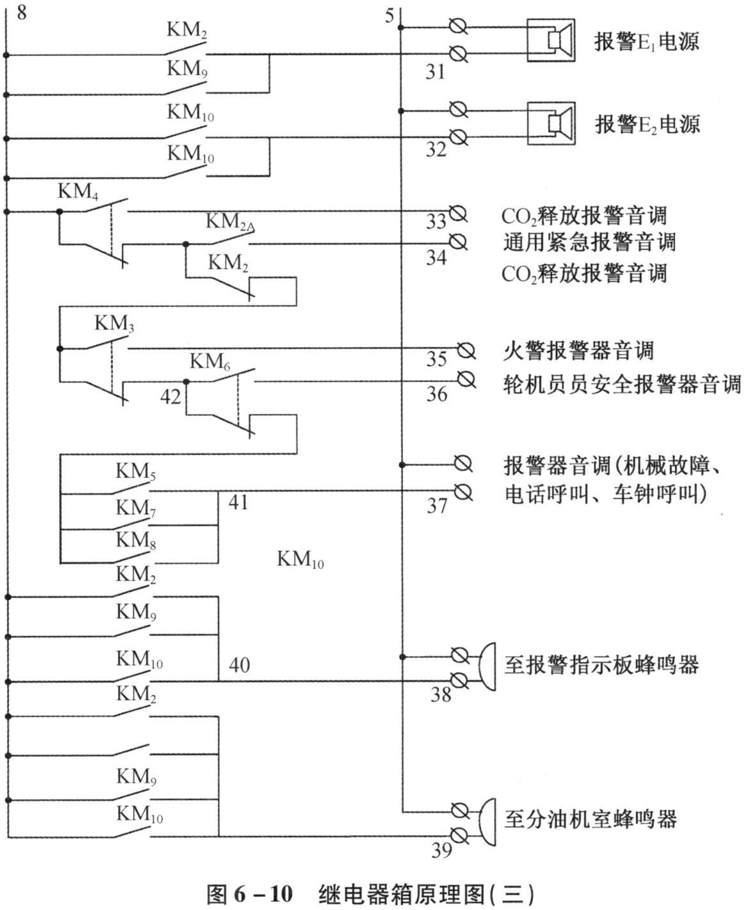

图6－10　继电器箱原理图(三)

时其常开触点(8,40)闭合,报警指示灯板上的蜂鸣器发出报警声,另一个常开触点(8,39)闭合,分油机室的蜂鸣器也发出报警声。这些报警信号不能同时发声,如果同时到达,报警信号也不可能同时发声。因为它们有一个优先发声的控制,在图中是用继电器的触点来实现的。这里优先发声的是CO_2释放报警。如分油机室的CO_2释放报警信号来时,使继电器KM_4动作(如图6－10所示),其常开触点(8,33)闭合,发出CO_2释放报警音调,而另一个常闭触点(8,43)断开,切断其他同时送来的报警信号。

3. 报警灯标识说明

从图6－7可以看出,每一个报警灯柱和报警灯板上有相对应的指示灯。报警灯柱上还有3种不同颜色的转灯,2个报警笛。当不同的报警到来时,对应的指示灯亮,对应颜色的灯旋转,报警笛发出对应的音调。如有车钟呼叫、电话呼叫、轮机员安全报警及机械报警信号输入时黄色转灯闪亮;火警、CO_2报警为红色转灯闪亮;有通用报警输入时绿色转灯闪亮。报警灯柱上的报警笛根据所来报警的组别发出不同的音调报警。报警电笛音调种类说明如图6－11所示。

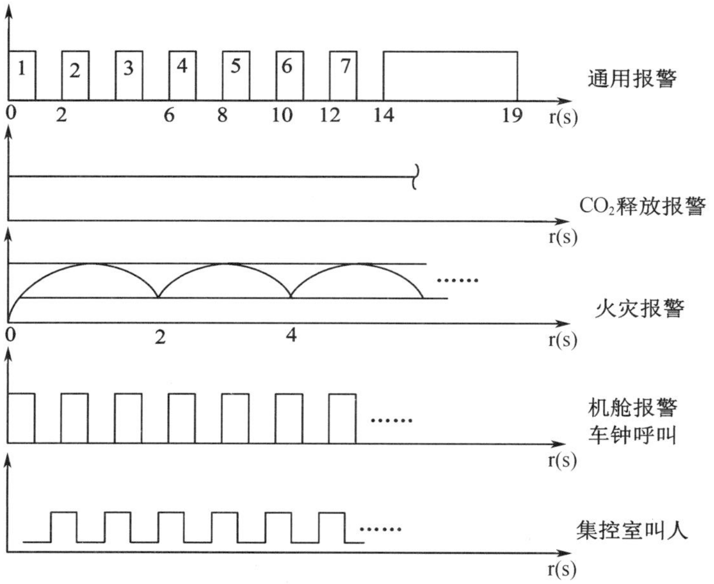

图6－11　报警电笛音调种类

4. 报警笛驱动

报警灯柱上的报警笛E_1,在通用报警、火警、CO_2报警时鸣响。由于通用报警时继电器KM_2动作、火警时继电器KM_3动作和CO_2报警时继电器KM_4动作,它们的触点闭合使继电器KM_9动作,它的常开触点(8,45)闭合,把AC220V电源通过接线点31送至报警笛E_1实现的。报警笛E_2在车钟呼叫、电话呼叫、轮机员安全报警和机械故障时鸣响,这些报警使相应的继电器KM_8,KM_7,KM_6,KM_5,动作。由于每一个继电器的常开触点(8,39)是并联的,因此它们其中任何一个动作都使继电器KM_{10}动作,KM_{10}的常开触点(8,44)闭合,把AC220V电源通过接线点32送至报警笛E_2。若所有七种报警在同一时刻发生,则报警系统电笛驱动电路设置了优先级选择电路,此时报警电笛只能选择优先级最高的报警信号音调发出声音报警。从图6－9可以看出,报警信号的优先级为:通用报警、CO_2报警优先级最高,次之是轮机员安全报警、火灾报警,优先级最低的是车钟呼叫、电话呼叫和机械故障报警。

三、机舱组合报警系统安装检查与常见故障排除

1. 系统安装检查与功能试验

(1)检查系统完整性,包括元件检查,接线正确性和牢固性并清洁干净。

(2)由于电源是双路220 V,需检查每一路绝缘是否良好。

(3)时间继电器 KM_{2A} 调至大于通用报警信号的最长间隔时间。

(4)电源供电试验:将输入信号全部脱开,检查电源正常后送电,这时能看到2个电源指示灯 H_1,H_2亮,KM_1继电器动作。此时断开主电源,可以看到主电源灯 H_1熄灭,应急电源指示灯 H_2仍亮,而 KM_1继电器因失电停止动作。此时由 FU_3和 FU_4熔断丝处可量出应急电源的工作电压,同时可检查失电报警信号的输出情况(即主电源故障报警灯亮)。

(5)模拟报警信号的输入检查:用短接线在继电器箱内依次短接每一个报警信号输入点,如(5、12),(5、13)等。检查报警指示灯及报警喇叭和转灯的工作情况,并在试航90%主机负荷时检查声音响度。

(6)报警信号输入检查:将外部输入信号全部接入,在实际的报警点使其逐一发出报警信号,检查报警点与发出的报警是否正确。通用报警信号到来时看指示灯和转灯能否持续工作,喇叭发出的是否为7短1长的信号。

2. 常见故障排除

(1)没有电源指示:检查 FU_1和 FU_2熔断丝及指示灯。

(2)有电源指示但没有工作电源:检查 FU_3和 FU_4熔断丝。

(3)报警输入信号与指示灯及报警喇叭与转灯对应不上:检查输入信号连线是否正确。

(4)指示灯与报警笛及音调与转灯对应不上:检查报警指示灯连接是否正确。

(5)报警喇叭声调不对:检查报警喇叭连线是否正确。

(6)通用报警到来时,指示灯与转灯工作不连续:检查时间继电器 KM_{2A}延时是否太短,调整后再试。

任务三　机舱监测报警系统故障维修

机舱监测报警系统是轮机自动化的重要组成部分。它能准确可靠地监测机舱内各种动力设备的运行状态及运行参数。对于无人值班机舱,机舱监测报警系统能把报警信号延伸到驾驶台、公共场所、轮机长及值班轮机员的住所。

一、机舱监测报警系统的组成及工作流程

一个完善的机舱监测报警系统主要由三大部分组成:

(1)分布在机舱各监测点的传感器。常用传感器有:温度开关及温度传感器(铂热电阻、热电偶等)、测速发电机、磁脉冲式转速传感器、压力开关与压力变送器、液位开关、液位传感器、流量开关等。

(2)安装在集控室内的报警控制柜和监视仪表或监视屏。采集的信号包括:热电阻信

号、4 ~ 20 mA 信号、用以测量系统设备的压力、液位等模拟量信号、开关量信号、系统相关设备的运行状态和故障信息有无等。

(3)安装在驾驶台、公共场所、轮机长和轮机员居室的延伸报警箱。把故障报警信息进一步延伸送至驾驶室、轮机长室和轮机员居室、公共场所等地。

典型监测报警系统的组成框图如图 6 – 12 所示。

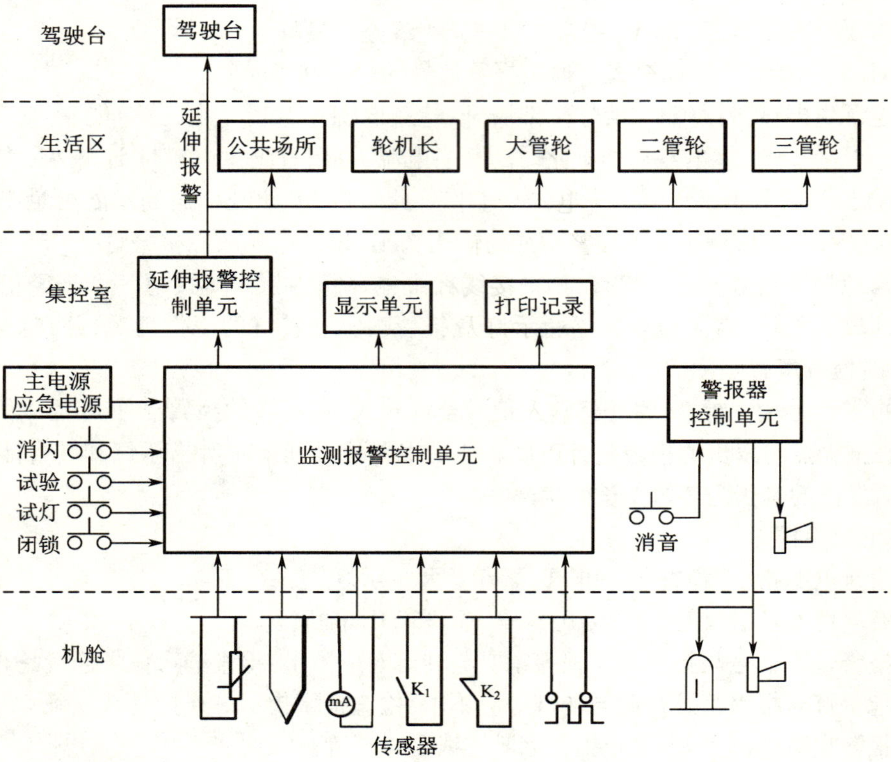

图 6 – 12　机舱监测报警系统组成

监测报警系统在机舱中监测的参数分两类:一类是开关量,另一类是模拟量。

所谓开关量,是指只有两个状态的量。这两个状态通常表现为开关的断开和闭合,而开关的形式可以是机械开关或继电器触点。在船舶机舱中,开关量可以反映设备的运行状态,例如设备是处于运行状态还是停止状态、设备是正常工作还是出现故障等,它仅适用于监测运行设备是否正常,而不能用于参数的测量显示。

模拟量是指连续变化的量,例如温度、液位、压力和转速等参数的实时测量值都是模拟量。监测报警系统能对这些模拟量进行实时显示,如果参数超过预定的范围,则应发出越限声光报警。应当指出的是,对于有些设备,其运行参数虽然为模拟量,但并不是把这些模拟量直接送入监测报警系统,而是通过压力继电器、温度继电器或液位开关等转换为开关量信号再送至监测报警系统。对于这类参数,监测报警系统将以开关量的形式进行处理。

机舱监测报警系统的工作流程如图 6 – 13 所示。

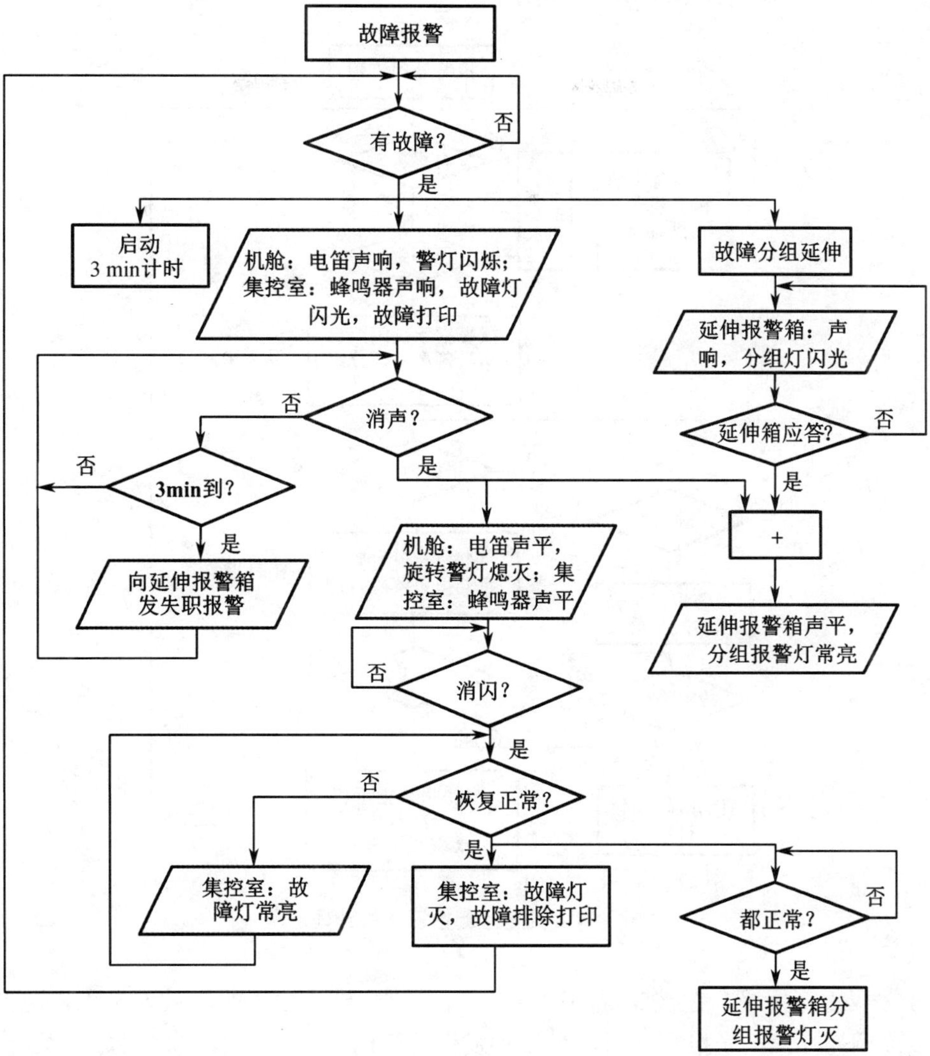

图 6－13　机舱监测报警系统工作流程

二、机舱监测报警系统功能

不同的监测报警系统，由于实现手段不同，在功能上也略有差异，但原则上都具有以下几个方面功能。

1. 故障声光报警

机舱内各种设备的运行是否正常，都是与其一些相关参数是否处于所允许的上、下限范围内有关。但大多数设备一旦发生故障，其相关参数越限后将无法自行恢复正常，只有在轮机管理人员把设备修复后，才能使参数恢复正常，我们把这一类设备故障，称为通常故障（或长时故障）。有些重要设备是成对配置的，并具有自动切换功能，例如，主机滑油泵在运行泵发生故障时，能自动切换到备用泵工作。这类设备一旦参数越限时，都能通过自动切换作用，使参数重新恢复正常。我们把参数越限后，在短时内使参数自行恢复正常的设备故障，称为短时故障。对上述两种形式的设备故障，监测报警系统会产生不同的报警过程。一般的报警处理流程如图 6 - 14 所示。

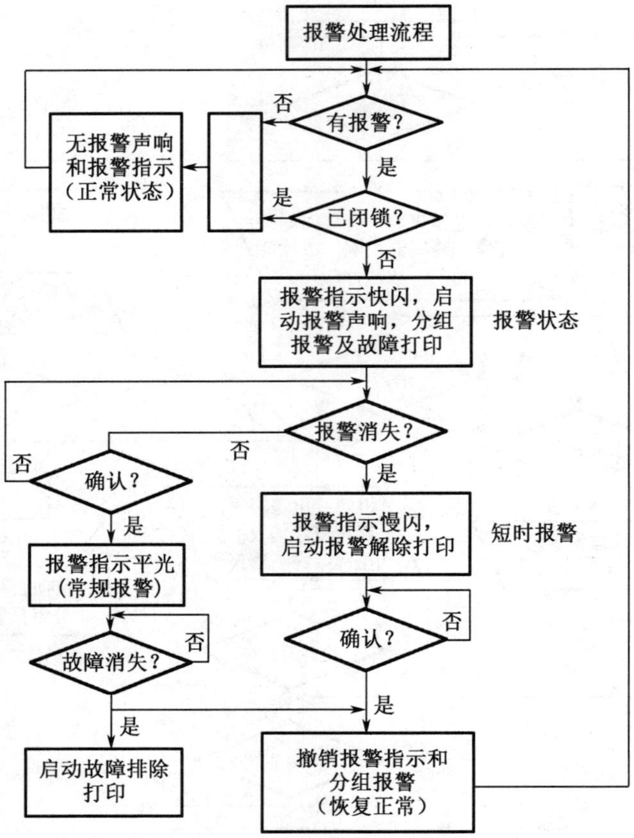

图 6 - 14　机舱监测报警一般处理流程

(1)常规故障报警。在被监视的设备运行正常时,与其相关的参数处于正常范围内,监测报警系统不发出声、光报警。当运行设备发生故障时,与其相关的参数越限,系统立即发出声响报警,同时相应的报警指示灯快速闪光。值班轮机员获悉后应马上进行应答(或确认)操作,于是声响报警消失,报警指示灯转换成常亮(或平光)状态,以记忆故障,直到轮机人员排除故障,使参数重新恢复正常时,报警指示灯才熄灭。

(2)短时故障报警。当运行设备发生故障时,与其相关的参数越限,系统立即发出声、光报警。在值班轮机员尚未做出应答操作前,由于运行设备已自动切换到备用设备,使参数在短时内自行恢复了正常,此时声响报警将继续保持,而报警指示灯从快闪转换为慢闪状态(对无快、慢闪之分的系统,报警指示灯则保持闪光状态),以记忆报警状态。值班轮机员获悉后,首先进行消声操作,使声响报警停止,然后根据闪光指示灯确认故障设备后再进行消闪操作,于是报警指示灯从慢闪转换成熄灭状态。

2. 参数与状态显示

参数显示是指通过模拟仪表、数字仪表或者计算机屏幕对所有监测点的运行参数进行显示,即模拟量显示。状态显示指的是反映设备运行状态的开关量显示,通常采用绿色指示灯(灯泡或发光二极管)表示系统或设备的正常运行,红色指示灯表示报警状态。对于采用计算机屏幕的系统,则还可以采用“ON”“OFF”“HIGH”“LOW”“NORMAL”和“FAIL”等文本来进行状态显示。

3. 打印记录

参数记录有定时制表记录和召唤记录两种方式。定时制表记录是打印机以设定的间隔时间,自动地将机舱内需要记录的全部参数打印制表,轮机人员只要将打印纸整理成册,即可作为轮机日志。召唤记录也称随时记录,轮机人员可根据需要,随时打印即时工况参数,可进行全点或选点打印监视点的参数。

报警记录是由监测系统自动控制的,当被监测的运行设备发生故障时,自动地启动打印机把故障名称、内容和发生时间打印下来,而在故障排除时,自动打印故障排除时间。

4. 报警回差

当采样值在报警点附近波动时,为了防止仪表不断进入和退出报警状态,这样输出触点会经常跳动,产生频繁报警,导致外部连锁装置产生故障,对于上限和上上限报警,若报警限设为 80,报警回差设为 5,当采样值大于等于 80 时触点动作,仪表报警;当输入减小,采样值小于 80,仪表不会马上退出报警状态,而是直到仪表采样值小于等于 75 后,仪表才退出报警状态。

同样,对于下限和下下限报警,若将报警限设为 45,报警回差设为 5,当采样值小于等于 45 时,触点动作;当输入增大,采样值大于 45 后,仪表不会马上退出报警状态,而是直到仪表采样值大于等于 50 后,仪表才退出报警状态。

由于开关量报警是根据开关量传感器的触点是否断开来确定报警的,因此只能在开关量传感器中设置报警回差。而模拟量报警是根据模拟量传感器输出的测量参数是否超过其报警设定值来确定报警的。

5. 延时报警

在报警装置中,一般均设有延时报警环节,以免发生误报警。根据所监视的参数不同,其延时时间有长延时和短延时之分。例如在监视液位时,由于船舶的摇摆,容易反复造成虚假越限现象,导致频繁报警,类似这些情况可采用 2 ~ 30 s 的长延时报警,在延时时间之内越限不报警。

6. 闭锁报警

船舶在停港期间,主机处于停车状态,为此,主机的冷却水系统、燃油系统和滑油系统等均处于停止工作状态,与这些系统相关的参数都会出现异常,但这是正常现象不需要报警,因此,有必要将这些监测点的报警闭锁。闭锁报警就是根据机舱设备的运行情况,封锁一些不必要报警的监视点,禁止其报警。

7. 延伸报警

延伸报警是专为无人值班机舱设置的,在机舱无人值班情况下,必须将机舱故障报警信号分组后传送到驾驶室、公共场所、轮机长和值班轮机员住室的延伸报警箱。延伸报警通常是按故障的严重程度来分组,可把全部监测点的报警信号分为 4 组:①主机故障自动停车报警;②主机故障自动减速报警;③重要故障报警;④一般故障报警。有时为了简化延伸报警,在值班轮机员住室仅设置重要故障报警盒。一般故障报警设置两个报警指示灯,有的干脆只设置单一的故障指示灯。

延伸报警声响可以在延伸报警箱上消声应答,也可在集控室消声应答。前者只能使延伸报警箱停止报警,机舱和集控室的报警仍在继续。而后者不仅可使所有的报警停止,而且还可复位三分钟失职报警计时。

8. 失职报警

在机舱无人值班的情况下，监测报警系统在发出故障报警的同时启动 3 min 计时器，若值班轮机员未能在 3 min 内及时到达集控室完成消声应答，即使已在延伸报警箱上做出应答操作，仍将被认为是一种失职行为，报警系统就向各延伸报警箱发出失职报警，以确保故障报警能及时处理，保证船舶运行安全。报警系统发出失职报警后，只能在集控室进行消声，复位 3 min 计时器后才被撤销失职报警。

9. 值班召唤功能

在无人值班机舱的集控台上一般都设有一个值班选择装置，可用于机舱有人或无人值班以及值班轮机员的选择。如图 6－15 所示。若把值班选择开关 K 转到 4 的位置，表示机舱有人值班，不需要报警的延伸。此时，24 V 电源接通驾驶室延伸箱上"机舱有人值班指示灯"，使其点亮，而各处的延伸箱不工作。若把 K 转到 1～3 的任一位置表示机舱无人值班，驾驶室的"机舱有人值班指示灯"熄灭。当机舱无人值班时，若选择大管轮值班，此时可把选择开关 K 转到 1 的位置。于是 ＋24 V 电源被送至大管轮处延伸报警箱。此时，所有报警均送到大管轮房间，同时驾驶室、公共场所及轮机长处的延伸箱也将出现闪光信号。大管轮获悉后，可在延伸报警箱上或者集中控制室操纵台上进行确认操作。当大管轮与二管轮交接班时，可把选择开关 K 转到 2 的位置，此时，系统就会发出值班召唤报警，在驾驶室、公共场所、轮机长及二管轮处发出声光信号，待二管轮确认操作后，蜂鸣器停响，二管轮值班指示灯常亮，说明二管轮已进入值班状态，大管轮值班指示灯转为熄灭，交接班完毕。

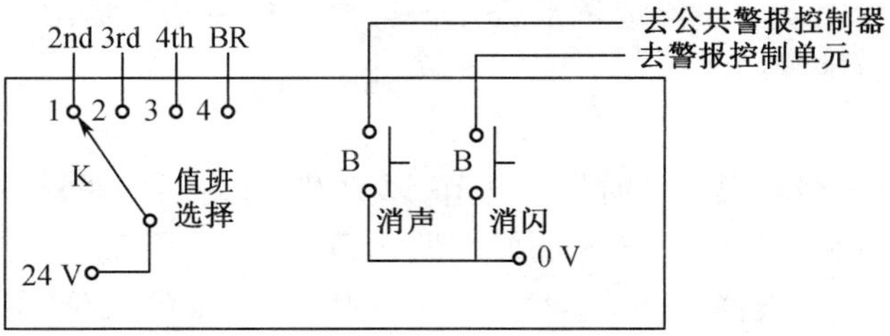

图 6－15　值班选择装置

10. 试灯

试灯用于主动检查报警指示灯的好坏。按下试灯按钮，所有报警指示灯应点亮，否则表示该灯已损坏需要更换。因此它是轮机员交接班时必不可少的操作之一。

11. 功能试验

功能试验用于主动检查监测系统工作是否正常，并在系统发生故障时，可寻找故障部位。只要按下功能试验按钮，所有监测点全部进入报警状态，如哪个监测点不进入报警状态，则表示该监测通道有故障。

12. 自检

为了确保监测报警系统的可靠性，除了试灯和功能试验两项手动监测外，对一些重要环节，如传感器、闪光源、电源电压和电源保险丝等进行自动检测，只要其中之一发生故障，监测系统将自动发出系统故障的报警。

13. 备用电源的自动投入

要使监测系统在全船失电情况下都能正常工作，就必须配备相应的备用电源。在主电源失电或欠压时,系统能自动启动备用电源,实现不间断供电。这是保证监测报警系统可靠工作的又一重要措施。

三、机舱监测报警系统的维护与效用试验

1.监测报警系统的维护

由于监测报警系统是对机舱的主要设备运行参数进行检测,报警装置必须保持测量准确,报警可靠,为此,应进行日常维护保养,其内容和要求如下:

(1)在航行时,对该装置每天至少进行一次试验。一般在装置上均设有试验按钮,可通过该按钮进行试验,要求灯光信号可靠,音响装置应有足够的音量,否则应及时修复。若是计算机控制系统有自检程序,每时每刻都进行自检,所以就没有必要进行上述试验。

(2)定期(每三个月一次)检查下列内容:

①检查外电路的温度、压力、液位等传感器工作情况,能否正确反映它们的变化。检查这些传感器的微动开关的动作准确性、灵活性,特别是微机控制系统的开关量的微动触点两端并联的高阻电阻是否完好。

②清除测温元件保护管外的积垢,保证感温元件与被测物体紧密接触,保持被测物表面光洁。

③检查各检测元件、继电器等的整定值是否符合技术要求。

④检查各信号传输线屏蔽是否完好,是否破损、紧固,严禁把传输线敷设在电力电线上,以防止工频(50 Hz,60 Hz)的干扰。

⑤检查各报警器功能、消警功能、打印机的自检功能。

2.机舱监测报警点的效用试验

机舱监测报警系统在新造船的航行试验、营运船舶大修后都须进行效用试验。

(1)试验的注意事项

①报警点的试验必须在机舱监测报警系统线路安装(或大修)结束后进行。

②在做报警点试验之前,集控台监测系统的自检程序应该先运行结束,以保证对设备的监控检测正确性。

③对被监测设备运行有影响的报警点应该优先分批做试验,例如,发电机的燃油柜液位报警点应在发电机运行前进行该报警点的试验。

④全封闭设备的报警点应该在安装之后封闭之前进行试验,以免以后无法进行实际试验。

⑤对系统综合监测报警点,一般放在系统试验中去做。

⑥当进行集控台监测报警点试验时,应该注意检测元件的动作参数的准确数值,安装在设备上的位置和报警状态。

⑦对于可以调整的检测传感器,试验结束后应该立即锁住,以免因误操作而改变。

(2)系统试验方法

①监测报警系统的供电方式应该是双套电源。当主电源失电后,能自动转到独立的备用电源,并同时发出报警,备用电源的容量应该至少能维持供电 15 min。为保证应急供电,平时应对备用电源实行监控,当备用电源失电时,须发出报警。

②监测报警系统的自检。当报警系统自身发生故障时,应及时发出警报。自检系统能及时指明故障部位并报警。

③报警的声响和视觉信号均应符合船级社的规范要求。当报警应答后，应可以消音，但光信号必须一直保留到故障消除为止。报警应答消音后，闪光信息可以转为平光信号。

④报警信号应发送到值班轮机员住室、驾驶室和一些公共场所，例如餐厅、休息室等。报警信号应与集控台监测报警点一致。当轮机员应答后，机舱应有显示。较先进的显示方法是当呼叫后轮机员未做应答，能将报警信号自动转到驾驶室或轮机长室。

(3)报警点试验

监测报警点监测的系统(或设备)主要有：主机系统、锅炉系统、发电机系统、艏侧推系统及机舱一切与动力运行有关的设备。一般包括：压力的检测与控制、温度变化的检测与控制、液位的检测、工况运行的检测等四方面。工况运行的检测较复杂，有些必须实际运行后才可以检测，是无法用模拟手段进行试验的。

①压力报警点的试验

压力开关或传感器的试验方法。试验时，一般使用手动液压泵对被检测的压力传感器进行测试，对其控制参数进行调整，使其在设定值动作。将试验装置按图 6 – 16 所示接通，通过试验泵对该设备进行增压或减压，通过压力表观察达到所需监控显示报警的设定值时，检查是否显示报警正确无误。

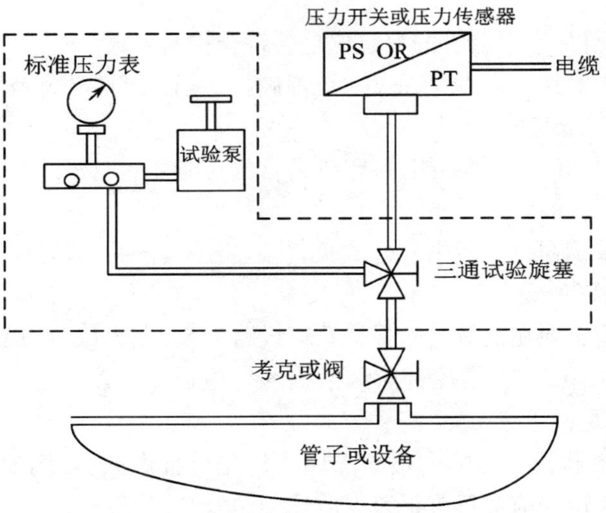

图 6 – 16　压力开关试验图

②温度报警点试验

温度测量通常是利用热膨胀、热电变换、电阻变化等方法进行测量的。一般分为 100 ℃以下和 100 ℃以上两种试验方法。

100 ℃以下温度传感器的检验。一般采用实际加热的方法。将温度传感器插入带温度显示和控制的电加热炉中，调节加热炉的加热温度，通过标准温度计观察达到所需的设定温度值时，检查监控主机上的温度显示及报警情况，应正确无误。

100 ℃以上热电阻式温度传感器的试验方法。试验时，将传感器接线箱中的温度传感器的接线断开，按图 6 – 17 接上可调电阻箱，根据热电阻的分度表查出所需设定的温度值所对应的电阻值，调节可调电阻达到所需电阻值，检查主机上显示与报警，应正确无误。

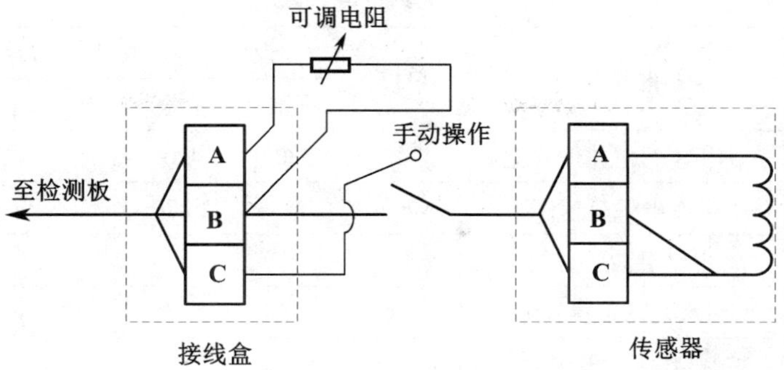

图 6 – 17　热电阻试验图

100 ℃以上热电耦式温度传感器的试验方法。热电偶的结构简单、尺寸小、热惰性小、输出为电信号(热电势)。通常使用精度较高的毫伏计精确测量热电偶产生的热电势的毫伏数。检验时,在接线箱中将温度传感器的接线断开,按图 6 – 18 接上毫伏信号发生器,根据热电偶的分度表查出设定温度所对应的毫伏值,调节毫伏信号发生器输出达到所需的值,检查主机上的显示与报警情况,应正确无误。

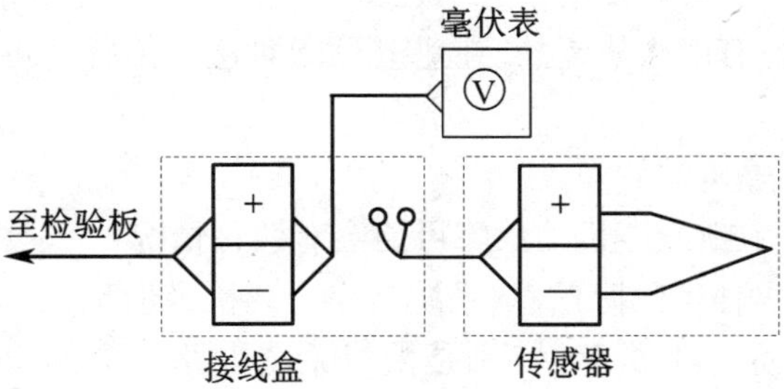

图 6 – 18　热电偶试验图

③液位报警点的试验

液位报警点一般都是以浮子的形式出现,为了防止由于船的摇摆,或者液面处于临界状态时所产生的误报警,应采取延时措施。延时时间一般都是可以调整的。试验时可采用手动的方法进行试验。试验中应该重点注意浮标安装的位置和延时的时间选择。

④工况监测报警点的试验

这种报警点一般以两种形式出现。一种是重要故障或保护系统动作的单独报警点,另一种是设备综合报警点。试验时应先重点试验保护系统的报警点。对于综合报警点,首先要搞清楚几种状态的报警,然后按功能逐一进行测试,以保证每种状态的报警的传递均正确无误。

(4)试验记录

在试验过程中,对于各报警点的数值变化都应该有详细记录。表 6 – 1 是某船的报警点试验记录表样式,以供参考。

表 6－1　监测报警点记录表

序号	通道	报警点	单位	设定值		试验结果		结论
				下限	上限	指示	音响	
1	M101	主机 1 号缸排气高温	℃	330	420			
2	M102	1 号发电机超速停车	r/min		2 070			
3	M103	主机滑油压力低						
4	M104	污水处理装置故障						
5	M105	控制台 24 V 电源故障						

四、监测报警系统的常见故障处理

监测报警系统如果出现故障，可按照系统自检功能显示出的故障点情况进行处理。由于船上条件的限制，监测报警系统的故障处理多采用替代法。因此，要求船上维修人员预先备足系统备件（备用插件），而对于可修复的组件应及时修复，以便以后替代。

1. 传感器故障处理

一般是整个换新，对于可修复的传感器也要送有关专业修造厂利用较高精度的仪器进行检修和校验，船上是没有能力修复的，在船上只能对这些传感器可更换的元器件部分，进行更换修复。

2. 引起程序中断或停机的故障

在运行中出现程序中断或停机的故障可能会有两种情况：

（1）还没来得及给出任何故障信息，系统就完全死机，键盘、鼠标、显示器和打印机等都无反应。这种故障可能是电源故障，特别是微机系统电路板上的集成电路芯片电源故障。鉴别和排除此类故障的方法是检查交、直流电源指示灯、电源保险丝的状态，重新加电试验，必要时，更换直流电源。

（2）打印机和显示器上给出故障信息，但对各种设备的操作和控制都失效。这种故障一般发生在 CPU、存储器等微机核心部件，管理维修人员应依据打印或显示的故障信息灵活地分析后进行故障排除。

3. 不引起程序中断但能给出故障信息的故障

不引起程序中断但能给出故障信息的故障主要指发生在 I/O 设备和 I/O 接口方面的故障，这类故障发生时大都会打印或显示出相应的故障信息和出现局部控制异常，但系统程序仍能继续运行。

这类故障发生后，应首先根据故障信息给出的提示，查找有关的图纸资料，确定可能发生故障的电路板板号及位置，然后进行换板试验。例如，故障信息为某种 A/D 转换器，这时管理人员应首先根据该故障信息，查找这种类型 A/D 转换器的插座位置和更换电路板等。

如果系统所提供的故障信息有错误，则管理人员应根据系统知识和自己的经验，采用后面将介绍的插拔法和替换法，确定故障板位置和排除故障。

4. 不引起程序中断也不给出故障信息的故障

（1）插拔法

插拔法即通过拔除和插入有关电路板来确定故障部件的方法。插拔法最适合诊断系统死机及任何显示都没有等故障。出现这类故障时,首先把整个微机系统缩小到最小单元。使用插拔法不是盲目的,而是在进行了初始诊断和具体分析之后才有目的地使用插拔法,如果盲目地插拔,其结果不但不能排除故障,还可能导致故障扩大或产生新的故障,特别是插拔电路板时没有放掉人体静电,或没有关掉电源,那么产生新故障的可能性是非常大的。

(2)替换法

替换是用相同的插件、部件或器件进行替换,观察故障的变化。显而易见,如果故障消失说明换下来的部件是坏的;故障未消失,说明故障点与部件无关。替换可以是部件级的,也可以是芯片级的。替换法需要具备两台或以上相同规格的组件为前提条件。

技能训练　微机型机舱监测报警系统故障维修

一、实训目的

(1)认识微机型机舱监测报警系统的组成设备;

(2)掌握机舱监测报警系统功能试验方法;

(3)掌握机舱监测报警系统常见故障分析与排除技能。

二、实训设备

微机型机舱监测报警系统 1 套。本项目以上海驷博自动化有限公司生产的 SB－2001 型监测报警系统为例,如图 6－19 所示。

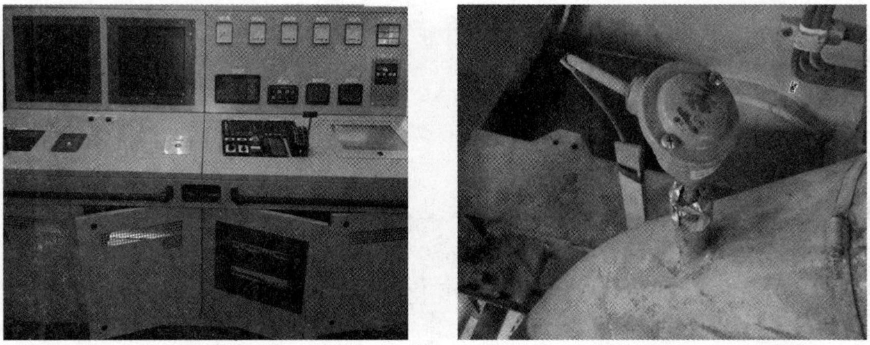

图 6－19　微机型机舱监测报警系统设备实例

三、实训内容

1. 认识微机型机舱监测报警系统的设备组成

(1)熟悉检测传感器:典型温度、压力、液位测量等传感器安装位置、种类、接线等。

(2)认识测量分站 SAU 与监控主计算机,练习使用轨迹球键盘、打印机等。

(3)认识延伸报警板安装位置及面板信息。

(4)熟悉供电电源开关及位置:AC220V、DC24V 和 UPS(可选)。当主电源 AC220V 失电时,UPS 向工控机、显示器供电。当主电源与备用电源同时失电时,UPS 同时向报警处理单元供电。

2. 机舱监测报警系统功能试验

(1)电源自动切换,失电报警

①操作方法

切断主电源 AC220V,在切断主电源 AC220V 的基础上,切断应急电源 DC24V。

②观察现象

a. 报警系统发出"AC220V 主电源失电报警"。报警系统通过 UPS 和应急电源供电继续正常运行。系统无死机、重启现象,无分站通信故障报警。

b. 报警系统发出"DC24V 应急电源失电报警"。报警系统通过 UPS 供电继续正常运行。系统无死机、重启现象,无分站通信故障报警。

(2)集控台消声、平光

①操作方法

在"(1)电源自动切换,失电报警"时,同时试验这两项功能。试验次数根据集控台上消声(或平光)按钮数量和工控机数量决定。第 1 次,当报警系统发出失电报警声响时,按下集控台上的"消声(或平光)"按钮进行消声(或平光);第 2 次,当报警系统发出失电报警声响时,按下 1#工控机屏幕上的"消声(或平光)"按钮进行消声(或平光);第 3 次,当报警系统发出失电报警声响时,按下 2#工控机屏幕上的"消声(或平光)"按钮进行消声(或平光)。

②观察现象

不论按实际消声按钮或屏幕消声按钮,蜂鸣器都立即停止鸣叫。

(3)集控台试灯

按下试灯按钮,观察集控台上的报警灯板、失电报警指示灯或电源指示灯是否全部点亮。

(4)开关量信号报警/显示功能试验

①操作方法

a. 用短接线在开关量接线板的相应端子上,模拟开关量信号状态变化。

b. 分别模拟断开、闭合两种状态。

c. 观察屏幕列表中,报警点显示状态的变化。

②观察现象

a. 报警点在断开状态和闭合时,显示的状态与图纸要求一致。

b. 报警点是断开报警,还是闭合报警,与图纸要求一致。

(5)PT100 电阻信号报警/显示功能试验

①操作方法

a. 用直流电阻器在 PT100 电阻接线板的相应端子上,模拟 PT100 电阻量信号输入或用温度控制仪调节加热装置的温度,由传感器测得实际值。

b. 每个报警点分别模拟"零点""满量程""中间值"三个输入值。

c. 拔下信号输入线,模拟断线状态。

②观察现象

a. 屏幕显示值与直流电阻器输入对应的理论温度值一致。(精度要求:误差不超过满量程的0.5%)

b. 根据图纸标注的报警值检查,达到报警值时,报警点发出报警。

c. 拔下信号线,报警点发出断线故障报警。

(6)4~20 mA电流信号报警/显示功能试验

①操作方法

a. 用直流电压电流校准仪在4~20 mA电流信号接线板的相应端子上,模拟4~20 mA电流量信号输入或用可调电阻模拟输入信号。

b. 每个报警点分别模拟“零点”“满量程”“中间值”三个输入值。

c. 拔下信号输入线,模拟断线状态。

②观察现象

a. 屏幕显示值与直流电压电流校准仪输入对应的理论显示值一致。(精度要求:误差不超过满量程的0.5%)

b. 根据图纸标注的报警值检查,达到报警值时,报警点发出报警。

c. 拔下信号线,报警点发出断线故障报警。

(7)延伸报警板报警功能试验

①操作方法

a. 在监测报警软件“设定”→“延伸报警设定”中,将所有的延伸报警声响延时时间均设置为5 s。

b. 勾选“大管轮”值班。

c. 用短接线在开关量接线板上,模拟任意一个开关量报警点报警。

②观察现象

a. 报警发生时,驾驶室、大管轮处延伸报警板立即产生报警声响,其他位置只有报警指示没有报警声响。此时驾驶室、大管轮处的延伸报警板上的【消声】按键可消除本地的报警声响。

b. 延时5 s后,轮机长处的延伸报警板产生报警声响,剩余位置依然只有报警指示没有报警声响。此时轮机长处的延伸报警板上的【消声】按键可消除本地的报警声响。

c. 延时5 s后,所有延伸报警板均产生报警声响。此时延伸报警板上的【消声】按键可消除本地的报警声响。

d. 延时5 s后,所有延伸报警板均产生报警声响。此时延伸报警板上的【消声】按键不能消除本地的报警声响。只有通过集控台上的【消声】按钮消除报警声响。

(8)报警点闭锁

在监测报警系统的软件菜单中,设置某报警点为闭锁点,再设置另外一个与之相关联的报警点为其闭锁条件点。观察:模拟条件点动作,则它所控制的闭锁点会被闭锁。即:该闭锁点即使有报警,也不会发出声光报警,只会在主机上显示报警信息。

3. 故障分析与排除

故障现象:报警系统数据采集箱SAU2中的A板和数据采集箱SAU3中的C板上数据均显示红色ALARM。此时两块板上显示的各模拟量数据都已经冻结,失去了对所接监测点的监控。

原因分析:两块板上的模块负责接收各个传感器送过来的 4 ~ 20 mA 模拟信号。而模块故障有可能是模块本身问题,也可能是传感器短路、接地或绝缘低造成的,还可能是连接传感器的传输电缆有接地现象。因此,故障排查也要从两方面进行。

(1)传感器和电缆检查

①传感器和电缆接地检查

将万用表打在蜂鸣挡或最大的电阻挡,黑表笔搭在接地铁壳上,红表笔分别从 SAU3 - C 板上各个传感器端口依次往下测量,各个点蜂鸣器未报警或电阻值为∞,说明各个传感器和电缆没有接地现象(某个端口蜂鸣器报警或电阻值较小说明该传感器或电缆有接地现象,分段进一步测量出是传感器还是电缆接地)。

②传感器绝缘检查

首先解开各个外部传感器上的接线,将万用表打在最大 MΩ 挡,直接测量传感器,结果是各个传感器电阻值均为∞,说明各个传感器正常(若导通,则传感器短路;若绝缘较小,则该传感器有问题),接好各个传感器上的接线。

③传感器好坏判断

接通传感器电源,在通电状态下,用万用表的直流电压挡,依次在模块上测量对应的传感器的电压,结果都有 DC24 V,再用万用表的直流电流挡串入传感器回路中,测量传感器的电流,都有 4 ~ 20 mA 的电流信号输出,这样就可以判断传感器都是好的(若传感器上电压或电流不正常,则说明该传感器有问题)。

④电缆绝缘检查

在确认各个传感器是好的前提下,再分别拔下各个传感器的输入插口,将万用表打在最大的 MΩ 挡,用两只表笔分别从右侧的传感器端口进行绝缘测量,结果万用表的读数均为∞,说明连接各个传感器的电缆绝缘没有问题(若绝缘值较小则该电缆绝缘有问题)。

(2)模块检查

①模块通道检查

拔掉所有传感器输入端子(电源信号端子要插上),在 SAU3 - C 模块右侧的第一个传感器端口处,先从模块左上角电源端子的正极引出 DC24 V + 临时线,并在线上串一个 2 kΩ 的电阻,接至传感器端口的正极,另一根线从模块左上角电源端子的负极引出 DC24 V - 临时线,接至传感器端口的负极,就能在电阻回路产生一个 12 mA 的直流电流(24 V ÷ 2 000 Ω = 12 mA),如果没有 2 kΩ 的电阻,用任一 R 代替,则应该满足 24 V ÷ R = I,I 在 4 ~ 20 mA 之间即可,然后再到电脑监视屏上看到对应的数值出现。按上述方法依次检查其他传感器端口,均能在电脑监视屏上看到对应的数值出现,也就是说各个通道都正常(这样做可以排除外接传感器的干扰因素)。

②模块本身检查

从数据采集箱 3 上将 SAU3 - C 板取下,外观检查各个部件及焊点未发现异常,检查跳线帽和测量黄色扁圆形保险丝均正常,在目前船舶条件下,没有仪器能直接测量出该模块的好坏。

(3)故障排除方法

如果通过测量已经排除了传感器和电缆短路或接地的可能,那么故障只能出在模块本身。解决方法是:断开模块电源,准备两块新的模拟量输入模块,将 SAU2 - A 和 SAU3 - C

两块旧模块取下，比照两块旧模块，新模块的跳线帽要跳得跟旧模块一样，安装新模块，再将所有插头插在原来位置。然后接通 DC24 V 电源，将集控室电脑监视屏的主机开机，进入船舶机舱监测报警系统，通过监视屏上的监测系统的画面看到：该两块模块均显示绿色 OK，画面显示各个监测点一切正常，故障得以解决。

四、实训总结

(1)如果模拟量报警点的报警值超出最大允许误差，应如何操作调整，使之达到规定的测量精度？

(2)如何模拟开关量报警点的故障报警？

(3)监测报警系统 SAU 采集的模拟量主要有哪些类型？

(4)出现主机上的显示信息与开关量报警点的状态不相符故障，应如何排除？

(5)报警点闭锁有什么作用，如何设置报警点闭锁？

参考文献

[1] 赵殿礼,张春来.船舶电气设备维护及检测[M].大连:大连海事大学出版社,2011.

[2] 阮礽忠.船舶电气设备维修技术[M].北京:机械工业出版社,2013.

[3] 孙艳秋.船舶信号与系统[M].北京:人民交通出版社,2013.

[4] 史际昌.船舶电气设备及系统[M].大连:大连海事大学出版社,1998.

[5] 黄伦坤.船舶电站及其自动装置[M].大连:大连海运学院出版社,1994.

[6] 张军.电机维修入门[M].合肥:安徽科学技术出版社,2007.

[7] 罗思殿.船舶维修技术实用手册[M].长春:吉林科学技术出版社,2005.

[8] 马伟明,张晓峰.中国电气工程大典－船舶电气工程[M].北京:中国电力出版社,2009.

[9] 宋健雄.低压电气设备运行与维修[M].北京:高等教育出版社,2007.

[10] 赵殿礼.船舶电气设备与系统[M].大连:大连海事大学出版社,2009.

[11] 林凌海,周金喜,李汉.船舶电工工艺与电气测试[M].大连:大连海事大学出版社,2014.

[12] 林华峰,李华,赵克威.船舶电站及电力拖动[M].哈尔滨:哈尔滨工程大学出版社,2006.

[13] 高峰.船舶电力拖动[M].哈尔滨:哈尔滨工程大学出版社,2012.

[14] 阮礽忠.船舶电气设备维修指南[M].北京:人民交通出版社,2000.

[15] 王瑞云.船舶电力拖动[M].北京:人民交通出版社,2013.